Christopher Day

Homöopathischer Ratgeber
HEIMTIERE

Christopher Day

HOMÖOPATHISCHER RATGEBER

HEIMTIERE

Erprobte Rezepturen

Übersetzung: Gerald Bosch

Titel der englischen Originalausgabe:
THE HOMOEOPATHIC TREATMENT OF
SMALL ANIMALS – Principles and
Practice
© Christopher Day 1984, 1990
Erschienen 1990 bei:
The C.W. Daniel Company Limited
1 Church Path, Saffron Walden
Essex, CB10 1JP, England

Die Deutsche Bibliothek –
CIP-Einheitsaufnahme

Day, Christopher:
Homöopathischer Ratgeber Heimtiere:
erprobte Rezepturen / Christopher Day.
Übers.: Gerald Bosch. –
München; Wien; Zürich: BLV, 1992
   Einheitssacht.: The homoeopathic
   treatment of small animals <dt.>
   ISBN 3-405-14270-9

BLV Verlagsgesellschaft mbH,
München Wien Zürich
8000 München 40

Deutschsprachige Ausgabe:

© 1992 BLV Verlagsgesellschaft mbH,
München

Übersetzung aus dem Englischen und
Bearbeitung: Gerald Bosch
Bearbeitung und Redaktion:
Inken Kloppenburg Verlags-Service,
München
Lektorat: Dr. Friedrich Kögel
Herstellung: Sylvia Hoffmann
Satz: Studio Pachlhofer, Pinswang/Tirol
Einbandgestaltung:
Studio Schübel, München
Einbandfoto: Pictor International

Druck und Bindung: F. Pustet, Regensburg

Printed in Germany · ISBN 3-405-14270-9

> **WICHTIGER HINWEIS**
>
> Die Ratschläge und Behandlungsme-
> thoden in diesem Buch beruhen auf
> langjährigen Erfahrungen des Autors.
> Sie sollen es ermöglichen, selbst Heil-
> mittel auszuwählen und in verantwor-
> tungsvoller Weise zu behandeln. Jeder
> Fall kann jedoch individuelle Unter-
> schiede aufweisen, so daß nicht jede
> Aussage uneingeschränkt gültig ist. Bei
> der Vielzahl an Einzelaspekten und
> den sich daraus ergebenden Verknüp-
> fungen kann das Werk trotz sorgfäl-
> tiger und umfassender Darstellung
> keinen Anspruch auf Vollständigkeit
> erheben. Bei Unsicherheiten oder
> Komplikationen ist deshalb unbedingt
> der Besuch beim Tierarzt angezeigt.

Inhalt

Aus dem Vorwort
des Autors 9

Vorwort zur
deutschen Übersetzung 10

Einführung 11

KAPITEL 1
Besonderheiten
der Homöopathie 15

Die Entdeckung:
Ähnliches wird durch
Ähnliches geheilt 16

Die Potenzen 17

Die Allopathie 18

Der Weg nach vorn 25

Was ist Homöopathie? 26

Wie wirkt Homöopathie? . . . 28

Argumente gegen
allgemeine Kritikpunkte
an der homöopathischen
Methodik 30

Was spricht für
die Anwendung der
Homöopathie? 33

KAPITEL 2
Der Besuch beim Tierarzt-
wann ist er notwendig? . . . 35

KAPITEL 3
Erste Vorbereitungen 41

KAPITEL 4
Vom Grundsatz zur
praktischen Umsetzung:
Die Aufnahme der
Krankengeschichte 44

Die Aufnahme der
Krankengeschichte 44

KAPITEL 5
Vom Grundsatz zur
praktischen Umsetzung:
Die Auswahl des
richtigen Mittels 47

Die Methode nach
Hahnemann 48

Die Repertorien 49

KAPITEL 6
Vom Grundsatz zur praktischen Umsetzung: Die Behandlung der Krankheit 54

Anwendungsweise
(Applikationsweg) 54

Darreichungsform 55

Potenz 55

Dosierungshäufigkeit 58

Behandlungsdauer 59

Wiedervorstellung 59

Erfolgsbegutachtung 59

KAPITEL 7
Vom Grundsatz zur praktischen Umsetzung: Der Umgang mit den Arzneimitteln 63

KAPITEL 8
Krankheitssymptome und Empfehlungen zu ihrer Behandlung 65

Kopf und Gesicht 66

Krankhafte Veränderungen im Bereich von Schädel und Gesicht 67

Augen 69

Die Bindehaut (Konjunktiva) 69

Die Augenlider 70

Der Tränenkanal und die Tränendrüsen 71

Die Hornhaut (Kornea) 72

Die Linse 74

Die Pupillen 75

Der Augapfel 76

Ohren 77

Äußerer Gehörgang 78

Ohrmuschel 79

Innen- und Mittelohr 79

Nase 80

Maul 81

Zähne 83

Verdauungstrakt 84

Speiseröhre (Ösophagus) 84

Magen 84

Darm 85

Erbrechen 86

Durchfall (Diarrhö) 88

Verstopfung (Obstipation) 89

Leber und Bauchspeicheldrüse (Pankreas) 90

Harnbildende Organe 91

Geschlechtsorgane der Männchen 93

Geschlechtsorgane der Weibchen 96

Atemwege 101

Blut und Herz-Kreislauf-System 103

Lymphsystem 103

Bewegungsapparat 104

Erkrankungen der Knochen und Gelenke 104

Erkrankungen der Muskulatur 109

Haut 110

Behandlung von
Hautkrankheiten nach
den Symptomen 112

Nervensystem 114

Hormonbildende Drüsen
(Endokrines System) 116

KAPITEL 9
Die Modalitäten 118

Verschlechterungen 118

Verbesserungen 119

KAPITEL 10
Allgemeine
Beschwerden und
Erste-Hilfe-
Maßnahmen 121

KAPITEL 11
Spezielle Erkrankungen . . . 128

Hunde 128

Katzen 130

Kaninchen 132

Meerschweinchen 135

Hamster 135

Ratten und Mäuse 135

Vögel 135

KAPITEL 12
Gemütserkrankungen 138

KAPITEL 13
Besondere
Krankheiten
bei jungen
und alten Tieren 141

Von der Kinderstube
bis zur Pubertät 141

Alte Hunde und Katzen 143

KAPITEL 14
Homöopathie als
Krankheitsvorbeugung . . . 145

KAPITEL 15
Homöopathie im
Gegensatz zur
Schulmedizin und
deren Diagnostik 148

KAPITEL 16
Fallbeispiele 153

Behandlung des
zugrundeliegenden
»Übels« 153

Behandlung nach
Gemütssymptomen 155

Behandlung nach
ersichtlichen
Symptomen 157

Behandlung
zurückliegender
Leiden 160

Konstitutionelle
Behandlung 161

KAPITEL 17
Materia medica
(Ausgewählte
Beispiele) 163

ANIIÄNGE

Anhang 1
Wichtige homöopathische
und andere medizinische
Fachbegriffe 179

Anhang 2
Lateinisch-deutsches
Verzeichnis der zitierten
Materia medica 190

Anhang 3
Die häufigsten
Potenzen. 197

Anhang 4
Adressen und
Zeitschriften 198

Anhang 5
Literatur 200

Anhang 6
Homöopathie in
der Forschung 202

Anhang 7
Homöopathie in
der Schulmedizin 204

Anhang 8
Akute und chronische
Krankheiten und
die Miasmen-Lehre. 206

Anhang 9
Die homöopathische
Hausapotheke 208

Anhang 10
Homöopathie für
Eidechsen, Schlangen,
Schildkröten, und Fische . . . 210

Register 212

Aus dem Vorwort des Autors (2. Auflage)

Dieses Buch entstand als Einführung in die Homöopathie und ist für alle Tierärzte und Tierbesitzer gedacht, die sich dafür interessieren. Diese Kompromißlösung wurde aus der verstärkten Nachfrage nach Homöopathie sowie dem großen Mangel an homöopathisch praktizierenden Tierärzten heraus geboren. Manche Abschnitte werden daher vermutlich das Verständnis eines durchschnittlichen Hunde- oder Katzenbesitzers überschreiten, während andere manchen Kollegen zu trivial erscheinen werden. Kollegen, die in der Homöopathie bewandert sind, wird dieses Buch als Nachschlagewerk zu dürftig erscheinen, während jüngere Ärzte, die Neulinge auf diesem Gebiet sind, damit ein leicht zu handhabendes Nachschlagewerk zu homöopathischen Grundlagen, Literatur und Wissenschaft erhalten. Haustierbesitzer können sich recht schnell darüber informieren, welche Arzneimittel es zu welcher (häufigen) Krankheit gibt. Ferner sollte ihnen dieses Buch ein Verständnis der Homöopathie vermitteln, sie aufklären, wann sie zum Tierarzt gehen sollten und wie sie ihm am besten helfen können, über alle zur Heilung erforderlichen Symptome genauestens Bescheid zu wissen.

Ein Blick ins Inhaltsverzeichnis verrät sofort, wie das Buch aufgebaut ist.

Verständlicherweise werden manche Abschnitte nur für Tierärzte von Interesse sein, was auch aus dem Text ersichtlich wird. Dieses Buch schließt nicht die Behandlung von Nutztieren ein.

Die 2. Auflage hat einen sehr umfangreichen Anhangteil erhalten, was den Charakter als Nachschlagewerk noch erhöht, sowie sehr viele praktische Querverweise.

An dieser Stelle möchte ich noch einige Danksagungen aussprechen, vor allem meinen Eltern, die beide Tierärzte waren und mein diagnostisches Auge jahrelang geschult haben, insbesondere meiner Mutter, die mich zur Homöopathie gebracht hat, wie auch meinem Onkel Bernhard, der in Deutschland als Homöopath praktiziert. Auch die Kurse an der Faculty of Homoeopathy waren von unschätzbarem Wert.

Weiterhin möchte ich mich bedanken bei Jorgen und Kirsten für ihre philosophischen Anregungen, bei Anthony für hilfreiche Kritik, bei Trevor für Rat und aufmunternden Zuspruch, bei Christine, Sylvia und Thérèse samt ihren Lieblingen für ihre Rolle als Statisten und schließlich bei meiner Frau Shelagh, die mit stoischer Ruhe mein Manuskript bewältigte. Dank gilt auch den zahlreichen Patienten und Kollegen, die mir in den vergangenen Jahren immer wieder neue Anregungen für dieses Buch gaben.

Stanford-in-the-Vale
Christopher Day

Vorwort zur deutschen Übersetzung

»Sittich, Hamster, Katz' und Hund macht die Homöopathie gesund.« Dieses Motto könnte auch für das vorliegende Buch gelten, das sehr detailliert Theorie und Praxis der Klein- und Haustierhomöopathie darstellt. Dieses umfangreiche Nachschlagewerk bietet nicht nur dem Laien, der seinen kranken Hund oder seine kranke Katze schonend behandeln möchte, zahlreiche Tips, sondern ist gleichzeitig auch eine Einführung in die Homöopathie für Studenten und Tierärzte. Die Übersetzung hat sich in einigen Teilen stark an die deutschen Gegebenheiten gehalten; dies gilt in erster Linie für die Potenzen, aber auch für die Anhänge, in denen Adressen, Literatur und Zeitschriften genannt sind. Da die Nomenklatur der Materia medica manchmal mehrere Bezeichnungen für ein und dasselbe Mittel zuläßt, habe ich, um einheitlich zu bleiben, die gebräuchlicheren Namen verwendet; die modernen wurden als Synonyme gekennzeichnet und in Klammern dahintergestellt, z.B. *Natrium muriaticum* (syn. *Natrium chloratum*). In erster Linie wurden die Begriffe aus der Bro-schüre *Homöopathisches Arzneimittelverzeichnis – Remedia homoeopathica* (herausgegeben von der Deutschen Homöopathischen Union [DHU], Karlsruhe; Ausgabe 8, 1991) verwendet.

Wie auch der Autor hervorhebt, verstehen sich sämtliche Potenzangaben (für den Laien) nur als Empfehlung. Im Zweifelsfall ersetzt die homöopathische Behandlung keinesfalls den Gang zum Tierarzt. Insbesondere, wenn Sie noch wenig Erfahrung mit der Homöopathie und den möglichen Krankheitssymptomen besitzen, sollten Sie unbedingt einen Fachmann zu Rate ziehen.

An dieser Stelle möchte ich mich sehr herzlich beim Autor, Herrn Christopher Day, bei Prof. Schadewaldt (Düsseldorf), Dr. Friedl (München) sowie bei Dr. Hoffmann und Herrn Schmidt (DHU Karlsruhe) bedanken, die recht schnell und unkompliziert einige unklare Aspekte ausräumen konnten. Herrn Dr. Schütte (Schwarzenbek) danke ich für die kritische Durchsicht des Glossars. Weiterhin gilt mein Dank Herrn Dr. Friedrich (Campello), Frau Roddeck (Witten) und Frau Krümmel (Hürth), die mir durch Rat und Tat bei der Übersetzung zur Seite standen.

Düsseldorf
Gerald Bosch

Einführung

Das vorliegende Buch erscheint zu einer Zeit, in der sich die Denk- und Verhaltensweisen des Menschen, was Medizin, Landwirtschaft, Ernährung, Industrie und Umwelt anbelangt, drastisch verändern.

Diese Entwicklung reichte vom 18. bis ins 20. Jahrhundert: Parallel zur Industriellen Revolution entstanden auch neue Gedankenströmungen in der Medizin, die Methoden der Landwirtschaft wurden verbessert, und man entdeckte neue, leichter verfügbare Nahrungsquellen; gleichzeitig wurde aber immer mehr natürlicher Lebensraum zerstört oder ging verloren. Das Bevölkerungswachstum nahm zu, Veränderungen im sozialen Bereich folgten. Als Rückwirkungen sind zu nennen: Reichtümer wurden umverteilt, die Lebenserwartung stieg, klassische Seuchen verschwanden, Lebensmittel wurden en masse produziert, die Frauen emanzipierten sich von ihren Rolle als Hausfrau und Mutter, um eine eigene Karriere zu machen oder einfach mehr Freizeit zu haben. Allerdings wird die Umwelt durch steigende Bevölkerung, Verkehr und Industrie zunehmend belastet. Aber erst heute, gegen Ende des 20. Jahrhunderts, werden uns allmählich die Konsequenzen dieser Entwicklung bewußt. Folglich sucht man nach altbewährten oder völlig neuen Wegen, um die fatalen Folgen dieser Veränderungen zu mindern. Zu diesen zählen beispielsweise der Rückgang des natürlichen Lebensraums, die industriell bedingte Umweltverschmutzung, der übermäßige Einsatz von Kunstdüngern und Pestiziden, eine schadstoffbelastete Ernährungsweise und medikamentöse Nebenwirkungen. Jedoch wäre es völlig falsch, ins andere Extrem zu verfallen und das Kind mit dem Bade auszuschütten. Denn durch eine zu große Ablehnung unserer modernen Entwicklung können leicht sämtliche Vorteile des Fortschritts verloren gehen. Der goldene Mittelweg ist also gefragt. Es gilt, die besten alten und neuen Methoden aus Landwirtschaft, Gartenbau, Medizin, Ernährungsweise und Gesundheitslehre zusammentragen, um an Leib und Seele gesund zu bleiben. Aus genau diesem Grund sind die Bemühungen jener Menschen zu begrüßen, die mit Hilfe biologisch-dynamischer Anbaumethoden größere Erträge und Gewinne in Landwirtschaft und Viehhaltung erzielen wollen. Dieses Lob gilt auch den Bestrebungen der Forschung, die Gültigkeit der Naturmedizin zu beweisen, neue Wege natürlicher Behandlung zu finden oder den Anteil gefährlicher Substanzen in der Nahrung zu senken.

Glücklicherweise nimmt das Interesse der Öffentlichkeit auf diesen Gebieten zu. Dieser Trend muß, entsprechend der Devise von Angebot und Nachfrage, verstärkt werden. Da die Masse ja immer schon träge war, wird sie auch nur peu à peu aus ihrer Lethargie erwachen. Letzten Endes kann der Keim für diesen Prozeß, nämlich sorgfältiger mit unserer Umwelt und ihren Ressourcen umzugehen, nur durch Wissenschaftler gelegt werden, die ihren Mitmenschen vernünftige Vorschläge und Vorgehensweisen unterbreiten müssen. Statt eines ideologischen Krieges zwischen Naturheilkunde und konventioneller Medizin – unabhängig, ob in der Tiermedizin oder Humanmedizin – sollte es deshalb zu einem breiten Konsens und zum gegenseitigen Austausch von Ideen kommen. Daher will ich mit diesem Buch die Aufmerksamkeit auf einen Teilaspekt der »natürlichen« Medizin lenken, nämlich auf die Homöopathie, die ich seit langer Zeit kenne und anwende. Selbstverständlich greife ich auch zu Methoden der konventionellen Tiermedizin, wenn auch immer seltener. Dies geschieht insbesondere dann, wenn ich das Gefühl habe, daß diese Methoden nötig sind. Deshalb möchte ich die konventionelle Medizin in diesem Buch nicht einfach ausschließen, sondern alternative medizinische Methoden zeigen, wie man den Gesundheitszustand seines Hausgefährten ohne übermäßigen Gebrauch von Chemikalien und Medikamenten kräftigen, verbessern und wiederherstellen kann. Leider zeichnet sich in der herkömmlichen Medizin offenbar ein Trend (besser gesagt, ein Aberglaube) ab, wonach man mit Medikamenten wie Antibiotika und Kortisonpräparaten nahezu alle Probleme in den Griff bekäme. Wenn dies wirklich so wäre, warum benötigt man dann ständig »neue« und »bessere« Antibiotika? Diese Medikamente haben zwar ihren festen Platz in der Behandlung, doch steht ihnen keinesfalls diese herausragende Stellung zu, die ihnen heutzutage von vielen zugewiesen wird. Bei den Erläuterungen über Homöopathie in Kapitel 1 habe ich viele gute Gründe angeführt, in der Veterinärmedizin homöopathische anstelle konventioneller Methoden einzusetzen. In einigen Fällen kann mit der herkömmlichen Tiermedizin ein ebenso gutes Resultat erzielt werden, und deswegen sollte man sie nicht vollkommen ablehnen. Als Begründung dafür, ein Tier eher homöopathisch zu behandeln, kann man leider nicht immer das Argument anführen, es handele sich um die wirksamste Methode. Vielmehr sind oft die Logik, die Vorteile und die Grenzen einer Behandlungsweise innerhalb einer vorgegebenen Situation für die Wahl der Therapie ausschlaggebend. Dabei habe ich versucht, objektiv vorzugehen, was mich letztendlich doch dazu brachte, die Homöopathie auf den ersten Rang zu setzen.

In den folgenden Kapiteln will ich erläutern, welchen Stellenwert Tierarzt, Tierbesitzer und das Tier selbst einnehmen, damit letzten Endes eine Heilung zustande kommt.

Auch wenn es sich bei diesem Buch um ein praktisches Nachschlagewerk handelt, sollten Sie es dennoch aufmerksam durchlesen, da Ihnen hier die Grundlagen der homöopathischen Medizin erläutert werden. Wer es lediglich als Nachschlagewerk verwendet, würde auch die Philisophie der Homöopathie verletzen. Schließlich befaßt sich die Homöopathie ja nicht mit den Krankheiten an sich, sondern sieht den Patienten als Ganzes, so wie er auf auf die Krankheit reagiert (mit anderern Worten, welche Symptome sich bei ihm zeigen). Wenn Sie also beispielsweise in Kapitel 8 unter Erbrechen nachschlagen, um anschließend das dort angegebene Medikament mit der höchsten »Heilquote« anzuwenden, so kann diese Behandlung fehlschlagen, weil Sie dabei das kranke Tier außer Acht gelassen haben. Sehr oft müssen Sie auch unbedingt einen Tierarzt hinzuziehen, um die Leiden einer Krankheit nicht unnötig zu verlängern, weil Sie möglicherweise ein falsches Mittel gewählt haben. Daher soll Kapitel 2 als Hilfestellung dienen, wann und wo die Hilfe eines Veterinärs unumgänglich ist.

Vermutlich wird jeder Lernwillige der Homöopathie zunächst einmal durch die fremden Bezeichnungen der Materia medica geschockt. Deshalb wurden alle genannten Mittel zusammen mit ihren deutschen Bezeichnungen am Ende des Buches aufgelistet. Wie man ein Mittel auswählt, wird in Kapitel 4 und 5 beschrieben. Beim sorgfältigen Nachschlagen der Materia medica müssen Sie einige einfache Regeln beherzigen, die in Kapitel 7 erläutert werden.

In Anhang 1 finden Sie ein Glossar mit den wichtigsten homöopathischen und medizinischen Fachausdrücken, die in diesem oder anderen Büchern verwendet werden.

Außerdem habe ich ein Kapitel eingebaut, das ausgewählte Fallbeispiele schildert. Hier werden verschiedene Aspekte des Buches anschaulich erklärt, und Sie sollten diesen Teil kritisch durchlesen. Schließlich kann man sehr viel aus den Fehlern – und Erfolgen – anderer lernen.

Seit Erscheinen der ersten Auflage dieses Buches (1984 in England) hat sich in der Beurteilung der Homöopathie viel verändert. Zum Teil wurden Berichte über alternative Behandlungsmethoden in der Medizin veröffentlicht, die sich jedoch nur scheinbar objektiv gaben. In den Medien finden die Homöopathie wie auch andere alternative Methoden stärkere Beachtung, und das gilt nicht nur für die Tiermedizin. Die Öffentlichkeit wurde dadurch zunehmend hellhöriger, und immer mehr Menschen interessieren sich für alternative Behandlungsformen und suchen neue Behandlungswege. EG-weit wurden Wachstumshormone in der Kälber- und Rinderzucht verboten; gleichzeitig sollen die europäischen Landwirte dazu gebracht werden, weniger Medikamente zu verabreichen. Gerade dieser Personenkreis wendet sich mehr denn je der Homöopathie zu. Britische Tierärzte können beispielsweise an offiziellen homöopathischen Kursen (mit Abschlußdiplom) teilnehmen, die speziell auf ihre Bedürfnisse zugeschnitten sind (dies sind wohl die ersten Kurse ihrer Art auf der ganzen Welt). 1986 wurde die International Association for Veterinary Homoeopathy (Internationale Vereinigung für Homöopathie in der Veterinärmedizin) in Luxemburg gegründet. Diese Organisation ist ein nie zuvor dagewesenes Medium zum Austausch von Wissen, Erfahrung und Verständnis der Tierhomöopathie, besonders auch über ihr Organ, das »International Journal for Veterinary Homoeopathy«. Auch die Forschung beschreitet neue Wege und liefert Beiträge, damit Homöopathie besser verstanden und akzeptiert werden kann. Die Mitgliederzahl der British Association of Homoeopathic Veterinary Surgeons hat sich in den letzten Jahren verdreifacht. Daher glaube ich, daß wir uns in einer neue Epoche wachsenden Verständnisses befinden.

Kapitel 1
Besonderheiten der Homöopathie

In der öffentlichen Diskussion werden gern sämtliche »alternativen« Heilmethoden in einen Topf geworfen, und der Homöopathie ergeht es da nicht anders. Häufig wird sie mit Naturheilkunde, Wundermedizin oder Gesundbeten verwechselt, was nicht richtig ist, auch wenn sich einige Bereiche mit der Homöopathie überlappen. Für sich betrachtet, hat jedes Verfahren seinen Sinn und Zweck; doch ist es absolut sinnlos, verschiedene Systeme durcheinanderzuwerfen. Bekanntermaßen stellt die Homöopathie tatsächlich eine sehr wissenschaftliche und exakte Form der Medizin dar. Diese Behauptung scheint zunächst schwer zu beweisen zu sein, doch wird es mir hoffentlich gelingen, den Beweis in diesem Kapitel zu erbringen und dann in den folgenden Kapiteln weiter zu erhärten.

Formell wurde die Homöopathie im späten 18. Jahrhundert durch SAMUEL HAHNEMANN begründet, aber in ihren Grundzügen besteht sie schon seit der griechischen Antike und taucht seither immer wieder in der medizinischen Philosophie auf. Leider wurde sie bis Hahnemann niemals als eigene Theorie dargestellt, erst durch seine Arbeit entstanden neue Strömungen in der wissenschaftlichen Medizin. Dieser Zeitpunkt hatte starke Rückwirkungen auf die späte Anerkennung der Homöopathie. Bis dahin zeichnete sich die damalige Medizin durch äußerst unlogische Praktiken aus. Die Ärzte experimentierten an ihren Patienten, oftmals ohne zu wissen, was bei der Behandlung passieren werde. Offenbar schien eine Arznei oder Behandlung um so erfolgreicher, je scheußlicher das Mittel schmeckte oder je ausgefallener die Methode war. Völlig unwichtig war es wohl auch, wenn die Kur erfolglos blieb. Die meisten Patienten solcher »Roßkuren« wurden wahrscheinlich nur deshalb geheilt, weil ihre »inneren Heilungskräfte« stärker waren als Krankheit und »Heilmittel«.

Die Entdeckung: Ähnliches wird durch Ähnliches geheilt

Hahnemann wurde von der Medizin immer mehr enttäuscht. Er widmete sich – trotz seines guten Rufes als Arzt in der medizinischen Fachwelt – nur noch seiner Tätigkeit als Gelehrter und übersetzte medizinische Schriften ins Deutsche. Während er die Materia medica des schottischen Arztes WILLIAM CULLEN übersetzte, konnte Hahnemann sich nicht mit Cullens Erklärung anfreunden, in welcher Weise Chinarinde bei Sumpf- oder Wechselfieber (Malaria) wirke. Diese Therapie war damals eine der wenigen erfolgreichen Behandlungsmethoden dieser Krankheit überhaupt. Um den Wirkmechanismus herauszufinden, nahm er selbst Chinarinde ein - und bekam einen Malariaanfall!

Anschließend fügte er seiner Übersetzung der Cullenschen Materia medica eine gewagte Fußnote hinzu, wobei er auf folgende Weise den sog. »tonischen Effekt« auf den Magen in Frage stellte (was in der Sprache unserer Zeit folgendermaßen klingt):

Durch Zusammentun sehr starker Bitterstoffe und adstringierender (stark zusammenziehender) Mittel kann man in kleiner Gabe einen sehr viel stärkeren »tonischen Effekt« auf den Magen erzielen als mit China, jedoch wird kein Wechselfieber eintreten. Der bisher nicht entdeckte Wirkstoff der Chinarinde läßt sich nicht leicht finden. ... Ich nahm des Versuchs halber etliche Tage zweimal täglich jedesmal vier Quentchen (früheres deutsches Handelsgewicht = 1,67g) gute China (Chinarinde) ein; die Füße, die Fingerspitzen usw. wurden mir erst kalt, ich ward matt und schläfrig, dann fing das Herz an zu klopfen, mein Puls ward hart und geschwind; eine unleidliche Ängstlichkeit, ein Zittern (aber ohne Schauern), eine Abgeschlagenheit durch alle Glieder folgten; dann ein Klopfen im Kopf, Röte der Wangen, Durst, kurz, alle mir sonst beim Wechselfieber gewöhnlichen Symptome erschienen nacheinander, doch ohne eigentliche Fieberschauer ... Dieser Paroxysmus dauerte jedesmal zwei bis drei Stunden und erneuerte sich, wenn ich diese Gabe wiederholte, sonst nicht. Ich hörte auf, und ich war gesund.

Dieses Experiment brachte ihn gedanklich zu dem Ähnlichkeitsgrundsatz »similia similibus curentur« oder »Ähnliches wird durch Ähnliches geheilt«. Hahnemann schreibt über sein neu entdecktes Naturgesetz:

Wenn unter den Symptomen, die durch eine Arznei in einem völlig gesunden Körper hervorgerufen werden, ganz eindeutige Anzeichen einer bestimmten Krankheit zu erkennen sind, so vermag diese Medizin jene Krankheit auf sehr rasche, gründliche und dauerhafte Weise zu heilen.

Als echter Wissenschaftler wollte er natürlich die einmal aufgestellte Hypothese eingehend überprüfen. Innerhalb von 20 Jahren probierte er an sich selbst sowie an zahlreichen Freiwilligen, die sich aus Familienangehörigen, Freunden und Medizinstudenten zusammensetzten, an die 67 Mittel aus. Diese wurden von zahlreichen Testpersonen eingenommen und die Ergebnisse aufgeschrieben. Bei der Durchführung der Experimente wurden die Ernährungs- und Verhaltensweisen penibel protokolliert. Als Ergebnis hielt er alle wichtigen und (scheinbar) minder wichtigen Symptome in einer Auflistung (Materia medica) fest. Dadurch entstand anhand der aufgeführten Symptome quasi für jede Substanz eine Art Abhandlung darüber, was sie zu heilen vermochte. Außerdem verfaßte Hahnemann die erste Auflage seines »Organon der Heilkunst«. Dieses Buch, die Summe seiner Theorien und Philosophie, wurde 1810 veröffentlicht und stellt ein bemerkenswertes Beispiel für sein logisches Denkvermögen dar. Hahnemann setzte seine Arbeit und Untersuchungen unermüdlich fort, konnte aber nicht genügend Beweise dafür zusammenbringen, daß sein System tatsächlich erfolgreich heilte. Dies änderte sich erst im Winter 1812/13, als sich die napoleonischen Armeen nach der verlorenen Völkerschlacht bei Leipzig, dem damaligen Wohnsitz Hahnemanns, quer durch Europa zurückziehen mußten und unter den versprengten und nachziehenden Truppenteilen Typhus ausbrach. Hahnemann behandelte nun mit seiner Methode 180 erkrankte Soldaten, von denen nur 2 verstarben, einer von beiden ein schon sehr alter Mann. Auch im hohen Alter konnte Hahnemann noch miterleben, wie einer seiner Schüler die Fähigkeit der Homöopathie im großen Stil unter Beweis stellte. 1831 brach im ungarischen Raab eine große Choleraepidemie aus, und der betreffende Arzt behandelte 154 Fälle, von denen nur 6 Menschen (3,9%) verstarben. Andere Ärzte behandelten 1500 Erkrankte nach Methoden der Schulmedizin und verloren 821 Patienten (54,7%). Diese Ergebnisse sprechen wohl für sich. (Beide Ereignisse geschahen zu einem Zeitpunkt, als man noch nichts über Bakterien oder Antibiotika wußte. Dies wirft die Frage auf, ob ein solches Wissen tatsächlich ausschlaggebend ist, um solche Krankheiten heilen zu können.)

Die Potenzen

Die Untersuchung am gesunden Menschen, die sogenannte »Arzneimittelprüfung«, bildet nur einen Teil seiner überraschenden Entdeckung. Seine zweite Entdeckung machte er, als er feststellen wollte, wie gering eine notwendige Dosis ausfallen muß, um eine Heilung zu erzielen. Hahnemann fand heraus, daß ein Heilmittel um so besser wirkte, je stärker die Verdünnung wurde. Diese Methode, die aus mehreren Verdünnungsreihen und anschließenden Schüttelschlägen (einem kräftigen Durchmischen der neuen Lösung bei jedem Verdünnungsschritt) bestand, nannte er Potenzierung. Hierzu notierte er:

Die geringste Dosis einer Medizin, die als homöopathisches Mittel für eine Krankheit gewählt wird, entspricht in ihrer Wirkung dem entsprechenden Krankheitsbild auf homöopathischer Ebene. Der Arzt wird sich daher für ein Homöopathikum in genau der (geringen) Menge entscheiden, wie sie von der Erkrankung verlangt wird.

Die allopathisch praktizierende Schulmedizin sieht dies allerdings völlig anders. Unter Allopathie versteht man eine Behandlung mit einer völlig anderen, den Symptomen entgegengerichteten Substanz, mit der die körperliche Reaktion auf die Krankheit verändert werden soll. (Die englische Homöopathie kennt außerdem den Begriff »antiopathy« im Sinne einer Behandlung von Krankheitssymptomen mit einem Mittel, das nur diese Symptome neutralisiert. Die deutsche Homöopathie kennt diese Unterscheidung nicht und spricht generell von Allopathie. Anm.d.Übers.) Wenn ein Schulmediziner die normale Dosierung stark herabsetzt, ist seiner Meinung nach die Wirksamkeit verloren. Hahnemanns Entdeckung erlaubt es aber, unendlich hohe Verdünnungen einer Substanz zu Heilzwecken zu verwenden, obwohl ihre Konzentration nicht mehr meßbar ist. Man kann sogar mit hochgiftigen natürlichen Substanzen, wie beispielsweise Arsen oder Schlangengift, arbeiten und fantastische Heilerfolge erzielen, ohne sich darüber Gedanken machen zu müssen, ob diese Substanzen eventuell giftig auf den Organismus wirken.

Die Allopathie

In seinen Veröffentlichungen wandte sich Hahnemann sehr vehement, oft sogar polemisch gegen seine allopathisch praktizierenden Kollegen, die Mittel verwandten, welche in keinem Bezug zur jeweiligen Krankheit standen, ein Tatbestand, der in seinen Augen wider alle Vernunft schien. Daher hatte er es recht bald mit sämtlichen tonangebenden Koryphäen der Schulmedizin verdorben, was schließlich dazu führte, daß seine Theorie über die Homöopathie kaum anerkannt wurde. Heutzutage hat auch die Schulmedizin diese sinnlosen, zum Teil sogar gefährlichen Praktiken fallen gelassen, so daß sie selbst die heftigen Attacken Hahnemanns nicht mehr in Zorn brächten. Allerdings muß sie sich immer noch seinen zweiten Kritikpunkt gefallen lassen, daß sie nämlich lediglich die Symptome einer Krankheit beseitige (neutralisiere). Gute Beispiele hierfür sind die Kortisonpräparate, mit denen Entzündungen unterdrückt werden sollen, Schmerzmittel (Analgetika), die Schmerzen lindern sollen, Abführmittel (Laxativa) zur Behandlung von Verstopfung oder absorbierende Stoffe (Aktivkohle) gegen Durchfall. Solche Medikamente haben sicherlich ihren Sinn (wenn man davon ausgeht, daß sie palliativ wirken, das heißt, die Symptome lindern), jedoch kann man mit Hahnemanns Worten dagegen halten, daß sie sie lediglich unterdrücken. Dies wiederum rechtfertigt die Verwendung »ähnlicher« Substanzen. Folgende Behauptung Hahnemanns läßt sich nur schwer widerlegen:

Die charakteristischen Symptome einer hartnäckigen chronischen Krankheit sind noch nie mit lindernden und gegensätzlichen Heilmitteln geheilt worden, ohne daß später das Gegenteil – z. B. ein Rückfall oder eine eindeutige objektive Verschlechterung des ursprünglichen Leidens – eingetreten wäre (aus dem »Organon der Heilkunst«).

Außerdem führte er folgende Feststellung an, was auch für manchen heutigen Arzt noch Gültigkeit besitzt:

Bei anhaltender Müdigkeit am Tage verschrieb der Arzt Kaffee, und wenn dessen Wirkung völlig abgeklungen war, wurde die Tagschläfrigkeit noch stärker. Gegen häufiges Aufwachen in der Nachts verabreichte er Opium abends vor dem Einschlafen, ohne weitere Symptome zu berücksichtigen. Diese Arznei ruft zwar infolge ihrer primären Wirkung einen tiefen, wie betäubten Schlaf hervor, in den folgenden Nächten war allerdings die Schlaflosigkeit noch größer als zuvor.

Die gleichen Argumente setzte er gegen die allopathische Behandlung von Durchfall oder Verstopfung ein. Zwar bezieht sich dies alles nur auf den Menschen, kann jedoch ohne weiteres auch auf die Tiermedizin übertragen werden. Wer hat es nicht selbst schon einmal beobachtet, wie Hautjucken bei einem Hund, nachdem dieser mit Kortison behandelt wurde und die Therapie abgeschlos-

sen wurde, mit stärkerer Heftigkeit wieder aufflammte? Ferner behauptete Hahnemann sogar, verschiedene Krebsformen entstünden erst dadurch, daß bestimmte Krankheitssymptome permanent unterdrückt würden. In den Fallbeispielen (siehe Kapitel 16) wird ein derartiger Fall (Ulcus rodens) beschrieben.

Traurig, aber wahr ist, daß die heutige (allopathische) Schulmedizin jene verstaubten und mittlerweile wirklich überflüssig gewordenen Ressentiments und Animositäten gegenüber Hahnemanns Thesen übernommen hat. Obwohl die Homöopathie in ihren Grundzügen eine mit äußerst genauer Sorgfalt forschende Wissenschaft ist und trotz Hahnemanns nahezu untrüglichem Beobachtungsvermögen, kann und will die moderne Medizin seine Entdeckungen einfach nicht akzeptieren. Wenn wir einmal die Durchbrüche in der damaligen Medizin betrachten, so kommt uns leider die bittere Erkenntnis, welche Verluste der Menschheit erspart geblieben wären, hätte man Hahnemanns Entdeckungen den gleichen Stellenwert eingeräumt wie der restlichen naturwissenschaftlichen Entwicklung jener Zeit. Die Entwicklung der heutigen Schulmedizin wäre jedenfalls anders verlaufen.

Die folgende Zeittafel zeigt, daß sich die Wissenschaft in immer detaillierteren Theorien und Entdeckungen verliert. Falls es damals zu einem Konsens mit Hahnemanns Argumentation (die – gemessen an Informationsstand und Heilerfolg der heutigen Medizin – ihrer Zeit eindeutig weit voraus war) gekommen wäre, hätten wir heute eine auf beiden Theorien aufbauende Medizin, die sicherlich ihresgleichen suchen könnte. Eine solche Synthese ist auch heute immer noch denkbar, jedoch ist hier die gesamte Naturwissenschaft gefordert, Hahnemanns Grundlagen zu analysieren und zu untermauern.

Historische Zeittafel

460–375 v. Chr.	HIPPOKRATES formulierte erste Ansätze, die Medizin vernunftmäßig (rationell) zu erforschen; seine Schriften wurden erst im Mittelalter wiederentdeckt, das Prinzip »Ähnliches kann durch Ähnliches geheilt werden« geht nachweislich auf ihn zurück.
129–200 n. Chr.	GALEN: Ansätze einer rationellen Anatomie, sie waren bis 1540 verschollen.
1540	ANDREAS VESAL (Vesalius) baut auf Galens Arbeit auf.
1628	WILLIAM HARVEY entwickelt die Theorie des Blutkreislaufs.
Um 1680	ANTONY VAN LEEUWENHOEK entdeckt die *Bakterien*, auch wenn sie noch nicht als eigene Wesen erkannt werden, die mit einer Krankheit in Verbindung stehen.
1753	JAMES LIND entdeckt, daß man sich (bei längeren Seereisen) vor *Skorbut* schützen kann, wenn man zusätzlich Obst und Zitronensaft verzehrt.
1755	Geburt SAMUEL HAHNEMANNS.
1755 und 1766	Entdeckung der luftbildenden Gase durch JOSEPH BLACK *(Kohlendioxid)* und HENRY CAVENDISH (*Wasserstoff* und *Sauerstoff*).
1773	JOHN HUNTER führt neue Methoden in der Chirurgie ein.
1781–1785	JOSEPH PRIESTLEY, HENRY CAVENDISH und ANTOINE LAURENT DE LAVOISIER entdecken (unabhängig voneinander) die Zusammensetzung des Wassers.
1784	HAHNEMANN schreibt seine erste medizinische Veröffentlichung, worin er die üblen medizinischen Praktiken seiner Zeit anprangert, sich jedoch lobend über Tierärzte und Naturmediziner ausläßt.
1785–1795	Erstmalig wird in England der Tierarzt als eigenständiger Beruf anerkannt.
1790	HAHNEMANN experimentiert (im Eigenversuch) mit Chinarinde und entwickelt die *Homöopathie.*
1790	LAZZARO SPALLANZANI erkennt, daß *Mikroben* nicht spontan entstehen, und entkräftet so die Lehre der Urzeugung. (Jedoch wird dies noch immer nicht mit der Entstehung von Krankheiten in Zusammenhang gebracht.)

Um 1790	Die *Materia Medica Homoeopathica* nehmen an Umfang zu.
1791	JOHN HUNTER befaßt sich damit, die Ausbildung der Tierärzte zu verbessern.
1793	Das neugegründete tierärztliche College prangert die Quacksalberei an, die in der englischen Tierheilkunde stattfindet.
1795	HAHNEMANN veröffentlicht Essays über den Wert von Schlaf und Kleidung, über Sozialmedizin, gesunde Umgebung, frische Luft und frisches Wasser, Leibesübungen und Ernährung; er schreibt über die Unbill der Armut, den Verlust der Familie und über Erziehung. (Seine Ideen waren wieder einmal seiner Zeit weit voraus.)
1796	EDWARD JENNER führt die erste Impfung mit Kuhpockenlymphe durch. (Besteht möglicherweise ein Zusammenhang zur Isopathie?)
1810–1843	HAHNEMANNS »Organon der Heilkunst« wird in mehreren Auflagen veröffentlicht.
1811–1821	HAHNEMANNS »Materia Medica Pura« werden ebenfalls mehrbändig veröffentlicht.
1811	GRAF AMADEO DI AVOGADRO stellt seine Atomtheorie auf.
1813	HAHNEMANN kuriert *Typhus*kranke in Leipzig, wobei er 178 Fälle (!) von 180 heilt. Einer der beiden Verstorbenen war ein sehr alter Mann. Zu jener Zeit war noch nichts darüber bekannt, wie Krankheit und Bakterien bzw. Hygiene zusammenhängen, und nichts über Antibiotika.
1828	HAHNEMANNS Buch »Chronische Krankheiten; ihre besondere Art und ihre homöopathische Heilung« wird veröffentlicht.
1831	Ausbruch der *Cholera* in Raab. Die Homöopathen verlieren bei dieser Epidemie 6 von 154 behandelten Personen (das sind 4 %), während von 1501 Erkrankten, die nach Methoden der Schulmedizin behandelt werden, 821 Menschen sterben (55 %).

Anläßlich der Choleraepidemie, die wie eine Welle über Europa hinwegschwappte, gab HAHNEMANN äußerst fortschrittliche Ratschläge über Belüftung, Hygiene, Sterilisation, Ansteckung und Quarantäne:

Um zu verhindern, daß man sich an der Cholera ansteckt bzw. daß sich diese ausbreitet, müssen alle Fremden in Quarantäne gehalten werden. Während ihr Körper umgehend gebadet wird und sie anschließend saubere Wäsche erhalten, werden ihnen sämtliche Kleidungsstücke, Bettücher und ähnliches abgenommen und 2 Stunden lang bei einer Ofenhitze von 80 Grad aufbewahrt – dies ist die erforderliche Temperatur, um alle ansteckenden Dinge und somit auch die lebenden Miasmen zu vernichten. Besonders unangenehm riechende Ansteckungsorte waren ungelüftete Räume wie etwa in engen Schiffsbäuchen, wo die Luft von muffigem Wasserdampf geschwängert war. Daher wundert es kaum, daß die Cholera-Miasmen sich hier besonders gut ausbreiteten, sie fanden dort ideale Umstände, um sich zu entwickeln und zu vermehren. Hier bildeten sie riesige Schwärme jener unsichtbaren, mikroskopisch kleinen Organismen, die eine mörderische Gefahr für jedes Menschenleben darstellen. Diese bilden höchstwahrscheinlich auch das ansteckende Material, welches Cholera hervorruft.

Abgesehen von seiner Ausdrucksweise, hat Hahnemann hier in überraschender Weise einen hochmodernen Bericht über die Cholera-Prophylaxe verfaßt. Überträgt man dessen Quintessenz in die Sprache und medizinische Terminologie unserer Zeit, so kann er durchaus modernen medizinischen Ansprüchen gerecht werden – trotz der Tatsache, daß erst ein halbes Jahrhundert später Wissenschaftler wie PASTEUR, LISTER oder KOCH die Grundlagen dieser Theorie definieren werden. Vielleicht stellt aber die Tatsache, daß Hahnemann – selbst ohne theoretisches Wissen – mit Hilfe seiner Homöopathie heilen konnte, eine noch größere Überraschung dar! Hahnemann machte sich diese Gedankenmodelle quasi vorläufig zueigen, stellte sie als Vorbeugungsmaßnahmen hin und verwandte seine eigenen homöopathischen Methoden, um die Krankheit zu heilen.

1833	MICHAEL FARADAY formuliert die Gesetze über Elektrizität und Magnetismus.
1835	AGOSTINO BASSI entdeckt, daß Mikroben Krankheiten bei der Seidenraupe verursachen können, jedoch fand seine Arbeit keine sonderliche Anerkennung.
1837	JOHANNES MÜLLER entdeckt die Arbeitsweise der Nerven.
1839	MATTHIAS JAKOB SCHLEIDEN und THEODOR SCHWANN weisen nach, daß tierisches und pflanzliches Gewebe den gleichen zellulären Aufbau haben.
1843	Todesjahr Hahnemanns.
1846	Der Amerikaner WILLIAM THOMAS MORTON verwendet erstmals Ätherdämpfe zur Anästhesie.
1853	FLORENCE NIGHTINGALE bildet die ersten Grundlagen der Krankenpflege.
1854–1856	FLORENCE NIGHTINGALE setzt ihre Theorien im russisch-englischen Krimkrieg in die Praxis um.
1864	LOUIS PASTEUR entwickelt die Theorie, Erreger seien die Ursache einer Krankheit, und die nach ihm benannten Methoden zur Sterilisierung (Pasteurisierung). Wie die Ironie des Schicksals so spielt, schwankte Pasteur letzten Endes in seiner Argumentation, nämlich ob ein Erreger tatsächlich eine Krankheit hervorruft oder erst im Anschluß an eine Krankheit entsteht. Die Homöopathie betrachtet beide Möglichkeiten als

richtig, befürwortet jedoch stärker die letztere. Die moderne Schulmedizin erkennt ebenfalls beides an, sie bevorzugt allerdings das »Verursacher-Modell«.

1865	Der englische Baron JOSEPH LISTER prägt den Begriff »Antisepsis« und führt als erster die Karbolsäure als Antiseptikum (Mittel gegen Sepsis) ein.
1865	CLAUDE BERNARD formuliert die Grundlagen der wissenschaftlichen Untersuchungsmethoden. Auch die Theorie über die innere Kompartimentierung des Körpers stammt von ihm. Mit ihm nimmt die Theorie über Hormone ihren Lauf.
1866	Der österreichische Augustinermönch GREGOR JOHANN MENDEL entdeckt über Kreuzungsversuche (mit Erbsen und Bohnen) die Grundlagen der Vererbungsgesetze (Genetik).
1877	Der britische Tropenarzt Sir PATRICK MANSON findet heraus, daß Krankheiten durch Insekten verbreitet werden können.
1882	Erstmals gelingt es der japanischen Marine, die *Beri-Beri-Krankheit* unter Kontrolle zu bringen, indem man den Anteil an poliertem Reis in der Kost der Matrosen verringert.
1882	ROBERT KOCH entdeckt den Tuberkel-Bazillus.
1883	KOCH entdeckt auch den Erreger der *Cholera* – also erst etwa 50 Jahre später, nachdem Hahnemann 1831 seine Idee über den Ursprung dieser Krankheit niederschrieb.
Um 1880	LOUIS PASTEUR entwickelt Impfstoffe gegen Tollwut und Milzbrand ein. Zusammen mit der Arbeit EDWARD JENNERS handelt es sich um Sternstunden der Medizin, und es sollte nicht lange dauern, bis die *Viren* entdeckt wurden.
1884	CARL KOLLER verwendet Kokain zur örtlichen Betäubung.
1886	ROBERT KOCH stellt Methoden auf, wie man Bakterien untersuchen soll, aber auch Theorien über Impfungen und Ansteckungsweisen. Diese Maßnahmen entstanden vor dem Hintergrund einer erneuten Choleraepidemie in Europa.
1887	JOHN BROWN BUIST sieht zwar als erster Mensch ein *Virus*, erkennt es (das Kuhpocken-Virus) jedoch nicht als solches.
1891	GEORGE REDMAGNE MURRAY isoliert erstmalig das *Hormon* Thyroxin aus der Schilddrüse.
1892	DIMITRI IWANOWSKI entdeckt eine Substanz, die die Tabak-Mosaik-Krankheit verursacht, jedoch durch einen Bakterienfilter geht. (Dies ist ein weiterer Schritt bis zur Entdeckung der Viren.)
1895	WILHELM CONRAD RÖNTGEN entdeckt die nach ihm benannten Strahlen.
1898	MARTINUS BEIJERINCK entdeckt die Viren.
1900	Sir RONALD ROSS und Sir PATRICK MANSON können beweisen, daß

die *Malaria* durch Stechmücken verbreitet wird. Malaria war die Krankheit gewesen, deren Symptome Hahnemann im ersten homöopathischen Selbstversuch an sich feststellte.

1902	WILLIAM MADDOCK BAYLISS und ERNEST HENRY STARLING führen erstmal den Begriff »Hormon« ein.
Um 1900	PIERRE CURIE entdeckt nicht nur das Element Radium sondern auch dessen Fähigkeit, das Wachstum von Krebszellen zu unterdrücken und Bakterien abzutöten.
1903	Der deutsche Chemiker EDUARD BUCHNER entdeckt, daß Hefe Enzyme enthält.
1906	FRIEDRICH PASCHEN entdeckt das Pockenvirus (Erreger der Schwarzen Pocken) neu.
1929	SIR ALEXANDER FLEMING entwickelt das erste *Antibiotikum*, Penizillin.
1929	ALICE Mills WOODRUFF und ERNEST WILLIAM GOODPASTURE entdecken das Windpocken-Virus.
1931	WOODRUFF und GOODPASTURE gewinnen Viren aus Hühnereiern und begründen die moderne Entwicklung von Antiviren-Impfstoffen.
1932	Das erste *Vitamin* (Ascorbinsäure, Vitamin C) wird isoliert.
1935	Dem amerikanischen Biochemiker WENDELL MEREDITH STANLEY gelingt die Kristallisierung eines Virus.
1935	Entdeckung der *Sulfonamide*. Als sog. Chemotherapeutika bilden sie eine sinnvolle Ergänzung zum Penizillin. Beide Mittel stellen auch heute noch die Grundlagen der Antibiotika-Behandlung.
1939	Erste Darstellung eines Virus mit Hilfe des Elektronenmikroskops.
1940	Breite Verwendung von Penizillin.

Seitdem wurde eine Unmenge Medikamente, die auf Zellebene wirken, entwickelt und hergestellt. Tatsächlich gingen Homöopathie und moderne Medizin erst ab der 2. Hälfte des 19. Jahrhunderts getrennte Wege, als die Entwicklungen und Entdeckungen in der Wissenschaft explosionsartig zunahmen. Diese Entwicklung ist wirklich beschämend: Auf der einen Seite die homöopathische Medizin nach Hahnemann, die ohne medizinische Terminologie, ohne Unterscheidung in Viren und Bakterien und ohne physiologische und zellbiologische Detailkenntnisse auskommt. Auf der anderen Seite setzte die restliche medizinische Welt ihre Forschungsschwerpunkte ausschließlich auf pathogene Substanzen, Zellmechanismen und physiologische bzw. biochemische Kreislaufprozesse (siehe auch Kapitel 15 und Anhang 8). Aufgrund dieser unterschiedlichen Weltbilder konnten beide medizinischen Zweige einfach nicht kooperieren. Infolgedessen ging natürlich vieles verloren, und besonders Hahnemann ist zu einem großen Teil für diese Entwicklung verantwortlich, da er hemmungslos eine Attacke nach der anderen gegen die Schulmediziner ritt. Außerdem muß er ein sehr arroganter und selbstherrlicher Patron gewesen sein, der nur im Kreise seiner ergebensten Anhänger und Schüler Anerkennung fand.

Der Weg nach vorn

Heutzutage ist unter den Vorzügen beider Systeme eine Auswahl zu treffen. Daher müssen Hahnemanns Erkenntnisse über das Wesen der Krankheiten, seine sehr sorgfältigen Methoden und seine straffen Prinzipien mit der ständigen Skepsis und Hinterfragung moderner Wissenschaftler kombiniert werden. So kommentiert Hahnemann die Irrationalität seiner zeitgenössischen Allopathen:

Offenbar ist es wohl das Hauptziel der Schulmedizin, dieser Allopathen, aufgrund purer Unkenntnis das Gros der Krankheiten, namentlich der chronischen Leiden, wenn nicht als tödlich, so zumindest doch immer als unheilbar auszulegen. Daraufhin bestürmen und nötigen sie den armen, geschwächten Patienten, der ohnehin bereits genug leiden muß, immer wieder neue Arzneien zu schlucken, die wiederum noch mehr zer

stören. Außerdem scheint dies gleichzeitig auch der simpelste Weg, denn wenn man sich erst einmal diese krankhafte Tätigkeit verinnerlicht hat, wird die Seele bald gegenüber solchen Gewissensbissen abgestumpft sein.

Bei derart »schmeichelhaften« Worten wundert es kaum, daß die Ärztewelt gegen Hahnemann negativ eingestellt war. Jedoch kann man darin auch etwas Positives sehen:

Des Arztes hohe und einzige Aufgabe ist es, der Krankheit Sorge angedeihen zu lassen, so daß sie in Gesundheit zurückgeführt, das heißt im eigentlichen Sinne kuriert (von cura [lateinisch] = Sorge) wird. Das oberste Ziel der Heilung besteht entweder darin, den Kranken rasch, auf schonende Weise und dauerhaft gesund werden zu lassen, oder aber die Krankheit in ihrer Gesamtheit so schnell und gründlich wie möglich zu beseitigen, wobei man seine Behandlung auf ungefährliche Methoden und einfache Fakten aufbaut.
Wenn ein Arzt deutlich erkennt, was an einer Krankheit heilbar ist, wenn er weiß, welche Bestandteile einer Arznei heilend wirken oder in welchen pathologischen Situationen ein Mittel (in Übereinklang mit den zugrundeliegenden Prinzipen) angewendet werden kann, wenn er darauf achtet, daß das richtige Mittel gewählt ist, Dosis wie Dosierungshäufigkeit stimmen, wenn er schließlich auch um die Tücken bei der Genesung weiß und wie er sie umgehen kann, damit die Genesung dauerhaft bleibt, wenn er all dieses versteht und gewissenhaft und wohlüberlegt vorgeht, dann ist er ein echter Jünger der Heilkunst.

Tierärzte und Humanmediziner tun gut daran, diese Grundsätze zu beherzigen. Auf jeden Fall sollte es moralisch aufbauen, welch hohe Meinung Hahnemann von den Tierärzten und ihrem unermüdlichen Kampf gegen Geschwüre (Ulzera) hatte, was übrigens auch heute noch ein großes diagnostisches Problem darstellt. Hahnemann notierte hierzu folgendes:

Trotz all meines Stolzes (auf meinen Berufsstand) muß ich doch eingestehen, daß Tierärzte im Behandeln alter Wunden häufig erfolgreicher sind, soll heißen, mehr praktische Erfahrung haben als die meisten erfahrenen Professoren und Mitglieder der Akademie. Manchmal wünsche ich mir, ich besäße ihre Geschicklichkeit, die sie oft nur deshalb erworben haben, weil sie ausschließlich Tiere behandelt haben.

(Aus seinem ersten Aufsatz »Anleitung zur Heilung alter Wunden und Geschwüre«, der 1784 erschien.) Im selben Aufsatz, der 6 Jahre vor der Entwicklung der Homöopathie geschrieben wurde, schlägt er auch vor, die Rolle der Naturheilkunde neu zu durchdenken:

Aufgrund der besonderen Bedeutung der natürlichen Heilmethoden richtet der gewissenhafte Arzt automatisch sein Augenmerk auf diese einfachen Prozeduren, sehr zur Freude seiner Patienten.

Bereits in den Anfängen des tierärztlichen Berufes in England gab es interessanterweise gewissenhafte Vertreter ihres Standes, die jene Form der Quacksalberei anprangerten, welche damals von fahrenden Badern und Roßärzten praktiziert wurde. Gerechterweise sollte man ihre Verdienste im rein medizinischen Bereich lobend hervorheben, wie es auch Hahnemann tat. Die Beschreibungen damaliger chirurgischer Eingriffe, wie folgender Brief aus dem Jahre 1791 belegt, lesen sich jedoch wie das Drehbuch für einen Horrorfilm:

Wenn wir die gefährlichen Praktiken jener Hufschmiede bei ihren knochenbrechenden Eingriffen beobachten, muß man ohnmächtig zusehen, wie sie täglich Pferde opfern, indem sie ohne den blassesten Schimmer des Körperbaus dreist und munter völlig gesunde Gliedmaßen zerstückeln. Wie viele Muskeln, Sehnen und Kreuzbänder wurden zerfetzt, Adern gespalten, Nerven und Membranen zerrissen oder lebenswichtige Organe unrettbar zerstört, nur weil die armen Kreaturen einem dummdreisten, völlig unfähigen Kurpfuscher in die Hände fielen, dessen »akademische Qualifikation« einzig und allein auf Nachlässigkeit (des Arztes) und Leichtgläubigkeit (der Tierhalter) beruht!

Markige Sprüche waren offensichtlich nicht nur Hahnemanns Privileg! Glücklicherweise hat die Chirurgie seitdem große Fortschritte gemacht, was zu einem großen Teil auf den Arbeiten des englischen Anatomen JOHN HUNTER in den Bereichen Tier- und Humanmedizin beruht.

Was ist Homöopathie?

Homöopathie bedeutet, sich für ein (einziges) Mittel zu entscheiden, um eine Krankheit zu heilen, weil man weiß, daß dieses Mittel die gleichen Symptome verursachen kann wie diejenigen, die sich beim Kranken zeigen (siehe auch Seite 16). Beispiele, welche Symptome durch welche Substanzen geheilt werden können, finden Sie in Kapitel 8 ff.

Akzeptiertermaßen gilt heute für die Homöopathie das Prinzip der minimalen Dosis, das heißt, welche Dosis mindestens erforderlich ist, um eine Heilung zu bewirken. Die verwendeten Substanzen werden schrittweise verdünnt (potenziert), wobei man entweder eine 1:10-Verdünnung (Dezimalverdünnung) oder eine 1:100-Verdünnung (Centesimalverdünnung) wählt. Die dabei entstehenden Potenzen werden als D-Potenzen bzw. C-Potenzen bezeichnet. *Arnica D6* besagt beispielsweise, daß es sich um eine Lösung aus Bergwohlverleih (*Arnica montana*) handelt, die sechsmal 1:10 verdünnt wurde (in Zehnerpotenzen ausgedrückt also 10^{-6}). Hingegen ist *Arnica C30* eine Arnika-Lösung, die dreißigmal 1:100 verdünnt wurde (oder 10^{-60}). Bei jedem Verdünnungsschritt wird die Lösung durch 10 abwärts geführte sog. »Schüttelschläge« durchmischt. Dadurch wird die Heilkraft (»Energie«) dieser Substanz ausgelöst, während ihre toxischen Effekte durch die starke Verdünnung

eliminiert werden. Daher lassen sich homöopathische Arzneimittel guten Gewissens verwenden, da man selbst bei einem falsch gewählten Mittel zwar keine Heilung, jedoch auch keine Schäden verursachen kann.

Die grundsätzlichen Kriterien, nach denen ein Mittel ausgewählt wird, werden in Kapitel 5 dargestellt, und in den Kapiteln 8 bis 14 finden Sie weitere Hilfestellungen. Daher möchte ich hier nur wiederholend betonen, daß man eine Krankheit nur dann auf homöopathischem Wege heilen kann, wenn deren Symptome möglichst genau mit denjenigen übereinstimmen, die in der Materia medica aufgelistet sind. Die besonderen Einschränkungen für die Tiermedizin möchte ich in Kapitel 5 behandeln. In jedem Fall sollte man jedoch die Symptome eines Patienten in ihrer Gesamtheit beachten. Dabei ist es unerheblich, ob es sich um Symptome an Verhalten, Leib oder Gemüt, um Symptome am ganzen Körper oder nur an bestimmten Teilen, um allgemeine oder ganz ausgefallen Symptome handelt. Eine homöopathische Behandlung schließt den gesamten Patienten ein, nicht nur den erkrankten Bereich. Dadurch reagiert jeder Patient individuell auf die Krankheit (was an sich wieder ein eigenes Verhaltenssymptom darstellt), und dies ist wiederum ausschlaggebend für die Wahl des Arzneimittels. Homöopathisch gesehen, behandelt man also keine bestimmte Krankheit, sondern die Gesamtheit der vorhandenen Symptome, die ein Individuum zeigt. Daher können zwei Patienten, die an derselben Krankheit leiden, ganz unterschiedliche Therapien verlangen. Dieses (zweifellos belegbare) individuelle Verhalten auf eine Krankheit stürzt die Schulmediziner natürlich oft in Verwirrung, da eine Krankheit ihrer Meinung nach im Anschluß an die gesicherte Diagnose einheitliche Symptome zeigen und eine einheitliche Behandlung erfahren sollte. Die Verwirrung wird noch größer, wenn ein Patient herkömmliche Medikamente erhält und darauf (evtl. wider Erwarten) individuell reagiert. Die Homöopathie läßt diese Umstände nicht nur zu, sondern verlangt ausdrücklich, daß sie bekannt sind und berücksichtigt werden.

Wie die Geschichte der Homöopathie belegt, hat sie ihre Erkenntnisse schon immer aus Prüfungen gezogen, die an freiwilligen Probanden durchgeführt wurden. Das war schon immer so und ist auch heute nicht anders. Daher waren niemals Tierversuche nötig, um eine Medizin beurteilen zu können, und auch für die Humanhomöopathie nicht von Bedeutung. Durch diesen Umstand gewinnt die Homöopathie in den Augen all jener an Wertschätzung, die Tierversuche in allen Arten mißbilligen, gleichgültig, ob in der Human- oder der Tiermedizin. Hierin liegen jedoch auch schon die Einschränkungen zur Anwendung der Homöopathie in der Veterinärmedizin, wie es in Kapitel 5 erwähnt wird. Die Einschränkung besagt, daß wir bei der Verwendung eines Mittels ähnliche Symptome beim Menschen wie bei verschiedenen Tierarten voraussetzen müssen. Man kann dies natür-

lich bei vielen, jedoch nicht bei allen Mitteln postulieren. Im Veterinärbereich kann man über »Freilandversuche« (sorgfältig durchdachte tierärztliche Behandlungsversuche, die an Hof- und Haustieren unter natürlichen Bedingungen – also nicht im Labor – durchgeführt werden) brauchbare Daten erhalten, die den Erfahrungen im Bereich der Humanmedizin nahekommen, aber die artspezifischen Probleme können weiterhin auftreten.

Wie wirkt die Homöopathie?

In der Homöopathie werden Arzneien verwendet, die in ihrer Wirkung die Krankheit kopieren und deren Wirkstoffe ebenfalls eine Energieform (vermutlich als direkte Folge der »Potenzierung«, das heißt, des Prozesses aus Verdünnungen und anschließenden Schüttelschlägen) darstellen. Das Mittel wirkt auf den Körper wahrscheinlich in derselben Ebene wie die Krankheit selbst, wobei es diese aber noch an Stärke übertrumpft und dadurch schachmatt setzt. Übernimmt man den homöopathischen Standpunkt, der Krankheit als eine dynamische Störung des körperlichen Gleichgewichts versteht (und nicht als einen losgelösten Zustand, wie die Schulmedizin meint), was kann dann besser sein als ein dynamisch wirkendes Heilmittel, das alles wieder ins rechte Lot bringt? Geht man ferner

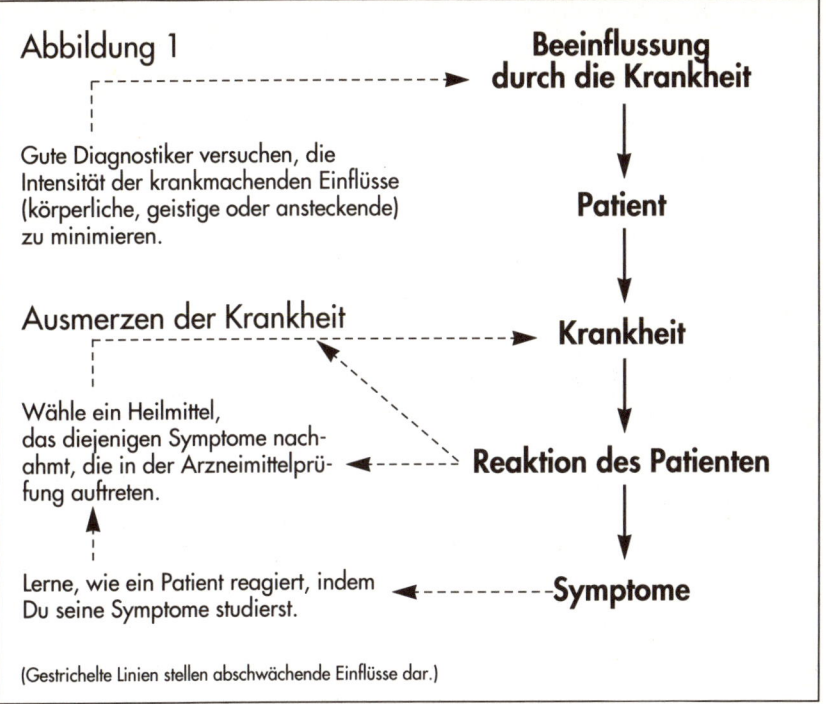

Abbildung 1

Beeinflussung durch die Krankheit

Gute Diagnostiker versuchen, die Intensität der krankmachenden Einflüsse (körperliche, geistige oder ansteckende) zu minimieren.

Patient

Ausmerzen der Krankheit → **Krankheit**

Wähle ein Heilmittel, das diejenigen Symptome nachahmt, die in der Arzneimittelprüfung auftreten.

Reaktion des Patienten

Lerne, wie ein Patient reagiert, indem Du seine Symptome studierst. → **Symptome**

(Gestrichelte Linien stellen abschwächende Einflüsse dar.)

davon aus, das Mittel stelle eine bestimmte Energieform dar, so kann sich seine eigene krankheitsbildende Wirkung niemals richtig entfalten, da jegliche Form der Energie ja bekanntlich nicht ewig andauert und relativ rasch wieder aus einem System verschwindet (zur weiteren Vertiefung dieser Gedanken siehe Kapitel 6, Abbildung 2 bis 6). An dieser Stelle soll noch einmal Samuel Hahnemann zu Wort kommen:

Im lebenden Organismus wird ein schwacher dynamischer Effekt ständig durch einen stärkeren verdrängt, wenn der zweite (sofern er anderer Natur ist) dem ersten äußerlich und symptomatisch ähnlich ist.

In seinem ihm eigenen, wortgewaltigen Stil legt er weiterhin die Gründe dar, warum ein homöopathisches Mittel stärker sei als der krankheitsauslösende Wirkstoff, den es bekämpfen soll.

Die homöopathische Theorie über Krankheiten und ihre Heilung leitet sich unmittelbar aus den Schriften Hahnemanns ab, der folgendes postulierte:

■ Jeder Patient verfügt über eine Vitalkraft.
■ Jede Krankheit hat einen krankmachenden Einfluß auf die Lebenskraft.
■ Die Symptome spiegeln die Reaktion der Lebenskraft auf diese Be-

einflussung durch die Krankheit wider.

■ Eine Medizin ist nur dann wirkungsvoll, wenn sie die gleichen Symptome nachahmt, die bei einer Beeinträchtigung der Lebenskraft (durch die Krankheit) entstehen.

■ Der Einfluß des Mittels ist stärker als die eigentliche Krankheit.

■ Das Mittel übertrumpft die Krankheit, indem es die alte Lebenskraft voll entfesselt, die nun den neuen zeitweiligen Einfluß verdrängen kann und dadurch die Gesundheit des Patienten wiederherstellt.

Dies läßt sich gut an einem Beispiel veranschaulichen, nämlich an der Analogie von reiner Körperkraft und Judo als Selbstverteidigungsmethoden:

Wehrt man sich gegen einen wesentlich stärkeren Angreifer mit einer gegensätzlich gerichteten Kraft, wird man keinen Erfolg haben. Wenn man jedoch den »sanften Weg« (japan. Ju-do) wählt und eine Kraft ansetzt, die in dieselbe Richtung weist wie die angreifende Kraft (z.B. indem man den Schwung des gegnerischen Schlags ausnutzt, um diesen auf die Matte zu schleudern), kann man auch einen körperlich überlegenen Gegner mit geringem Kraftaufwand spielend besiegen. Oberflächlich betrachtet, ist dies die Stärke der Homöopathie.

Die homöopathische Heilung einer Krankheit läßt sich durch das Schema (Abb. 1) auf Seite 29 wiedergeben.

Argumente gegen allgemeine Kritikpunkte an der homöopathischen Methodik

1 Häufig wird argumentiert, daß Homöopathen eigentlich gar nicht so recht wissen, wie ihre Mittel funktionieren. Wieso können sie dann – als immerhin wissenschaftlich ausgebildeter Berufsstand – diese Mittel überhaupt verwenden? Hiergegen läßt sich folgendes einwenden: Wenn man erst einmal akzeptiert hat, daß ein Mittel, wenn es Symptome verursachen, diese auch heilen kann, so ist es auch nicht schwer, ein Modell für den Wirkmechanismus eines homöopathischen Arzneimittels zu entwickeln. Indem es den dynamischen Prozeß im Körper auf nahezu ähnliche Weise nachahmt, überwältigt das Mittel die Krankheit in ihrer eigenen Wirksphäre. Da die Arznei als eine bestimmte Energieform verstanden wird, verblaßt sie nach und nach, und der Körper ist vom eigentlichen Krankheitsprozeß geheilt. Anschließend verschwinden auch die Symptome. Dieses Modell liefert natürlich keine wissenschaftlichen Erkenntnisse oder ein volles Verständnis von Homöopathie, aber mal ehrlich, was wissen wir eigentlich genau über den Wirkmechanismus moderner Pharmazeutika? Wer kann mit Sicherheit jede einzelne Nebenwirkung eines neuen pharmakologi-

schen Wirkstoffs voraussagen? Diese Substanzen werden immer in Tierversuchen (also an nicht-artverwandten Lebewesen) erprobt. Dagegen werden homöopathische Mittel, die in der Humanmedizin verwendet werden sollen, immer an menschlichen Probanden getestet, sie können natürlich – auf ähnliche »humane« Art und Weise – auch an Tieren ausprobiert werden.

2 Die sog. Heilerfolge einer homöopathischen Behandlung seien nicht bewiesen, weil sie a) nicht in »ordentlichen« klinischen Studien ausgewertet werden, weil sich b) die Krankheit möglicherweise schon vor Beginn (oder zur gleichen Zeit) der homöopathischen Behandlung selbständig kuriert hatte, oder weil c) die Diagnose evtl. falsch war. Dagegen kann man folgende rationelle Argumente anführen:

a Gegenwärtig laufen mehrere Studien bei Menschen wie an Tieren; diese entsprechen einer klinischen Studie, die Erfolge sind durchaus vielversprechend.

b Um diese Hypothese voll akzeptieren zu können, hätte es in jedem der überaus zahlreichen Heilerfolge einfach zu viele Zufälle geben müssen. Dieser Kritikpunkt (auch der folgende) ließe sich übrigens auf jeden Bereich der Medizin, also auch die Schulmedizin, übertragen.

c Jegliche Form der Diagnose kann falsch sein, da sie ja immer von (subjektiv denkenden) Menschen gestellt wird. Jedenfalls gibt es genug Beispiele, wo Vertreter der klassischen Medizin in selbstgenügsamer Weise Operationen, Unheilbarkeit

oder gar Einschläfern (bei Tieren) diagnostizierten, während vergleichbare Fälle durch homöopathische Behandlung geheilt wurden. Selbstverständlich hätte die Diagnose immer noch falsch sein können, denn kein Arzt ist unfehlbar; die Selbstgerechtigkeit jener Ärzte liegt jedoch darin, ein Tier eher zu operieren oder gar einzuschläfern als auch nur eine einzige homöopathische Methode zu versuchen.

3 Oftmals wird behauptet, daß ein Mittel, das garantiert kein Quentchen seines eigentlichen Wirkstoffs enthält, doch überhaupt nicht heilen könne. Hier kann man nur die Gegenfrage stellen: Was wissen wir eigentlich tatsächlich über die »heilenden Bestandteile« einer Substanz? Handelt es sich beispielsweise um reine Materie oder etwa um eine bestimmte energetische Anordnung, die ihren Ursprung in dieser Substanz hat? Wie die Versuche belegen, scheint das homöopathische System auf irgendeine Weise zu klappen. Wir sollten daher unsere Vorstellungen, wie Pharmazeutika wirken, noch einmal neu überdenken, um diesen Ergebnissen gerecht zu werden.

4 Demnach ist der sog. Placebo-Effekt die eigentliche Triebkraft aller (scheinbaren) homöopathischen Heilerfolge. Placebos heilen einen Patienten auf psychologischer Ebene, weil er in irgendeiner Form behandelt wird. Anders ausgedrückt: Der Kranke wird behandlungsmäßig derart stark »auf den Arm genommen« (die Behandlung kann sogar nicht den geringsten therapeuti-

schen Nutzen haben), daß im Körper ein Selbstheilungsmechanismus aktiviert wird. Für den Menschen mag dies ja noch zutreffen, aber bei Tieren ist dies mehr als unwahrscheinlich. Die homöopathischen Erfolge in der Tiermedizin strafen dieses Argument eindeutig Lügen. Interessanterweise verurteilen gerade diejenigen, die den Placebo-Effekt widerstandslos akzeptieren, die Homöopathie als eine Halbwissenschaft ohne greifbaren Wirkmechanismus. Ist der Placebo-Effekt (der schon unzählige Male gewirkt hat) also doch Beweis genug, daß sich der Körper auf geheimnisvolle Weise selbst heilen kann? Weiterhin kann man als Gegenargument vorhalten, daß in vielen Fällen erst dann homöopathisch behandelt wird, wenn andere Therapien nicht geholfen haben. Wäre der Placebo-Effekt der tatsächliche Wirkmechanismus, hätte er dann nicht schon wesentlich früher (also lange vor der homöopathischen Behandlung) »anspringen« müssen?

5 Man behauptet, Homöopathie könne schon allein deshalb nicht heilen, weil sie das eigentliche Übel (Bakterien, zellulär oder hormonell bedingte Krankheitsursachen) nicht bei der Wurzel packe. Auch hier läßt sich wieder die Hypothese aufstellen, daß eine Krankheit nicht unbedingt durch Bakterien verursacht sein muß, sondern diese eine Folgeerscheinung derselben sein können. Desgleichen können pathologische Zellveränderungen oder Hormonumstellungen ebenfalls Folgesymptome einer Reaktion des Pa-

tienten auf die Krankheit sein. Warum soll man sich dann ausschließlich auf diese »Miniaturphänomene« konzentrieren, auch wenn sie noch so interessant sind? Zunächst sollte der Patient geheilt werden, dann werden auch sämtliche Symptome und begünstigenden Eindringlinge beseitigt.

6 Oft wird gesagt, daß manche Patienten möglicherweise nur deshalb zu einem Homöopathen gehen, weil sie ihm blind vertrauen, und deshalb schlage die Behandlung auch an. Hier kann man wiederum die Argumente zum vierten Kritikpunkt (s.o.) anführen, da die Erfolge bei Tieren diese Hypothese widerlegen.

7 Manche homöopathischen Mittel, die dem Homöopathen ja nicht genau bekannt sind, enthalten angeblich irgendwelche Verunreinigungen, die rein zufällig den therapeutischen Effekt gegen eine bestimmte Krankheit hätten.

a Dies ist höchst unwahrscheinlich, da die Herstellung homöopathischer Arzneimittel wie auch aller anderen Pharmazeutika vom Gesetzgeber (in diesem Fall im HAB) genauestens vorgeschrieben und reglementiert ist.

b Wie aus den Kapiteln 8 bis 14 ersichtlich ist, werden die Mittel erfolgreich bei einer Vielzahl von Symptomen eingesetzt. Wie soll ein Inhaltsstoff bei so vielen unterschiedlichen Organen *zufällig* die gleichen Ergebnisse erzielen, die nur dann eintreten, wenn ein homöopathisches Mittel mit größter Sorgfalt ausgewählt wurde? Es wäre auch sehr unwahrscheinlich, daß diese Verunreinigung zufällig immer wieder in unterschiedlichen Chargen des gleichen Mittels auftaucht. Daher ließen sich unmöglich immer wieder die gleichen Resultate erzielen, wenn der tatsächliche Wirkstoff ebendiese Verunreinigung wäre. Und warum sollte ein gemäß dem Ähnlichkeitsprinzip ausgesuchtes Mittel »scheinbar« funktionieren, wenn ein anderes Mittel, das mit der Krankheit nicht in Bezug stand, versagt hat, wenn doch der eigentliche Wirkstoff eine zufällige Verunreinigung ist? Statistisch gesehen (genauer gesagt, nach dem Gesetz der Zufallsverteilung), müßte diese Verunreinung in jedem Mittel vorhanden sein, und daher müßten eigentlich alle Mittel heilen.

Keines dieser wohlüberlegten Gegenargumente will die allopathisch orientierte Schulmedizin diskreditieren, vielmehr sollen sie dazu dienen, das wesentliche Element der Logik in die Diskussion um die Homöopathie zu bringen. Denn die Logik allein kann dabei helfen, die »ultima ratio« der Heilkunde zu finden. Dies sollte zum obersten Ziel werden, wenn Ärzte – ganz im Geiste Hahnemanns – ihre Pflicht erfüllen wollen.

Was spricht für die Anwendung der Homöopathie?

Dieses Kapitel hat sicherlich dann seinen Sinn verfehlt, wenn es mir nicht gelungen ist, die Besonderheiten der Homöopathie so darzustellen, daß sie (sofern es natürlich das Ähnlichkeitsprinzip erlaubt) als sehr behutsame veterinärmedizinische Behandlungsmethode tatsächlich auch angewandt wird. Die folgenden Punkte sollen noch einmal das Wesentliche zusammenfassen.

1 Homöopathie hat keine Nebenwirkungen.

2 Die Symptome werden nicht unterdrückt, so daß sie zu einem späteren Zeitpunkt nicht noch intensiver wieder auftreten.

3 Eine homöopathische Behandlung ergibt sich nicht aus der Diagnose, sondern aus den beobachteten Symptomen. Daher können nicht nur Tiere mit unklarer Diagnose behandelt werden, sondern auch neu auftauchende Krankheiten, deren Erreger, Ursachen oder Verlauf bisher noch nicht bekannt sind. Gegenwärtig (1984, bei Drucklegung der 1. englischen Originalausgabe – der Übers.) sind dies bestimmte Parvovirosen bei Hunden und die Dysautonomie bei Katzen.

4 Homöopathie macht Laborversuche an Tieren überflüssig, da die Arzneimittelprüfung an gesunden menschlichen Probanden durchgeführt wird.

5 Die homöopathische Behandlung berücksichtigt ausschließlich die individuelle Reaktion des Patienten.

6 Der Patient wird als Gesamtheit behandelt. Im Anschluß an eine homöopathische Behandlung äußern viele Patienten in der Sprechstunde, sie hätten sich noch nie besser gefühlt. Die tiefgehende Wirkung des Mittels scheint also alle Erwartungen noch beträchtlich zu übersteigen, da sie offenbar auf den ganzen Patienten und nicht nur auf seine äußerlichen Symptome zielt.

7 Die Homöopathie bedient sich offenbar der körpereigenen Abwehrkräfte, um den Körper zu kurieren, und kann daher als sehr natürliche, sanfte und wirksame Heilmethode bezeichnet werden.

8 Homöopathie verursacht keine Umweltverschmutzung – heute ein wichtiger Aspekt.

9 Ein Fötus kann durch eine sog. »Eugenische Kur« bereits im Mutterleib behandelt und vor Krankheitsursachen geschützt werden, die vom Muttertier bzw. von anderen Miasmen stammen.

10 Ein wichtiger Punkt bei Nutztieren: Homöopathie hinterläßt keine chemischen Rückstände im Fleisch der Schlachttiere.

Jetzt können Sie das Buch weiterlesen und sich an den folgenden Kapiteln delektieren, in denen ich versuche, einen Leitfaden homöopathischer Mittel für die alltägliche tierärztliche Praxis zu erstellen. Zunächst möchte ich Sie jedoch bitten, das Arzneimittel *Arnica* zu beschaffen und den Anweisungen in Kapitel 8 bis 14 entsprechend anzuwenden. Auf diese Weise bekommen Sie einerseits ein Gefühl für homöopathische Mittel (da *Arnica* sehr häufig benutzt wird), und andererseits können Sie sich davon überzeugen, welche umfassenden und oft erstaunlichen Effekte diese Mittel bei den beschriebenen Symptomen erzielt.

Kapitel 2
Der Besuch beim Tierarzt
– wann ist er notwendig?

Ihr Tierarzt hat nicht ohne Grund eine intensive vier- bis fünfjährige Ausbildung hinter sich gebracht. In dieser Zeit konnte er Erfahrungen sammeln, wie vielfältig Krankheiten sind, wie ihre Ursache, ihr Verlauf und ihre Heilung erfolgen, welche heilenden Maßnahmen er in der jeweiligen Situation treffen muß usw. Dies alles sollten Sie in jedem Fall anerkennen, unabhängig davon, ob dieser Arzt homöopathisch praktiziert oder nicht. Es ist schon schwer genug, Krankheitssymptome an eigenen Familienmitgliedern zu bemerken, und das gilt auch für die eigenen Haustiere. Daher ist es Sache des Tierarztes, objektiver Beobachter zu sein. Lesen Sie daher Hahnemanns Bemerkungen über die Tierärzte (in Kapitel 1), in denen er den hohen Grad an Erfahrung und Verständnis würdigt.

Ein Tierarzt kann nur dann Krankheiten erfolgreich kurieren, wenn er ständig liest und Fachtexte studiert, immer und immer wieder neue praktische Erfahrungen sammelt und beobachtet, wie möglichst viele unerschiedliche Patienten im Verlauf einer Krankheit reagieren; oder anders ausgedrückt, wenn er alle Symptome erkennt. Nur aufgrund dieser stetig wiederkehrenden Erfahrungen kann er erkennen, welche Medizin zur Heilung führt (was der Arzneimittelprüfung in den Materia medica entspricht). Nur aufgrund ständiger praktischer Erfahrungen kann er entscheiden, welche Mittel den Symptomen der Arzneimittelprüfung entsprechen und zur Heilung geeignet sind, welche Dosis dieses Mittels in welcher Häufigkeit erforderlich ist, und über welchen Zeitraum es eingenommen werden soll. Nur dank seiner intensiven Ausbildung und praktischen Erfahrung lernt er all jene Pflegemethoden und therapeutischen Tricks, die die kleinen Widrigkeiten aus dem Weg räumen helfen, welche den Heilungsprozeß blockieren. Auch wenn Hahnemann hier über die praktische Arbeit eines Homöopathen spricht, kann gerade die herkömmliche Tiermedizin einiges in dieser Hinsicht anbieten. Tierhalter sollten dies beherzigen, anstatt ihre Tiere leichtfertig selbst zu behandeln.

Das soll nun nicht bedeuten, daß Sie als Tierhalter – wohl wissend, daß homöopathische Mittel in der Regel keine Nebenwirkungen zeigen – Ihren kranken Hausgenossen nicht auf vernünftige Weise homöopathisch behandeln können, indem Sie dieses Buch und die darin beschriebenen Symptome und Mittel als Leitfaden verwenden. Generell müssen Sie dabei jedoch einige wichtige Punkte beachten:

■ Welche Krankheitsverläufe sind gefährlich, welche nicht?
■ Welche Symptome muß man ernst nehmen, welche kann man vernachlässigen?
■ Wann verläuft eine Krankheit akut, wann chronisch?
■ Wann kann ein Tierarzt und wann muß er unbedingt helfen?
■ Welche Situation erfordert sofortige Abhilfe, und wann kann man ruhig ein Weilchen warten?

Auf den ersten Blick erscheinen diese Fragen unendlich zu sein, die meisten können Sie jedoch im Laufe der Zeit instinktiv beantworten. Zunächst müssen Sie es jedoch lernen, auf Ihren Instinkt zu hören, das heißt, diesen in Ihr Bewußtsein zu holen. Wer eigene Kinder hat, wird wissen, wie ein krankes Kind reagiert. Sicherlich können Sie sich vorstellen, was ich sagen möchte. In gewisser Hinsicht kann man die Situation zwischen einem kranken Kind (besonders, wenn es noch sehr klein ist), seinem Elternteil und dem behandelnden Arzt mit derjenigen zwischen krankem Haustier, Tierhalter und Veterinär verglei-

chen. Der dramatische Effekt, den eine akute Krankheit auf ein Kind oder Tier ausübt, die Unfähigkeit, präzise (oder überhaupt) die Symptome beschreiben zu können, die Besorgnis von Eltern oder Tierhalter, all das ist im Prinzip ähnlich. Da so viele Menschen mit gesunden wie mit kranken Kindern in Berührung kommen, sollten sie auch ein ähnliches Verhalten an den Tag legen, wenn einmal ihr Haustier krank ist. Die Menschen besitzen dafür einen tiefgehenden Instinkt, wie man mit einem kranken Kind umgehen muß. Sie sollten diesen Instinkt durchaus auf den Umgang mit ihren erkrankten Haustieren übertragen können.

In den Kapiteln 8 bis 14 werde ich auf alle Krankheiten, die unbedingt vom Tierarzt behandelt werden müssen, entsprechend hinweisen. Andere Krankheiten und kleine Wehwehchen können zu Hause behandelt werden. Denken Sie daran, daß keine Krankheit so ernst ist, als daß eine homöopathische »Erste-Hilfe-Maßnahme« Schaden anrichten könnte, vielfach mag sie sogar von Vorteil sein. Andererseits können schulmedizinische therapeutische Maßnahmen in vielen Fällen einem homöopathischen Mittel, das man zu Hause gibt, entgegenwirken oder es hemmen. Allerdings ist kein Fall bekannt, bei dem ein homöopathisches Mittel zu Lasten des Patienten mit einer konventionellen Behandlung kollidierte.

Nun bedarf es einer gewissen Logik, um die Situationen zu erkennen, die sich nicht ausschließlich durch die

Homöopathie behandeln lassen, unabhängig davon, ob durch den Veterinär oder den Tierhalter. Dies soll nicht bedeuten, daß die Homöopathie in solchen Fällen generell nicht helfen kann, was sie sicherlich durchaus vermag, da die meisten Leiden sich nicht auf lokale Symptome beschränken, sondern im gesamten Organismus auftauchen. Diese Ausnahmefälle sollen genauer unter die Lupe genommen werden, damit Sie verstehen, warum das so ist.

In eine Kategorie fallen alle (meist nicht häufig auftretenden) bakteriell oder virenbedingten Infektionskrankheiten, die so heftig verlaufen, daß sich die Vitalkräfte des Organismus so gut wie nicht mehr dagegen wehren können. Wenn man in dieser Lage ausschließlich homöopathische Mittel verabreicht (auch wenn es sich dabei um die »ähnlichste« Arznei handelt), wird die Infektion infolge der starken Aktivität der Erreger möglicherweise unvermindert andauern. Beispiele für solche Infektionen sind etwa Hirnhautentzündung (Meningitis), akute Blutvergiftung (Septikämie) oder eine durch Leptospiren hervorgerufene Hepatitis (Stuttgarter Hundeseuche). Jedoch kann nach Verabreichung eines geeigneten Antibiotikums (was nur durch den Tierarzt erfolgen kann, der die Kriterien zu Auswahl und Dosierung eines solchen Mittels kennt) die Grundverfassung des Tieres so weit wiederhergestellt sein, daß seine Lebenskräfte voll funktionieren und – unterstützt durch das passende homöopathische Mittel – eine vollständige Heilung bewirken

können. Auf diese Weise wendet man die Vorzüge beider Methoden an (wie es bereits in der Einführung vorgeschlagen wurde). Auf keinen Fall sollte man seine Augen vor der Schulmedizin verschließen und sturheil die Homöopathie anwenden, koste es auch das Leben des Patienten. Ein derartiges Verhalten kann man nur als fahrlässig oder töricht bezeichen. Selbstverständlich gibt es auch Homöopathen, die solche Profis sind, daß sie nur noch ganz selten Antibiotika verwenden müssen oder ganz ohne auskommen. Solange man aber noch nicht genug Erfahrung in der Homöopathie besitzt, sollte man niemals Leben oder Gesundheit eines Patienten aufs Spiel setzen.

Ein weiterer Bereich, bei dem Sie sich nicht ausschließlich auf die Homöopathie verlassen sollten, umfaßt Wunden und Verletzungen. Auch hier gibt es eine Vielzahl homöopathischer Mittel, mit denen man geringfügige Verletzungen vollständig heilen kann (siehe auch Kapitel 8 bis 14), die aber auch bei größeren Verletzungen gut helfen – wer könnte beispielsweise die wunderbare Heilkraft von *Arnica* bestreiten? In bestimmten Situationen muß man jedoch andere lebensnotwendige Maßnahmen treffen: starke Blutungen müssen gestillt, großflächige Wunden genäht werden, damit sie besser heilen; Brüche oder schwere Verstauchungen müssen ruhig gestellt werden, um Schmerzen und Folgeschäden zu verhindern; Fremdkörper müssen notfalls chirurgisch aus einer Wunde entfernt und Gelenke wieder eingerenkt werden; um den Heilprozeß sicherzustellen, muß man gelegentlich innere Verletzungen oder Organschäden operativ beheben. Generell sollte man versuchen, alle äußeren Einflüsse abzustellen, die sich negativ auf die Heilung auswirken. Diese »klassischen Maßnahmen« sind also notwendig, alles andere wäre unterlassene Hilfeleistung. Vielleicht sollte sich mancher Veterinär noch einmal Hahnemanns Vorstellungen vom »idealen Arzt« vor Augen halten (siehe Kapitel 1), sie zeigen sozusagen das Ethos seines Berufes auf. Jedoch sollte auch ein Halter, der sein krankes Tier selbst behandeln möchte, die Empfehlung beherzigen, gegebenenfalls die Hilfe eines Arztes in Anspruch zu nehmen. Denn in diesem Moment ist er ja selbst ein Arzt, an den sich Hahnemann wendet. Als solcher muß er die Grenzen seiner Kompetenz erkennen und seinen »Patienten« an einen »Facharzt« überweisen.

Es gibt weitere Umstände, die nicht exklusiv homöopathisch behandelt werden können, und zwar sämtliche zwingend notwendigen Operationen. Manche angeborenen Fehler müssen operativ behoben werden, wenn die Gesundheit des Tieres bedroht ist. Auch im Bauchbereich können Komplikationen auftreten, die eine Operation unumgänglich machen: ein verschluckter Fremdkörper, der im Darm stecken geblieben ist; Darmeinstülpungen, die sich nicht von allein beheben; Verwachsungen mit der Bauchdecke, die die Darmtätigkeit (Peristaltik) beeinträchtigen,

und vieles andere mehr. Wenn der Darm stoffwechselbedingt nicht ordnungsgemäß funktionieren sollte, kann oft ohne Operation und auf homöopathischem Wege geholfen werden. Krebswucherungen sollten jedoch unbedingt entfernt werden, wenn sie Gesundheit oder Leben bedrohen. (Verlassen Sie sich nicht allein auf die Homöopathie, um solche Wucherungen zu heilen!) Gleichzeitig kann man aber ein homöopathisches Mittel geben, um die Vitalkraft wieder zu stärken, die ja im Vorfeld der Erkrankung bereits angegriffen war. Leider kommt man auch nicht umhin, bestimmte angezüchtete anatomische Mängel einiger Hunderassen operativ zu beheben, die infolge der Nachlässigkeit früherer Züchtergenerationen entstanden sind. Dies gilt beispielsweise für Verformungen an Augen und Ohren bei Spaniels und Bluthunden sowie für abnorm entwickelte Beine bei vielen Zwergrassen.

Bei einigen Krankheiten, die sich durch die Homöopathie nicht beheben ließen, greift man als letztes Mittel manchmal zu radikalen Maßnahmen, beispielsweise Kastrierung oder Totalentfernung der Gebärmutter und Eierstöcke (Ovarohysterektomie). Doch selbst dann kann die Homöopathie sehr gut weiterhelfen, indem sie die Genesung nach der Operation unterstützt. Nicht immer müssen z.B. Zahnbeschwerden, eine blockierte Harnröhre oder äußerst starke Verstopfung operiert werden, denn ein homöopathisches Mittel vermag diese Probleme auch auf sanfte Weise zu lösen. Jedoch darf man in solchen Fällen nicht zu lange warten und auch nicht herumexperimentieren; diese Erkrankungen (besonders eine blockierte Harnröhre) können sehr ernst werden, wenn sie unbehandelt bleiben. Wie Sie einsehen werden, muß man in den hier genannten Situationen unbedingt einen Tierarzt aufsuchen.

Bei fast allen Operationen muß man eine weitere Methode anwenden, die nicht homöopathisch ist, und zwar eine Betäubung (Anästhesie oder Narkose). Hier sollte man wirklich alle Bedenken über Drogen und ihre Nebenwirkungen aufgeben und dem Tier Schmerzen und unnötige Qual ersparen. Denn es verstößt nicht nur gegen die medizinische Ethik, sondern auch gegen das Tierschutzgesetz, Operationen an Wirbeltieren ohne geeignete Narkose durchzuführen. In China werden Tiere ersatzweise durch Akupunktur narkotisiert, in Europa ist dieses Verfahren bislang nicht sehr verbreitet. Die Aus- und Nachwirkungen einer Narkose kann man mit der Homöopathie lindern; vielleicht wird die Akupunktur die Betäubungsmittel auch bei uns ablösen.

Wenn die Vitalkraft nicht mehr ausreicht und das Tier seinem Ende entgegengeht, sind auch palliativ wirkende (die Symptome lindernde) Mittel gerechtfertigt, um in diesem Endstadium eine tiergerechte Lebensweise zu gewähren. Über die möglichen Nebenwirkungen dieser Mittel zu philosophieren, ist in dieser traurigen Lage recht müßig, da man eh stündlich mit dem Ableben des Tieres rechnen muß.

In diesem Kapitel wollte ich klarmachen, welchen Stellenwert der Rat und das Geschick eines Tierarztes sowie Methoden, die nicht homöopathisch sind, in der Homöopathie besitzen. Letzten Endes müssen Sie allein entscheiden, ob Sie zum Tierarzt gehen oder nicht. Doch sollten Sie eines beherzigen: Sobald auch nur der geringste Zweifel besteht, fragen Sie ihn um Rat! Selbst gute Tierärzte konsultieren in Zweifelsfällen ihre Kollegen. Der wichtigste Beitrag, den ein Tierarzt nämlich für Sie und Ihren Liebling erbringen kann, ist eine umfassende Untersuchung unter Berücksichtigung der Krankengeschichte sowie aller Symptome. Seine Ausbildung und Erfahrung verschaffen ihm einen enormen Wissensvorsprung, den selbst der intelligenteste Laie bei größtem Bemühen nicht so schnell aufholen kann. Um also zu verhindern, daß wichtige Symptome übersehen werden, sollten Sie als Laie diesen Fall dem Tierarzt überantworten, um dem Tier unnötige Schmerzen, falsche Behandlung oder gar ein vorzeitiges Ableben zu ersparen (siehe hierzu auch Kapitel 4, 5 und 6).

Eigentlich steht es mir nicht zu, in diesem Buch die ethischen Grundsätze meines Berufsstandes zu diskutieren. Jedoch sollten sich sowohl Veterinäre als auch Tierbesitzer noch einmal vor Augen führen, daß angewandte Homöopathie bei Tieren eine Variante der Tiermedizin ist, auch wenn sie strenggenommen keine »normalen« Medikamente verwendet. Wenn ein bisher konventionell behandelter Krankheitsfall einem Tierhomöopathen überantwortet wird, kann es zum Wohl des Patienten erforderlich sein, in üblicher Weise auch andere Kollegen zur Behandlung hinzuzuziehen. Andernfalls könnte man seine ärztliche Sorgfaltspflicht verletzen, alles Nötige über das kranke Tier in Erfahrung zu bringen. Außerdem sollte man als Arzt nicht in Versuchung geraten, dem Tierhalter, z.B. telefonisch, blind irgendein Rezept durchzugeben, ohne das betreffende Tier vorher genau untersucht oder eine umfassende Krankengeschichte erstellt zu haben. Leider kommt es immer wieder einmal vor, daß die Homöopathie keine Heilung verschafft. Selten liegt dies am Unvermögen des Patienten, auf die homöopathische Behandlung zu reagieren, sondern daran, daß man als Arzt nicht alle Symptome oder Details der Vorgeschichte richtig erkannt bzw. berücksichtigt hat.

An dieser Stelle möchte ich nochmals auf Kapitel 5 verweisen, wo die Grenzen der Anamneseaufnahme, bedingt durch das Unvermögen der Tiere, sprechen zu können, erläutert werden. Daher muß ein Tierarzt seinen diagnostischen Blick auf das äußerste schulen, wobei Telefondiagnosen sicherlich nicht zu den Methoden gehören, die einen häufigen Erfolg verheißen.

Kapitel 3
Erste Vorbereitungen

Bisher hat dieses Buch Einblicke in die Tierhomöopathie gewährt und sollte Tierärzte und -besitzer ermutigen, diese Methoden auch anzuwenden. Möglicherweise zaudert mancher, dieses Neuland zu betreten und dort »kalte Füsse zu bekommen«. Keine Angst, dieses Gefühl zeugt nur davon, daß Sie die notwendige natürliche Selbsteinschätzung besitzen, die für das schwierige Arbeitsgebiet der Medizin erforderlich ist. Zögern Sie daher nicht, sondern beschreiten Sie getrost den Pfad der Endeckungen! Am besten besorgen Sie sich in der Apotheke einige homöopathische Mittel (welche genau, finden Sie in Anhang 9), eventuell auch nur *Arnica* (falls Ihr Mut noch nicht mehr erlaubt). Nutzen Sie die folgenden Seiten, um Homöopathie höchstpersönlich in die Praxis umzusetzen. Sollten Sie weitere Hilfestellungen brauchen, schlagen Sie in den Anhängen am Ende dieses Buch nach; dort finden Sie Angaben zu Literatur und wichtigen Adressen.

In Großbritannien vertreten bereits zahlreiche Institutionen (Faculty of Homoeopathy, Homoeopathic Trust for Research and Education oder das Royal London Homoeopathic Hospital) die Interessen der Homöopathie, in Deutschland hat es die Homöopathie vergleichsweise viel schwerer. Im Geburtsland Samuel Hahnemanns hat die Schulmedizin offenbar eine so unumstößliche Monopolstellung, daß es bis heute beispielsweise keine Hochschule mit einer eigenen homöopathischen Fakultät gibt. Wenn es schon um die Humanhomöopathie nicht so gut bestellt ist, dann sieht es bei der Tierhomöopathie erst recht schlimm aus. Homöopathische Grundlagenforschung wird in diesem Bereich daher nur sporadisch und meist nicht unter eigenem Namen betrieben, wie etwa an einer veterinärmedizinischen Außenstelle der Freien Universität Berlin. Eine spezielle Ausbildung als Tierhomöopath gibt es daher auch nicht, jedoch wird eine Zusatzqualifikation bei niedergelassenen Tierärzten verlangt, die die Bezeichnung »Homöopath« auf ihrem Praxisschild tragen wollen.

Wie man sieht, ist ein separates Hochschulstudium der Homöopathie gegenwärtig reine Zukunftsmusik. Dies soll jedoch nicht heißen, das es in Deutschland keine Möglichkeiten gibt, sich wissenschaftlich über Homöopathie zu informieren. So gibt es beispielsweise einen deutschen Zweig der International Association for Veterinary Homoeopathy (IAVH), in deren (englischsprachiger) Verbandszeitschrift »Journal for Veterinary Homoeopathy« interessierte Kollegen Fachartikel und ähnliche Informationen finden. Als weitere Informationsquelle dienen die »Zeitschrift für ganzheitliche Tiermedizin«, herausgegeben von der Gesellschaft für Biologische Veterinärmedizin, sowie allgemeine homöopathische Zeitschriften, z.B. die »Zeitschrift für Klassische Homöopathie« oder die »Allgemeine Homöopathische Zeitung« (siehe auch Anhang 4). Einen guten wissenschaftlichen Informationsdienst haben auch manche Hersteller homöopathischer Pharmazeutika, wie z.B. die Deutsche Homöopathische Union (DHU) in Karlsruhe.

Homöopathisch orientierte Tierärzte können sich nicht nur in den o.a. Verbänden, sondern auch in Interessensverbänden, z.B. der Deutschen Veterinärmedizinischen Gesellschaft in Gießen oder dem Deutschen Zentralverein homöopathischer Ärzte e.V. (die Adressen des Bundesverbandes und der jeweiligen Landesverbände finden Sie auch in Anhang 4), organisieren. Und selbstverständlich gibt es viele namenlose Menschen, die in keinem Verein organisiert sind, die sich jedoch in unzähligen Abendkursen und Wochenendseminaren homöopathisch kundig machen wollen und deren wachsendes Interesse an Tierhomöopathie ein Buch wie dieses erst möglich macht. Da man sich nach Auffassung des Autors in der Homöopathie durch ständiges Lesen weiterbilden sollte, wurde am Ende des Buches eine recht umfangreiche Literaturliste (Anhang 5) zusammengestellt. Diese enthält nicht nur Spezialliteratur für den Fachmann, sondern auch populärwissenschaftliche Bücher für den homöopathisch interessierten Laien. Da jeder einzelne Autor in seinen Büchern seine persönlichen Erfahrungen zusammengetragen hat, erhält man auf diese Weise einen recht objektiven Gesamteindruck. Wer nur die reinen Therapievorschläge aus Kapitel 8 bis 14 durchliest und anwendet, ohne theoretisch etwas über Homöopathie zu wissen, wird rasch die Illusion verlieren, Homöopathie könne Wunder vollbringen.

Beim Lesen sollten Sie jedoch zwei wichtige Aspekte beherzigen. Zum einen müssen Sie die Grundlagen sammeln, wie Homöopathie »funktioniert«. Die meisten Informationen und Erfahrungen wurden im humanen Bereich gesammelt, die Tierhomöopathie ist in dieser Hinsicht leider etwas zu kurz gekommen. Es gibt also recht wenig Literatur zu diesem Thema, daher habe ich in diesem Buch dem Studium der Grundlagen einen recht großen Teil eingeräumt. Die ersten sieben Kapitel dienen dem »Studium generale« der Homöopathie im allgemeinen und dem der Tiermedizin im besonderen, da man ohne ein solches Studium wie ein Schiff ohne Kapitän durch die Meere irrt und weder weiß, wohin der Kurs geht, noch wann der Zielhafen erreicht wird.

Der zweite entscheidende Aspekte ist die homöopathische Praxis. Auch hier hilft dieses Buch, indem es praktische homöopathische Behandlungstips zu unzähligen Krankheiten gibt, an denen Haustiere leiden können. Selbstverständlich können nicht jedes Wenn und Aber berücksichtigt werden. Das Buch kann auch nicht sämtliche Methoden vorstellen, mit denen man eine Krankheit angeht oder wie man deren Symptome erkennt. Da aber grundsätzlich gilt, daß Lesen den Horizont erweitert, werden Sie im Laufe der Zeit erfahrener und können die richtigen Anzeichen erkennen, die den Unterschied zwischen krankem und gesundem Zustand ausmachen.

Beschränken Sie sich nicht nur auf Bücher über Tierhomöopathie. Da die Informationen über menschliche Krankheiten viel umfangreicher und vielschichtiger sind, lohnt es sich schon, sie – unter Berücksichtigung tierspezifischer Besonderheiten – zu beherzigen (siehe hierzu auch Kapitel 5). Meiner Meinung nach sollte die homöopathische Behandlung eines Tieres aufgrund der Gesamtheit seiner Symptome erfolgen; es nützt nichts, lediglich den Namen zu kennen oder um den Verlauf der Krankheit zu wissen. Daher hoffe ich, dem aufmerksamen Leser, der auch andere (humanhomöopathische) Werke zu Rate zieht, einigermaßen geholfen zu haben.

In diesem Buch soll keine Werbung für bestimmte homöopathische Präparate gemacht werden, die man in der Apotheke kaufen kann. Auf jeden Fall wird man Sie dort beraten können, oder aber Sie fragen einen homöopathisch praktizierenden Tierarzt, welches Mittel wann günstig ist (siehe auch Anhang 9).

Kapitel 4
Vom Grundsatz zur praktischen Umsetzung: Die Aufnahme der Krankengeschichte

Vor dem eigentlichen Behandlungsteil (Kapiteln 8 bis 14) hier noch einmal meine Warnung, die ich in abgewandelter Form bereits in den vorigen Kapiteln angebracht habe: Zur Auswahl eines homöopathischen Mittels nicht mal eben in Kapitel 8 nachschlagen und eventuell einen flüchtigen Blick in Kapitel 17 werfen, und das war's dann. Nein, denn die Arzneimittel, die recht bequem in Kapitel 8 aufgelistet sind, stellen nur eine Auswahl der Mittel dar, die bei den genannten Krankheiten eingesetzt werden. Wenn ein Mittel besonders erfolgreich ist, wird dies entsprechend vermerkt; es handelt sich um die Arzneien, die am häufigsten bei der genannten Krankheit verwendet werden. Solange die Symptome ziemlich genau stimmen, ist die Sache auch nicht zu beanstanden. Doch sollten Sie sich davor hüten, ein Medikament »für alle Fälle« zu geben. Fangen Sie daher lieber wieder ganz von vorne an, indem Sie strikt nach »Schema F« vorgehen: die Diagnose erstellen (Krankengeschichte), das richtige Mittel auswählen, die Krankheit heilen.

Die Aufnahme der Krankengeschichte

Die Aufnahme der Krankengeschichte (Anamnese) ist in der Tierhomöopathie besonders wichtig. Sie verlangt dem Tierarzt jedoch weniger Anpassungsvermögen als vielmehr eine veränderte Grundeinstellung und etwas mehr Phantasie ab. Wie schon mehrfach betont, ist eine umfangreiche, möglichst vollständige Krankheitsgeschichte das »A und O«, um anhand der Symptome das passende Mittel zu finden. Auch die Reihenfolge der Symptome spielt eine wichtige Rolle, da Repertorien und Materia medica gleichfalls nach einem bestimmten System aufgebaut sind (die Symptome sind meist nach dem Schema »Vom-Kopf-zu-den-Füßen« aufgelistet). Gehen Sie daher bei der Aufnahme der Anamnese nach einer Methode vor. Solche Methoden brauchen natürlich Zeit, weswegen eine Ordination beim Homöopathen auch länger dauert als bei einem Schulmediziner.

Der erste Kontakt

1 *Was können Sie sehen?*
1a Beobachten Sie das Verhalten des Tiers im Wartezimmer.
1b Beobachten Sie, wie es sich benimmt, wenn es ins Sprechzimmer geführt wird.
Beide Verhaltensweisen können Ihnen viel über das Tier sagen, daher sollten Sie diese Chancen nicht ungenutzt lassen. Machen Sie sich ausführlich Notizen, die Sie unter Punkt 12 wieder verwenden können. Bei Katzen sollte man den Moment beobachten, wenn sie aus dem Transportkorb genommen werden.

Die Beschwerden

2 *Mit welchen Beschwerden wird das Tier in die Sprechstunde gebracht?*
Dies ist natürlich der eigentliche Anlaß, warum der Tierhalter zu Ihnen gekommen ist. Notieren Sie daher genau alles, was er berichtet.
3 *Charakteristika der einzelnen Symptome.*
Bei Tieren ist dies nicht ganz einfach festzustellen, aber trotzdem sehr wichtig. Wie sieht z.B. der Kot aus (Beschaffenheit, Farbe usw.)? Welcher Art ist der Ausfluß? Wie sieht die Läsion aus? Dieserart lassen sich noch viele Fragen stellen.
4 *Die sog. Modalitäten.*
Welche Faktoren verschlechtern oder verbessern ein Symptom (z.B. Witterung, Temperatur, Essen, Trinken, Ruhe, Bewegung)?

5 *Regelmäßige Beschwerden.*
Wann wird ein Symptom stärker oder schwächer (z.B. Tageszeit, Jahreszeit)?
6 *Dauer der Beschwerden.*
Wie lange bestehen die Symptome schon?
7 *Besondere Umstände zu Beginn der Symptome.*
Der Halter kann beispielsweise sagen, daß das Tier seit einem bestimmten Ereignis oder Erlebnis nicht mehr gut zurecht kommt. Solche Begebenheiten können z.B. eine Krankheit, eine Verletzung oder eine Impfung gewesen sein, oder ein anderer Welpe ist in den Haushalt gekommen, oder der frühere Besitzer ist verstorben usw.
8 *Begleitsymptome.*
Wenn die Katze niest, läuft ihr dann auch die Nase? Wenn ja, wie sieht der Ausfluß aus? Muß der Hund bei einer Durchfallattacke pressen oder nicht?

Das kranke Tier

9 *Der Gesundheitzustand in der Vergangenheit.*
Vorausgegangene Therapien, Impfungen, andere Krankheiten oder Beschwerden usw. (dies ist eine gute Gelegenheit, den früheren behandelnden Arzt zwecks zweiter Meinung zu konsultieren).
10 *Familienanamnese (sofern bekannt).*
Dies ist bei einem reinen Katzen- oder Hundezüchter einfacher, als wenn sich das Tier bereits bei seinem zweiten Besitzer befindet, je-

doch kann dieser gelegentlich auch Informationen liefern.

11 *Das häusliche Umfeld.*
Handelt es sich beispielsweise um einen Hof- oder Hütehund? Wird das Tier in der Familie durch Kinder oder andere Haustiere unter Streß gesetzt? Sind die Familienverhältnisse zerrüttet?

12 *Gemütssymptome.*
12a Ist das Tier »verständnisvoll«? Wie reagiert es auf Kritik, tröstlichen Zuspruch, Aufregung, Lärm, Hektik?
12b Hat das Tier einen ausgeprägten Willen, oder ist es eher brav? Ist es dominant oder unterwürfig, aggressiv oder scheu, sauber oder schmuddelig, sprunghaft oder ausgeglichen? Kann es sich gut erinnern? Zeigt es starke Emotionen?

13 *Allgemeine Kennzeichen.*
Was mag es, was mag es nicht? Wie sind Statur, Haltung und Gang? Wie ist sein Schlaf, träumt es dabei? Wie ausgeprägt sind Hunger und Durst? Welche Medikamente bekommt es, was frißt es? Wie verträgt es seine Mahlzeiten (Verhalten vorher und nachher)? Wie sieht der Zyklus bei einem Weibchen aus (vorher – nachher)? Wie wirken geographische Lage (z.B. Meer, Gebirge), Jahreszeit, Tageszeit, Temperatur und Witterung auf das Tier?

14 *Besondere Symptome.*
Diese stellen Sie fest, wenn Sie das Tier sorgfältig untersuchen. Achten Sie neben den Symptomen, die Sie in den einzelnen Körperbereichen finden werden, auch auf eventuelle Modalitäten (Punkt 4, siehe oben).

Bei der eigentlichen Untersuchung sollte der gesamte Körper methodisch abgecheckt werden. Diese Checkliste ist idealerweise so aufgebaut wie in den Materia medica bzw. einem Repertorium; das heißt, sie beginnt am Kopf und reicht dann über Gesicht, Augen, Ohren, Nase, Mund, Verdauungstrakt, Harnwege, männliche und weibliche Geschlechtsorgane, Atemwege, Herz-Kreislauf-System, Bewegungsapparat, Blut- und Lymphgefäße, Nervensystem bis zur Haut.

Während der Untersuchung muß man immer alle seine Sinne einsetzen, um nur ja kein Detail zu übersehen. Berücksichtigen Sie auch die winzigste Kleinigkeit, die der Halter Ihnen in der Sprechstunde mitteilt. Halten Sie ihn an, in seinen eigenen Worten alles über das Tier zu erzählen, mag es noch so lächerlich oder unbedeutend erscheinen, und versuchen Sie nicht, ihm irgendeine Vorformulierung in den Mund zu legen.

Im Verlauf der Anamnese sollten alle Hindernisse, die einer Heilung im Wege stehen, ans Tageslicht kommen. Ein guter Tierarzt muß nun alles daran setzen, sie zu beseitigen. Solche Hindernisse können ernährungs- oder umfeldbedingt sein, der Anlaß kann weit zurückliegen oder ein medizinisches Problem darstellen. Gemütsschwankungen, Medikamente, Mangelerscheinungen, starke Flüssigkeitsverluste, schlecht verheilende Brüche, alte Leiden, eingedrungene Fremdkörper, Impfungen usw., dies alles können »Hürden auf dem Weg zur Besserung« sein.

Kapitel 5
Vom Grundsatz
zur praktischen Umsetzung:
Die Auswahl
des richtigen Mittels

Dieses Kapitel beschäftigt sich ausschließlich mit der Methodik, das richtige Mittel zu wählen. Die Tatsache, daß es im Vergleich zum restlichen Buch relativ kurz ist, zeigt wiederum, daß die grundsätzlichen Auswahlkriterien bedeutender sind als der eigentliche Auswahlvorgang. Falls Sie an dieser Stelle mit der Lektüre des Buches begonnen haben, so lesen Sie bitte nicht weiter, bevor Sie nicht die vorigen Abschnitte gelesen haben. Auch wenn Ihnen dieser Rat etwas schulmeisterhaft vorkommt, sollten Sie ihn dennoch befolgen. Wenn Sie nämlich die theoretischen Grundlagen kennen, die in den vorigen Kapiteln erörtert wurden, werden Sie sicherlich nicht so leicht in eine der Gruben fallen, die sich auf dem Weg zum richtigen Arzneimittel auftun. Dessen Auswahl hängt in erster Linie von einer kompletten, detaillierten Krankengeschichte ab, deshalb muß ich in diesem Kapitel notgedrungen immer wieder auf das vorige verweisen.

Wie schon mehrfach gesagt, steht Homöopathie für die Wahl eines Mittels, das auf die Krankheitssymptome des Patienten paßt. Was benötige ich daher alles, um eine Auswahl treffen zu können? Laut Hahnemann (siehe seine Definition der tierärztlichen Pflichten auf Seite 25) brauchen wir eigentlich nur

■ eine Beschreibung des natürlichen Verlaufs dieses Falles und ein logisch gegliedertes Verzeichnis aller Symptome, des weiteren
■ ein in gleicher Weise logisch gegliedertes Verzeichnis aller Mittel, deren Symptome denen dieser Krankheit entsprechen.

Wie die erste Bedingung zu erfüllen ist, wurde gerade in Kapitel 4 gezeigt. Punkt 2 erfahren Sie aus Kapitel 17 oder diversen anderen Arzneimittellehren (Materia medica) aus Anhang 5. Ein Repertorium (das heißt, ein Buch, das die Symptome aller Körperbereiche mit den jeweils zugehörigen homöopathischen Mitteln auflistet) dient als Leitfaden, wie man Materia medica richtig liest und interpretiert.

Gelegentlich gibt es für die Humanmedizin und einige Bereiche der

Veterinärmedizin sog. homöopathische Checklisten. Hierbei handelt es sich um kurzgefaßte Repertorien, die von routinierten Homöopathen verfaßt wurden und Krankheiten mit den jeweils empfohlenen Arzneimitteln auflisten. In dieser Hinsicht schließt das vorliegende Buch einen Kompromiß, weil es mit Kapitel 8 ebenfalls eine derartige »Kurz-Checkliste« enthält, die jedoch durch allgemein gehaltene Symptombeschreibungen ergänzt wurde, wie man sie in einem Repertorium findet. Solche Listen sind natürlich viel einfacher zu handhaben als Hahnemanns »Reine Arzneimittellehre«, allerdings können sie auch nicht genauso erfolgreich sein, da kein Autor sämtliche Krankheitsumstände, die zur Wahl des Mittels erforderlich sind, in einer derart verkürzten Liste unterbringen kann. Hüten Sie sich also davor, zu oft solche Listen zu verwenden, sondern gebrauchen Sie sie nur als Leitfaden.

Die Methode nach Hahnemann

In der Zeit von 1811 bis 1821 veröffentlichte Hahnemann seine »Reine Arzneimittellehre« (Materia Medica Pura), die die Arzneimittelprüfungen von 66 Mitteln enthält. Ich möchte nun folgenden Abschnitt aus dem Organon (6. Auflage, §153) zitieren:

Bei dieser Aufsuchung eines homöopathisch spezifischen Heilmittels (also, wie oben gesagt, bei diesem Gegeneinan-

derhalten des Zeicheninbegriffs der natürlichen Krankheit gegen die Symptomenreihen der vorhandenen Arzneien, um unter diesen eine, dem zu heilenden Übel in Ähnlichkeit entsprechende Kunstkrankheitspotenz zu finden) sind allerdings die auffallenderen, sonderlichen ungewöhnlichen und charakteristischen Zeichen und Symptome des Krankheitsfalles besonders und fast ausschließlich ins Auge zu fassen. Denn besonders diesen müssen sehr ähnliche in der Symptomenreihe der gesuchten Arznei entsprechen, wenn sie die passendste zur Heilung ist.
Die allgemeinen und unbestimmten Symptome wie Appetitmangel, Kopfweh, Mattigkeit, unruhiger Schlaf, Unbehaglichkeit etc. verdienen in dieser Allgemeinheit, wenn sie nicht näher bezeichnet sind, wenig Aufmerksamkeit, da man so etwas Allgemeines fast bei jeder Krankheit und fast jederzeit sieht.

Besondere Bedeutung maß Hahnemann auch den Gemütssymptomen bei, die im Verlauf aller Krankheiten auftauchen, da sie ganz charakterisch die individuelle Reaktion des Patienten auf seine Krankheit zeigen. Wenn es schon schwer genug war, lediglich mit Hilfe der Hahnemannschen Materia medica gewappnet, das richtige Mittel aus 66 verschiedenen auszuwählen, wie schwierig wird es erst dann, wenn man zwischen mehreren tausend zu entscheiden hat. Selbstverständlich wird dieser Prozeß leichter, wenn man seine Kenntnisse durch ständige Lektüre vertieft. Hierfür gibt es sehr viele Repertorien, die in dieser Situation helfen können.

Die Repertorien

Am Beispiel von »Kents Repertorien« möchte ich grundsätzlich erläutern, wie man ein Repertorium benutzt. In seinem Werk hat KENT die verschiedenen Körperteile aufgelistet und bei jedem die dort auftauchenden Symptome mit ihren Modalitäten aufgeführt. Daneben hat er solche Arzneimittel gestellt, die nachweislich ähnliche Eigenschaften besitzen. Diejenigen Mittel, deren Symptome am intensivsten oder stärksten den Krankheitssymptomen gleichen, erscheinen in fetten Lettern, solche mit weniger starken in Kursivschrift (schräggestellt) und solche mit den am wenigsten häufigen bzw. ausgeprägten Symptomen in normalen Buchstaben.

Für das Beispiel »AUGE, SYMPTOME NACH VERLETZUNG:« sieht der entsprechende Eintrag im Repertorium folgendermaßen aus:

Symphytum
Arnica, Euphrasia, Ledum, Staphisagria
Acidum sulfuricum, Aconitum napellus, Calcium carbonicum, Calcium sulfuricum, Hamamelis, Silicea, Sulfur

Wenn man es bei dieser Information beließe, würde automatisch *Symphytum* verschrieben werden. Falls man jedoch unter »AUGE, MILCHIGE TRÜBUNG NACH VERWUNDUNG:« nachschlägt, findet man *Euphrasia* fett gedruckt. Nimmt man daher nacheinander alle Einzelsymptome unter die Lupe, so erhält man ein viel detaillierteres Bild, das letzten Endes besser auf ein bestimmtes Mittel paßt.

Heutzutage setzt man bei dieser Methode auch Computer ein, was den Auswahlvorgang zwar etwas unpersönlicher, jedoch nicht minder effizient macht. Man kann unmöglich alle Mittel im Kopf behalten, jedoch lassen sich bestimmte Schlüsselnummern (Zahlencodes) für einzelne Mittel besser einprägen, so daß man hierüber rasch zum geeigneten Mittel gelangt. Schon Hahnemann hob die besonderen Eigenschaften mancher Mittel hervor, und man sollte immer bedenken, daß er und seine Schüler mit nur gut 60 Mitteln ausgekommen sind. Verwenden Sie daher nicht unbedingt neue, extravagante Mittel, sondern greifen Sie lieber auf Altbewährtes zurück. Oftmals werden die am meisten verwendeten Mittel nämlich deshalb genommen, weil ihre Symptome auch am häufigsten passen.

Beim Übertragen der Methoden Hahnemanns und der Repertorien entsteht für die Veterinärmedizin jedoch ein kleines Problem: Nicht immer lassen sich alle Symptome, die beim Menschen auftauchen, rückhaltlos auch auf Tiere übertragen. Dies ist das erste Problem der Tierhomöopathie. Als Beispiel möchte ich das unterschiedliche Verhalten von Katzen und Hunden auf Morphinderivate nennen: Katzen werden durch die Mittel angeregt, bei Hunden tritt die gegenteilige Wirkung ein. Bei der Auswahl der Mittel muß ein Tiermediziner daher verstärkt auf Aspekte der vergleichenden Pharmakologie und Toxikologie achten.

Ein weiterer, weitaus größer Nachteil, der sich für den Tierhomöopathen ergibt, ist jedoch, daß ihm die meisten Gemütssymptome verschlossen bleiben. Für Hahnemann und besonders für seine Nachfolger nahmen jedoch gerade diese psychischen Symptome eine Schlüsselposition ein, um das passende Mittel verschreiben zu können. Selbstverstänlich lassen sich besonders auffällige »Gemütssymptome« in einigen Situationen erkennen, und dort erweisen sie sich auch als sehr hilfreich. Beispiele sind der Schmerz über den Verlust des Besitzers oder eines Gefährten, sexuelle Frustration, Beklemmung, psychischer Schock, Angst, Wut oder manchmal auch nur das Gefühl, unerwünscht zu sein (wenn sich ein Hundebesitzer nur noch einem neuen Welpen widmet).

Das dritte große Hindernis ist ebenfalls ein Kommunikationsproblem, weil Tiere ihre subjektiven Empfindungen nicht äußern können. Wie zeigt sich beispielsweise ein arthritischer Schmerz, als Reißen, Brennen oder Pochen? Ist ein Juckreiz kribbelnd, schmerzhaft, beißend oder brennend? Dieser exakten Beschreibung mißt Hahnemann besonders viel Bedeutung bei, um ein Mittel korrekt bestimmen zu können. Beim Menschen können diese subjektiven Symptome zu ganz unterschiedlichen Mitteln führen, wie an folgendem Beispiel aus »Kents Repertorium« (Seite 1081) zu sehen ist:

■ SCHMERZEN, IM FUSSBEREICH, ALS WENN NÄGEL UNTER DIE HAUT GETRIEBEN WÜRDEN – *Rhus toxicodendron*
■ SCHMERZEN, IM FUSSBEREICH, POCHEND – *Natrium carbonicum*

Selbstverständlich ist es utopisch, Vergleichbares in der Veterinärmedizin erzielen zu wollen, weswegen Tierhomöopathen von vorneherein geringere Heilerfolge (als ihre Kollegen in der Humanhomöopathie) haben. Trotzdem wäre es für die Tierhomöopathie schön, bestünden diese Hindernisse nicht. So listet KENT beispielsweise 19 verschiedene Mittel bei Reisekrankheit auf. Wie soll man da als Tierarzt ein geeignetes herausfinden?

Die Vorschläge, die ich zu diesem Thema in Kapitel 8 gemacht habe, beruhen auf persönlichen Erfahrungen, aber auch auf denen von Kollegen; sollte jedoch ein Mittel gegen Reisekrankheit bei Ihrem Tier einmal nicht anschlagen (weil die Abweichung der Symptome verhältnismäßig groß sein kann), dann wissen Sie jetzt, warum.

Um im Einzelfall ein bestimmtes Mittel - und meiner Meinung nach ist ein einziges Mittel die beste, wenn auch nicht immer machbare Lösung - auswählen zu können, müssen Sie entscheiden, auf welcher bzw. auf wie vielen Ebenen Sie handeln wollen (was natürlich auch vom relativen Heilerfolg abhängt):

a **Behandeln Sie die ursprüngliche Ursache** oder vielmehr die unvermeidlichen pathologischen Folgeerscheinungen, die diesem »Ur-

50

übel« erwachsen. Ein gutes Beispiel, um sich für diese Behandlungsebene zu entscheiden, ist, nach einem Verkehrsunfall sofort *Arnica* zu verabreichen, da man die pathologischen Folgen des Unfalls sogleich erahnen kann. Daher ist es in diesem Fall ganz unerheblich, welche anderen Symptome man außerdem spontan oder nach einiger Überlegung behandeln möchte. Aus dem gleichen Grund gibt man bei Schockzuständen automatisch *Aconitum napellus*.

b Behandeln Sie entsprechend den Gemütssymptomen. Wenn man solche psychischen Symptome bei Tieren eindeutig (wie oben beschrieben) ausmachen kann, sollten Sie sie auch primär behandeln, da sie sehr »leistungsfähige« Auslöser einer Krankheit sein können (siehe auch Kapitel 12).

c Behandeln Sie nach den vorliegenden Symptomen. Dies ist wohl die häufigste, wenn auch nicht immer erfolgreichste Methode, die in der Mehrzahl aller Fälle, die zum Arzt gebracht werden, angewandt wird. Die augenfälligen Krankheitszeichen dienen als Schlüsselsymptome, wobei die Wahl des Mittels unter besonderer Berücksichtigung der Modalitäten (siehe Kapitel 9 und 17) und Begleitsymptome noch präziser ausfällt. Besondere Symptome, die aus der Anamnese bekannt sind, tun ein weiteres, um die Auswahl zu erhöhen. Verlassen Sie sich nach Möglichkeit nicht nur auf diese Methode, da sie manchmal nur lindernde Wirkung, jedoch keinen richtigen Heilerfolg zeigt.

d Behandeln Sie zuerst ein unterschwelliges (länger zurückliegendes) Leiden. Wenn ein Tier in der Vergangenheit (der genaue Zeitpunkt ist unerheblich) einmal außerordentlich schwer erkrankt war und die Folgen niemals richtig überwunden hat, dann nützt es nichts, die momentanen Symptome zu kurieren, bevor nicht das alte Leiden ausgestanden ist. In dieser Situation wählen Sie das erforderliche Mittel so aus, als wäre die alte Krankheit noch im akuten Zustand (vgl. auch Kapitel 10, 11, 12 und 14). Diese Methode kann sogar klappen, wenn das Tier im Leib der eigenen Mutter erkrankt war (siehe auch »Eugenische Kur«).

e Behandeln Sie auf konstitutioneller Ebene. Diese Behandlungsmethode ist erst nach Hahnemanns Zeiten entstanden und beruht auf der Vorstellung, Menschen (und, je nach Überzeugung, auch Tiere) könnten in bestimmte Kategorien typisiert werden, auf die dann jeweils ein bestimmtes »Gruppenmittel« paßt. Solche Mittel (die sog. Polychresten) hätten somit ein breites und tiefgehendes Wirkspektrum. Diese Vorstellung geht natürlich davon aus, daß die Reaktion auf eine Krankheit in irgendeiner Form vorprogrammiert ist (z. B. ererbt, angeboren oder erworben). Wenn ein Tier eindeutig auf einen bestimmten Typus paßt, der den Beschreibungen der Mittel aus der Materia medica entspricht, dann sollte dieses Mittel auf den Patienten in seiner Gesamtheit wirken und seine sämtlichen Beschwerden kurieren. Vielfach kann ein solches

Mittel keine vollständige Heilung erzielen, doch kann es oft die Empfänglichkeit für andere günstige Mittel erhöhen. Vor allem chronische Leiden verlangen häufig eine Behandlung mit konstitutionellen Mitteln.

f Eine Auswahl auf spezieller Ebene (siehe Kapitel 11) sowie die **g Auswahl vorbeugender Mittel** (siehe Kapitel 14) verdeutlichen, wie Homöopathie und Isopathie gegen spezielle Tierkrankheiten eingesetzt werden können.

h Um Mittel für fakultative und entgiftende Behandlungsweisen zu finden, werden potenzierte Substanzen dazu benutzt, bestimmte Körperprozesse (Absorptionsvermögen, Stoffwechsel, Hormonbildung) zu dämpfen, teilweise zu verändern oder anzuregen. So kann man beispielsweise den Kalziumstoffwechsel mit Hilfe potenzierter Kalziumsalze regulieren oder potenzierte Toxine einsetzen, damit die gleichen Giftstoffe schneller aus dem Körper ausgeschieden werden.

i Bei einer Behandlung mit organspezifischen Mitteln nutzt man die Tatsache, daß bestimmte Mittel eine hohe Affinität zu Organen oder Gewebetypen zeigen (beispielsweise *Nux vomica* zur Leber). Ein solches Mittel eignet sich hervorragend als Adjuvans.

In Kapitel 16 finden Sie mehrere Beispiele zu den genannten Möglichkeiten, ein Mittel auszuwählen. Faßt man alle Faktoren zusammen, so kann man schon bald die Grenzen erkennen, die sich ergeben, wenn man sich zu eng an die Richtlinien (aus Kapitel 8 bis 14) hält. Um wirklich erfolgreich bei der Auswahl des richtigen Mittels zu sein, muß man sich manchmal abrupt von seiner Checklisten-Methode lösen und andere Wege beschreiten. Wenn also ein Mittel mal nicht so ganz paßt, oder wenn zwei oder drei Mittel zur Auswahl stehen, soll man dann (wie Hahnemann und andere behaupten) strikt nur ein einziges verwenden, oder soll man sich für mehrere vergleichbare Mittel entscheiden? Meiner Meinung nach sollten Sie in schwierigen Fällen unbedingt nur ein einziges, nämlich das richtige Mittel verwenden, weil Sie sich dann automatisch intensiver mit dem Patienten und auch mit den Büchern auseinandersetzen müssen. Dadurch lernt man wieder neu. Falls Sie allerdings meinen, die Heilung könne nur durch rasches Auswählen eines Mittel zum Erfolg führen, so kann es nicht schaden, zwei oder drei Mittel zu verabreichen. Zwar werden Sie nun niemals in Erfahrung bringen, welches Mittel letztendlich geholfen hat, diese Wissenslücke wäre dann aber auch der einzige Verlust.

(Es besteht noch eine andere Gefahr, nämlich daß sich bestimmte Mittel nicht miteinander vertragen; der genaue Vorgang läßt sich jedoch schwer abschätzen. Ich wurde schon öfter gefragt, was meiner Meinung nach bei einer Kombination verschiedener Wirkungsebenen ablaufe. Um eine rasche Heilung zu erzielen, kombiniere ich gelegentlich z.B. konstitutionelle Mittel mit, sagen wir, Arzneimitteln, die den vorliegenden

Symptomen entsprechen. Dies kann bei günstiger Reaktion des Patienten dazu führen, daß seine Vitalkräfte in mehrere Richtungen stimuliert werden. Streng genommen – im Sinne Hahnemanns – ist dies nicht gerechtfertigt, die Ergebnisse sind allerdings manchmal recht verblüffend. Daher kann man durchaus auch gleichzeitig auf mehreren Ebenen behandeln, was ich in einem meiner neueren Bücher auch schematisch skizziert habe. Zusammenfassend gesagt, glaube ich allerdings, daß ein übermäßiger Gebrauch von Medikamenten einen konfusen Fall erzeugt, der die Vitalkräfte so stark stören kann, daß die Situation brenzlig wird.)

Auch im nächsten Kapitel wird eine derartige Lücke im Erfahrensbereich diskutiert werden, wobei es dann allerdings um die geeignete Potenz geht. Letzten Endes sollte man bei diesem Prozeß, welche Behandlungsebene gewählt bzw. welche Schlüsselsymptome subjektiv zur Entscheidung herangezogen werden, niemals die Rolle der Intuition (als wesentlicher Bestandteil unseres sechsten Sinns) unterschätzen.

Kapitel 6
Vom Grundsatz zur praktischen Umsetzung: Die Behandlung der Krankheit

Auch nachdem Sie sich mit Bedacht für eine Behandlungsebene und das am besten geeignete Mittel entschieden haben, müssen Sie immer noch einige Entscheidungen treffen:

■ Auf welche Weise soll das Mittel angewandt (appliziert) werden?
■ In welcher Darreichungsform soll es gegeben werden?
■ Welche Potenz ist die geeignetste?
■ Wie häufig und für wie lange soll das Mittel gegeben werden?
■ Wann sollte die Wirkung überprüft werden?
■ Auf welche Weise kann man überprüfen, ob das Mittel a) richtig, b) beinahe richtig oder c) falsch war oder ob d) die Potenz nicht gestimmt hat?

Meiner Meinung nach sollten diese Punkte schon ausführlicher besprochen werden, obwohl ich nicht von mir behaupten kann, der absolute Experte für diese komplizierten Sachverhalte zu sein.

Anwendungsweise (Applikationsweg)

Die Auswahl richtet sich nach den äußeren Umständen, die behandelt werden müssen. Wenn beispielsweise der gesamte Körper von einer Krankheit befallen oder durch ein Leiden stark aus dem Lot geraten ist, dann muß selbstverständlich auch der gesamte Körper behandelt werden. In diesem Fall gibt man ein Mittel, das oral (über den Mund) oder parenteral (per Injektion) verabreicht wird, um die gewünschte Wirkung zu erzielen. Ein andermal verlangt die Erkrankung, daß Verletzungen der Haut äußerlich (topisch) behandelt werden. Wenn es sich lediglich um äußere Verletzungen handelt, die lokal begrenzt sind (z.B. Abschürfungen, Schnitte), dann reicht die topische Behandlung in der Regel aus; manchmal kann eine orale Therapie zusätzlich von Nutzen sein. In der Großviehmedizin greift man eher mal zur Spritze als in der Kleintierpraxis, wohl aus dem einfachen Grunde, weil es ein technisches Problem bereitet, z.B. einer Kuh mehrmals täglich eine Tablette zu verabreichen. Der Vorteil der Homöopathie für die praktische Tiermedizin liegt darin, daß man auch bei einer erfolgreichen Behandlung auf Spritzen weitgehend verzichten kann. Als sehr praktisch hat es sich erwiesen, das Mittel zusammen mit dem Trinkwasser zu geben, insbesondere bei Tieren, die in Käfigen gehalten werden.

Darreichungsform

Die Art der Darreichung, in der ein verschriebenes Mittel gegeben wird, richtet sich teilweise nach persönlichen Vorstellungen, teilweise auch nach den Gegebenheiten, die im vorigen Abschnitt beschrieben wurden. Zur oralen Behandlung eignen sich Tinkturen, Dragees, Tabletten und Pulver, wobei ich persönlich Dragees bevorzuge. Zur äußeren Behandlung lassen sich Lösungen, Tinkturen, Salben und Cremes ideal verwenden. Soll das Mittel zusammen mit dem Trinkwasser gegeben werden, so sind Tinkturen am besten geeignet, notfalls kann man aber auch Dragees verwenden. Bei oraler Gabe wird die Tinktur unverdünnt dosiert, zur äußerlichen Behandlung (z.B. am Auge, an Schleimhäuten, wunden Stellen und Wunden) muß man sie jedoch unbedingt verdünnen. Zur Anwendung reichen bereits 2–3 Tropfen in einen Eierbecher voll Wasser aus.

Potenz

Wenn es um das Thema »Potenzen« geht, geraten einige Menschen in helle Aufregung und andere in Furcht und Panik. Die meisten haben jedoch tendenziell eher eine vorgeformte Meinung oder aber einen Heidenrespekt vor Potenzen. Daher hoffe ich, in diesem Kapitel einiges von diesem Mythos ausräumen zu können. Generell stimmt wohl die Mehrheit mit mir darin überein, daß mit steigender Potenz auch Tiefenwirkung und Wirkungsdauer eines Mittels zunehmen. Bei dieser Betrachtungsweise geht natürlich die Breitenwirkung des Mittels verloren. Im folgenden verstehe ich unter Hochpotenzen Potenzen über C12, während die Tiefpotenzen unter C6 liegen. Die Potenzen von C6 bis C12 bilden einen Trennungsbereich. (Diese Angaben des Autors beziehen sich auf die in England üblichen Centesimalpotenzen; die Einteilung der in Deutschland gebräuchlichen Dezimalpotenzen in Hoch- und Tiefpotenzen weicht davon ab, wie man Anhang 3 entnehmen kann. Jedoch können anstatt der in diesem Kapitel genannten C-Potenzen problemlos D-Potenzen verwendet werden, da die Wirkung gleich ist – Anm. d. Übers.)

Wenn Sie sich bei einer Krankheit Ihres Mittels sicher sind, können Sie es getrost als Hochpotenz verabreichen. Solange Sie noch Zweifel hegen, sollten Sie es in niedriger Potenz geben, so daß die Wirkung breiter gestreut wird.

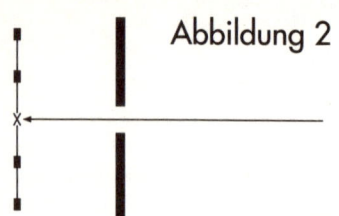

Abbildung 2

Hochpotenz; das Mittel ist richtig, es beseitigt das Krankheitszentrum.

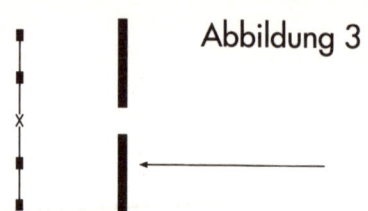

Abbildung 3

Hochpotenz; das Mittel ist fast richtig, es zeigt aber keine Wirkung.

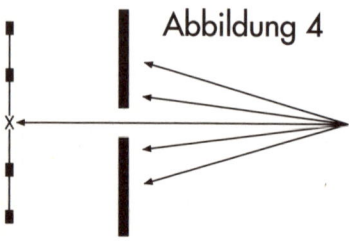

Abbildung 4

Tiefpotenz; das Mittel trifft ins Krankheitszentrum, es ist evtl. aber nicht stark genug, um vollständige Heilung zu bewirken.

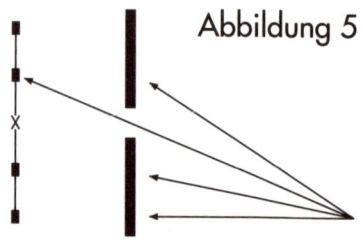

Abbildung 5

Tiefpotenz; das Mittel ist »fast richtig« und eliminiert einen Symptom-Punkt; es kann evtl. Heilung bewirken, falls die Krankheit nicht zu stark ist.

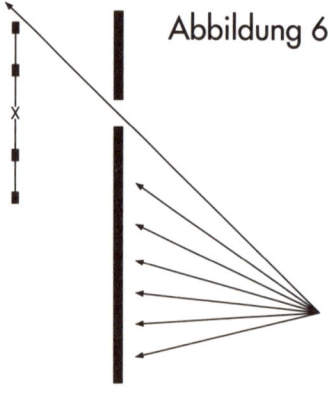

Abbildung 6

Tiefpotenz; das Mittel ist falsch, es kann die Krankheit nicht heilen.

Sie benötigen schon eine etwas größere Vorstellungskraft, um die grafische Darstellung (Seite 56), wie ein homöopathisches Mittel auf eine Krankheit wirkt, nachvollziehen zu können. Stellen Sie sich zunächst eine Wand mit einem »Heilungsschlitz« vor, den das Mittel passieren muß, um wirken (das heißt, heilen) zu können. Als nächstes stellen Sie sich ein Krankheitsschema vor, das mehrere Symptom-Punkte (❙) und ein Krankheitszentrum (X) besitzt. Als nächsten Schritt bei der Auswahl einer Potenz müssen Sie den Patienten und seine Krankheit berücksichtigen (Achtung! Bei schweren chronischen Erkrankungen sollten Sie Hochpotenzen meiden, da die Vitalkräfte in diesen Fällen meist stark angeschlagen sind).

Dabei müssen Sie folgende Fragen berücksichtigen:

a Ist die Krankheit chronisch?

b Handelt es sich um eine besorgniserregende akute Erkrankung?

c Oder ist es nur eine schwächere akute Krankheit?

d Entstand die Krankheit infolge eines besonderen äußeren Faktors (z.B. Trauma)?

e Könnte man ein konstitutionelles Mittel verwenden?

f Liegt der Erkrankung ein starkes Gemütsleiden zugrunde?

g Leidet der Patient noch an den Auswirkungen einer zurückliegenden Krankheit?

Diese Fragen sollen der Reihe nach und entsprechend ausführlich beantwortet werden.

a Definitionsgemäß dauert eine chronische Krankheit schon länger an, sitzt meist sehr tief und heilt nur über einen längeren Zeitraum. Wenn Sie sich Ihres Mittels sicher sind, eignen sich besonders höhere Potenzen, um eine tiefgehende Heilung zu bewirken. In solchen Fälle verwende ich persönlich Potenzen von C30 an aufwärts. Häufig mußte ich auch (bei zunächst niedriger potenzierten Mitteln) nach kurzer Zeit die Potenz auf C30 erhöhen, da die Wirkung der bisherigen Potenz abzuklingen schien, weil offenbar ihre »Kräfte« verbraucht waren.

b Eine besorgniserregende akute Erkrankung verlangt unverzügliches Handeln. Solange Sie sich eines Arzneimittels nicht absolut sicher sind, können Sie Potenzen von C6 abwärts benutzen, um eine breit gestreute Wirkung zu erzielen. Strenggenommen ist es zwar das Eingeständnis einer Niederlage, wenn man ein Leiden mit zwei Mitteln behandeln muß, es können sich jedoch manchmal recht gute Resultate ergeben, was man ja letzten Endes erreichen will. Wenn Sie mehrere Mittel verabreichen, achten Sie darauf, daß sie nicht gleichzeitig eingenommen werden; zwischen jeder Verabreichung sollten Sie mindestens fünf Minuten verstreichen lassen.

c Schwächere akute Krankheiten brauchen nicht so eilig und unbedingt behandelt zu werden. Die Wahl der Potenz sollte in diesem Fall kein Kopfzerbrechen bereiten, weil selbst bei versehentlicher Verwendung eines »beinahe-richtigen« Mittels keine Lebensgefahr besteht.

d Sollte der Patient an den tiefgehenden Folgen eines bestimmten Traumas (z.B. starker Schock) leiden, dann ist es ratsam, das geeignete Mittel als Hochpotenz zu verabreichen. Auch hier sollte man sich – wiederum notwendigerweise – versichern, ob sich das Mittel anwenden läßt. Greifen Sie bei weniger tief sitzenden, schwächeren traumatischen Beschwerden zu niedrigeren Potenzen.

e Bei konstitutionellen Mitteln ist man sich seiner Auswahl ziemlich sicher, da man sich ansonsten ja anders entschieden hätte. Die Konstitution liegt tief im Innern des Tieres, deshalb sollten Sie Hochpotenzen verwenden.

f Bei Gemütsleiden (z.B. einem schmerzhaften Verlust) ist es nicht schlecht, Hochpotenzen zu nehmen. Voraussetzung ist natürlich, daß Sie sich dieses Mittels absolut sicher sind; andernfalls können Sie das Mittel in tieferen Potenzen einsetzen.

g Sollte ein länger zurückliegendes Leiden der mutmaßliche Grund für die gegenwärtigen Beschwerden sein, sollten Sie es mit einem tief (das heißt in Hochpotenz) wirkenden Mittel aus der Welt schaffen.

Falls ein Mittel generell so rasch wie möglich benötigt wird und Sie es zufällig in Ihrem Apothekenschränkchen finden, sollten Sie es getrost auch in einer Potenz verabreichen, die in etwa der gewünschten entspricht. Das ist immer noch besser, als das Mittel überhaupt nicht zu geben. Allerdings sollten Sie bedenken, daß einige Mittel je nach

Potenz unterschiedlich wirken, mit anderen Worten, ihre Wirkung läßt sich steuern. Dazu folgende Beispiele:

■ *Hepar sulfuris* und *Mercurius solubilis* setzen als Tiefpotenzen den Vereiterungsprozeß in Gang, während sie in Hochpotenzen Eiter auflösen.
■ *Folliculinum* stimuliert in niedrigen Potenzen den weiblichen Zyklus, regelt ihn als C7 und wirkt dämpfend ab C12 und aufwärts.
■ *Urtica urens* hemmt den Milchfluß als Tiefpotenz und regt ihn als Hochpotenz an.
■ *Salvia* drosselt das Schwitzen als niedrige Potenz und bewirkt als Hochpotenz das Gegenteil.

Dosierungshäufigkeit

Hahnemann meinte immer, man solle keine zweite Dosis geben, ehe die Wirkung der ersten nicht völlig abgeklungen sei. Bei Krankheiten, bei denen sich die »Ermüdungserscheinungen« des Mittels leicht erkennen lassen, kann man so handeln. Bei einem chronischen Leiden braucht man die Dosis nicht so häufig zu wiederholen wie bei einer schweren akuten Erkrankung; im letztgenannten Fall müssen die Mittel (insbesondere als Hochpotenzen) gelegentlich im 10minütigen Abstand gegeben werden. Als Orientierung sollen Ihnen bei chronischen Krankheiten folgende Angaben dienen: das Mittel sollte 1–2mal täglich einige Tage lang gegeben werden; anschließend warten Sie ab, ob eine spürbare Wirkung eintritt.

Behandlungsdauer

Die Dosis eines sorgfältig ausgewählten Mittels sollte so lange gegeben werden, bis der Erfolg zu sehen ist. Anschließend verabreicht man das Mittel der Wirkdosis entsprechend, wobei die Pausen zwischen den einzelnen Gaben so groß sein können, daß es einer Einstellung der Behandlung gleichkommt. Auf die Frage, über welchen Zeitraum man therapieren solle, lassen sich daher keine präzisen Zeitangaben machen. Zur vollständigen Behandlung einer chronischen Krankheit müssen Sie mit mehreren Wochen, in Ausnahmefällen mit einigen Monaten rechnen. Hingegen werden akute Erkrankungen meist nicht länger als zwei, drei Tage behandelt.

Wiedervorstellung

Wie rasch und wie oft sollte ein gerade Genesender beim Arzt wieder vorstellig werden? Diese Entscheidung muß allein der Tierarzt treffen. Da die primäre Aufgabe einer Nachuntersuchung darin besteht festzustellen, inwieweit das verordnete Mittel gewirkt hat, muß man auch hier zwischen akuten und chronischen Erkrankungen unterscheiden. Als sehr praktisch hat sich die Faustre-

gel erwiesen, daß ein schwerer akuter Fall nach Möglichkeit am selben Tag wieder vorstellig wird. Nicht ganz so gravierende Erkrankungen sollten am nächsten Tag, chronische Fälle (je nach zu erwartendem Heilerfolg) alle 1–2 Wochen einbestellt werden.

Erfolgsbegutachtung

Wenn ein Patient erneut in der Praxis erscheint, müssen Sie begutachten, wie der Krankheitsverlauf gediehen ist, um folgende Fragen beantworten zu können:
Habe ich bei der Erstverschreibung

■ das richtige Mittel in der richtigen Potenz gewählt?
■ das richtige Mittel, jedoch die falsche Potenz gewählt?
■ das »beinahe richtige« Mittel gewählt?
■ das falsche Mittel gewählt?
■ die Behandlungsdauer zu lange angesetzt?

(An dieser Stelle noch ein wichtiger Tip: Das Tier sollte nach Möglichkeit zum Zeitpunkt der Erstverschreibung keine symptomunterdrückenden Mittel bekommen haben. Wenn der Patient nämlich wieder vorstellig wird, sind die damaligen Symptome, die durch jene »Hemmittel« verursacht wurden, natürlich längst abgeklungen, weil die Mittel ja während der Behandlung abgesetzt wurden. Dies kann zu riesiger Verwirrung führen.)

Wenn Arzneimittel und Potenz korrekt waren, können Sie zu einem beliebigen Wiedervorstellungstermin folgendes beobachten:

■ Das Wohlbefinden des Patienten mit einem chronischen Leiden hat sich insgesamt deutlich verbessert. (Die Beschwerden der Krankheit können, müssen jedoch nicht unbedingt nachgelassen haben.) Setzen Sie die Therapie fort, wobei Sie die grundsätzlichen Regeln zu Dosierungshäufigkeit und Behandlungsdauer beachten sollten.

■ Bei einer chronischen Krankheit sind die akuten Beschwerden nicht abgeklungen; zusätzlich sind auch störende, früher bereits einmal vorhandene Beschwerden, die mit den derzeitigen Symptomen nicht in Verbindung gebracht wurden, wieder aufgetaucht. Diese zurückliegenden Beschwerden kann man quasi als Wiederholung des Anfangsstadiums der chronischen Erkrankung interpretieren. Setzen Sie die Behandlung, wie oben genannt, fort.

■ Der Heilprozeß, wiederum eines chronischen Leidens, wirkt von innen nach außen. Daher können innere Beschwerden (Herz, Verdauungssystem, Gemütsverfassung) eher abklingen als beispielsweise eine »aussen« liegende Hauterkrankung. Setzen Sie auch in diesem Fall die Behandlung wie genannt fort.

■ Innerhalb kurzer Zeit ist die Krankheit völlig geheilt worden, bzw. hat der Heilungsprozeß rasante Fortschritte gemacht. Setzen Sie die Behandlung nur fort, wenn dies erforderlich wird.

■ Auch wenn man meint, alles korrekt ausgewählt zu haben, tritt vielleicht überhaupt keine Reaktion ein. Möglicherweise haben Sie dann beim Erheben der Anamnese ein wichtiges Detail übersehen, z.B. ein zurückliegendes Leiden, das noch nicht vollständig verheilt ist. Krankheiten wie Parvovirosen bei Hunden, Katzenruhr, durch Leptospiren bedingte Hepatitis (Stuttgarter Hundeseuche), eine komplizierte Schwangerschaft, verschiedene Gemütserkrankungen und noch viele andere Krankheiten können Spuren hinterlassen, die man gar nicht bemerkt. In solchen Fälle müssen Sie sofort die passende Nosode oder das geeignete Simillimum verwenden.

Folgende Anzeichen deuten daraufhin, daß Sie zwar das richtige Mittel, jedoch die falsche Potenz gewählt haben:

■ Die Krankheit hat sich deutlich verschlimmert. Setzen Sie die Behandlung umgehend aus, um zu überprüfen, ob die Ursache in einer falschen Potenz liegt. Die Auswirkungen für das Tier sind auf jeden Fall nur vorübergehend. Falls die Krankheit immer noch nicht besser wird, sollten Sie das Mittel anschließend in einer höheren Potenz verabreichen.

■ Sollte die Tiefenwirkung des Mittels unzureichend sein, so zeugt dies von einer zu niedrigen Potenz.

■ In seltenen Fällen spricht eine örtlich begrenzte Erkrankung nicht auf eine zu hoch gewählte Potenz an, weil das Mittel offenbar auf einer höheren Ebene wirkt als die eigentliche Krankheit. Das ist im Prinzip das gleiche, als würde man über die Köpfe der Feinde hinwegschießen. Wenn Sie sicher sind, daß das Mittel richtig ist, dann setzen Sie die Potenz herab.

Ein falsches, aber »fast-richtiges« Mittel kann die Symptomatik verändern, wenn die Potenz zu niedrig ausfällt. In solchen Fällen fangen Sie am besten wieder ganz von vorne an und berücksichtigen auch die neuen Symptome, um schließlich zum passenden Mittel zu gelangen. Häufig handelt es sich bei diesem dann um ein nahe verwandtes Mittel, wie beispielsweise *Mercurius corrosivus* statt *Mercurius solubilis*.

Falsch gewählte Mittel zeigen gar keine Wirkung, wenn sie nicht »ähnlich« genug sind bzw. ihre Potenz nicht zu niedrig gewählt wurde. Gehen Sie nun noch einmal die gesamte Krankengeschichte durch, um den Fehler bei der Verschreibung zu finden. Bedenken Sie dabei auch besonders, daß sich eine zurückliegende Krankheit, die unterdrückt wurde, negativ auf ein scheinbar passendes Mittel auswirkt. In äußerst seltenen Fällen kann ein Arzneimittel richtig sein und trotzdem nicht wirken. Versuchen Sie es dann mit einem zweiten Mittel, und geben Sie beide abwechselnd. Bei rheumatischen Beschwerden zeigen *Rhus toxicodendron* und *Bryonia* häufig eine derartige Wechselbeziehung, da die Modalitäten dieser Krankheit zwischen beiden Mitteln hin und herschwanken.

Besonders verwirrend kann es werden, wenn ein Mittel zu häufig oder zu lange verabreicht wurde. Zwar stellt sich zunächst eine Besserung ein, bald jedoch bricht das alte Leiden in unterschiedlich starkem Maße wieder auf. Möglicherweise liegt das daran, daß man am (mittlerweile wieder) gesunden Tier eine unfreiwillige Arzneimittelprüfung durchgeführt hat (das heißt, die mit dem Mittel assoziierten Symptome hervorgerufen hat, ähnlich wie Hahnemann in seinem ersten Selbstversuch mit der Chinarinde). Derjenige, der nun ein Mittel verschreiben muß, befindet sich in folgender Zwickmühle:

■ Wurde das Mittel falsch gewählt? Ist die Krankheitsveränderung eine zufällige Verbesserung mit anschließendem Rückfall?
■ War das Mittel richtig, jedoch falsch dosiert, so daß es zu dieser »Arzneimittelprüfung« gekommen ist?

Um dieses Knäuel zu entwirren, bleibt nichts anderes, als die Behandlung abzubrechen und zu sehen, was anschließend passiert. In der Regel handelte es sich wirklich um eine Arzneimittelprüfung, und die Symptome verschwinden im Nu von selbst. Meiner Auffassung nach sollte keine Rezeptur aufgefrischt werden, ohne daß der behandelnde Homöopath darüber Bescheid weiß, damit die Behandlung nicht unbeabsichtigt gestört wird. (Dabei kommt es nicht darauf an, welche Mengen eines Mittels gegeben werden, denn dies ist offenbar ohne Bedeutung. Sofern der Organismus erstmalig mit dem Mittel in Berührung kommt, braucht man sich über Körpergröße, Gewicht usw. keine Sorgen zu machen. Da das Mittel eine bestimmte Energieform darstellt, ist die Dosierung unabhängig von der verabreichten Menge.)

Da andererseits oft behauptet wird, Homöopathie zeige keine Nebenwirkungen, können evtl. auftretende Folgeerscheinungen fälschlicherweise als solche interpretiert werden. Im wortgetreuen Sinne sind sie natürlich keine »Neben-Wirkungen«, sondern lediglich Wirkungen, die nicht von der primären Krankheitsursache ausgelöst wurden und die nicht dauerhaft sind. Daher müssen Sie mit all Ihren Sinnen nicht nur vor der Verschreibung, sondern – wie oben erläutert wurde – auch im Anschluß daran auf alle Eventualitäten achten. Lesen Sie deshalb auch die Symptome der Folgeerscheinungen mit Sorgfalt, und behandeln Sie sie richtig. Nur so können Sie wirklich tiefgehend und dauerhaft heilen.

Kapitel 7
Vom Grundsatz zur praktischen Umsetzung: Der Umgang mit den Arzneimitteln

Bisher ist nur wenig über die Eigenschaften homöopathischer und potenzierter Arzneimittel bekannt. Es gibt keine zuverlässige Methode, ihre Qualität zu prüfen. Daher sollten Sie sie auch nur dort kaufen, wo Sie dem Hersteller oder Apotheker vertrauen. Nach dem Kauf sollten sie sorgfältig aufbewahrt werden, damit sie möglichst lange halten. Das bezieht sich nicht auf den Arzneimittelschrank beim Tierarzt, sondern auch auf das Medizinschränkchen zu Hause.

Das Besondere eines homöopathischen Mittels ist offenbar die Energie, die während des Potenzierungsvorgangs (der »Dynamisierung«) aus der Ursubstanz in das Mittel übergegangen ist. Auf diese Weise wird die heilende Kraft im Mittel angereichert und gespeichert, während gleichzeitig alle meßbaren Spuren der Ursubstanz verloren gehen (und mit ihnen auch sämtliche schädlichen Nebenwirkungen). Diese Energieform ist jedoch äußerst anfällig.

Selbstverständlich brauchen Sie nicht sofort einen voll klimatisierten Vorratschrank oder andere Spezialbehälter zu besorgen, doch sollten Sie einen Aufbewahrungsort wählen, der relativ konstante Umweltbedingungen bietet. Dieser Ort sollte weder heiß noch feucht-kalt sein, nicht dem direkten Sonnenlicht ausgesetzt sein und keine intensiv riechenden Substanzen enthalten.

Bewahren Sie daher homöopathische Mittel, die Kampfer in verdünnter Form oder als Urtinktur enthalten, separat auf. Die Behälter der Arzneimittel sollten aus Glas sein; auch wenn manche behaupten, homöopathische Mittel würden bei längerer Lagerung in Plastikbehältern zerstört, bestehen keine Bedenken, ein Mittel vorübergehend in einer Plastikdose aufzubewahren. Verwenden Sie keine Schachteln aus Papier oder Pappe, da diese leicht durch Feuchtigkeit u.ä. angegriffen werden können.

Nehmen Sie ein Dragee nur dann aus dem Vorratsgefäß (indem Sie sie auf den Deckel kippen), wenn Sie dem kranken Tier das Mittel anschließend geben wollen; einmal entnommene Dragees sollten nicht wieder ins Fläschchen zurück. Dragees können auch einzeln verabreicht und, sofern das kranke Tier mitmacht, direkt vom Deckel ins Maul geschüttet werden. Öffnen Sie nicht zwei Flaschen gleichzeitig, damit die Deckel nicht vertauscht werden. Wenn Sie mehrere verschiedene Mittel verabreichen, sollten zwischen zwei Gaben mindestens fünf Minuten verstreichen. Die Arzneimittel sollten nicht zusammen mit dem Futter gegeben werden.

Eines fernen Tages wird vieles, was in diesem Buch gesagt wurde, überflüssig erscheinen (vielleicht sogar alles in diesem Kapitel), wenn nämlich die Forschung herausgefunden haben sollte, welche Eigenschaften und Wirkweisen homöopathische Arzneimittel besitzen. Manche der hier genannten Vorstellungen werden bizarr erscheinen, wenn man beispielsweise weiß, was sich tatsächlich hinter der Potenzierung verbirgt, oder wenn man sie quantitativ erfassen kann. Erst dann wird hundertprozentig feststehen, was für ein homöopathisches Mittel schädlich ist und was nicht. Aber bis zu diesem Tag müssen Sie sich wohl oder übel an die Ratschläge in diesem Kapitel halten, um möglichst lange etwas von Ihren Arzneimitteln zu haben.

Kapitel 8
Krankheitssymptome und Empfehlungen zu ihrer Behandlung

Dieses Kapitel ist prinzipiell wie Kents Repertorium der Leibsymptome aufgebaut und sollte schon gut mit dem Erheben der Krankengeschichte (Anamnese) übereinstimmen (siehe die entsprechenden Abschnitte in Kapitel 4). Die Geist- und Gemütssymptome, die in den meisten Repertorien an erster Stelle stehen, weil sie in der Humanhomöopathie ausschlaggebende Faktoren bei der Verschreibung darstellen, werden hingegen in einem eigenen Abschnitt (Kapitel) besprochen. Schließlich ist man bisher noch nicht in der Lage, ihnen Vorrang bei allen Tierkrankheiten einzuräumen. Außerdem möchte ich nochmals betonen, daß dieses Kapitel kein veterinär-homöopathisches Evangelium zur Behandlung von Kleintieren darstellt, sondern sich als methodischer Leitfaden versteht, der Einblicke in einige nützliche Arzneimittel gewährt. Bitte lesen Sie unbedingt außer dem vorliegenden Buch auch noch andere ausgewählte Werke zu diesem Thema (siehe Literaturverzeichnis)! Bevor Sie den Inhalt dieses Kapitels anwenden, sollten Sie am besten auch die Kapitel unter der Überschrift »Vom Grundsatz zur praktischen Umsetzung« lesen. Je weitreichender nämlich Ihre Kenntnisse der Homöopathie sind, die Sie sich vor der eigentlichen Behandlung angeeignet haben, desto erfolgreicher können Sie die Arznei einsetzen. Halten Sie auch an einer sorgfältigen Pflege und Ernährungsweise fest.

Die einzelnen Symptome werden in der angegebenen Reihenfolge unter folgenden Überschriften diskutiert und abgehandelt:

▷ Kopf und Gesicht
▷ Augen
▷ Ohren
▷ Nase
▷ Maul
▷ Verdauungstrakt
▷ Harnbildende Organe
▷ Geschlechtsorgane der Männchen
▷ Geschlechtsorgane der Weibchen (einschließlich Paarung)
▷ Atemwege
▷ Blut und Herz-Kreislauf-System
▷ Lymphsystem

- ▷ Bewegungsapparat
- ▷ Haut
- ▷ Nervensystem
- ▷ Hormonbildende Drüsen
  (Endokrines System)

Manches mag von (den Werken) JAMES KENTS und WILLIAM BOERICKES abweichen, jedoch möchte ich mich hierfür nicht entschuldigen. Die Belange eines Tierarztes sind nun einmal anders als die eines Humanmediziners. Aus praktischen Gründen schlage ich daher vor, daß Sie Ihre Anmerkungen/Notizen zur klinischen Untersuchung an der o.g. Reihenfolge orientieren.

Dem aufmerksamen Leser wird sicher nicht entgehen, daß manche Punkte erweitert oder andere Symptome und Arzneien ergänzt werden können. Als ich jedoch dieses Kapitel zusammenschrieb, schien es mir, daß es durch eine zu umfangreiche Diskussion an Klarheit und Direktheit verlieren würde. Dieser Abschnitt war auch von vornherein nicht als kleines Kompendium der Veterinärmedizin gedacht. Derlei Bestreben sind eher in einem umfangreicheren Werk über alle Haustierarten (und ihre Krankheiten) aufgehoben. Falls eine Tierart nicht ausdrücklich genannt ist, beziehen sich die Angaben auf sämtliche Arten. Ferner wurden alle Ausnahmen hervorgehoben. Ein Ratschlag noch zum Schluß: Bei sehr ernsten Leiden muß immer der Tierarzt helfen.

Wenn man bei bestimmten Krankheiten oder Symptomen zu einer Arznei grifft, ist es sehr wahrscheinlich hilfreich, wenn man erkennen kann, daß sich Eigenschaften dieses Mittels (siehe dazu Kapitel 17) mit den Begleitsymptomen beim kranken Tier decken. Eine Arznei, die den allgemeinen Symptomen einer Krankheit entspricht, kann eigentlich immer verwendet werden – insbesondere, wenn auch in der Arzneimittelprüfung auf sie verwiesen wird (siehe auch Kapitel 6). Bei chronischen Fällen ist es besonders wichtig, konstitutionelle Mittel zu verschreiben.

Kopf und Gesicht

Hierbei muß zwischen den Erkrankungen der Schädel- und Gesichtsknochen und denjenigen der angrenzenden Weichteile (Muskulatur, Haut usw.) unterschieden werden. Wenn eine verletzungsbedingte Krankheit vorliegt, schlagen Sie bitte im entsprechenden Abschnitt der »Modalitäten« (Kapitel 9) nach. Hirnverletzungen und -erkrankungen finden Sie in diesem Kapitel unter »Nervensystem«.

Krankhafte Veränderungen im Bereich von Schädel und Gesicht

Knochenauswüchse (Exostosen) und Knochenmißbildung

Können an beliebiger Stelle am Kopf auftreten, die Ursache ist eine zurückliegende Verletzung oder häufig unbekannt. In diesem Körperbereich sind folgende Mittel sehr wirksam:

■ Stirn, Oberkiefer und Nasenregion: *Aurum metallicum.*
■ Auch der Unterkiefer zeigt degenerative Veränderungen (krankhafte Abbauprozesse): *Calcium fluoricum.*
■ Erkrankung vor allem im Bereich des Unterkiefers; Lymphknoten sind geschwollen (gelegentlich auch im Bereich von Schädel und Oberkiefer): *Hekla lava.*

Die letztgenannten Symptome tauchen besonders häufig bei Knochenleiden der Schädel- und Unterkieferknochen (craniomandibuläre Osteopathie) bei West Highland White Terriern auf. Bei diesem Leiden haben sich homöopathisch aufbereitet Extrakte aus Hypophyse (*Hypophysinum*) und Schilddrüse (*Thyreoidinum*) als nützlich erwiesen.

■ Die Erkrankung umfaßt auch die Zähne, besonders im Unterkiefer und unter den Augen. Fauliger Atem, starker Speichelfluß, Gesichtsverformung, angeschwollene Lymphknoten und Kontraktur (Muskelkontraktionen, die nicht auf normale Weise ausgelöst werden) der Kaumuskeln: *Mercurius solubilis.*

Wangenabszeß

Im allgemeinen wird dieser Abszeß (und somit auch das hervorgerufene Krankheitsbild) dadurch beseitigt, daß der rebellierende Zahn gezogen wird. Die Homöopathie stellt jedoch auch bei dieser Radikalbehandlung sehr nützliche Adjuvantia (unterstützende Heilmittel).

■ Unterkieferknochen geschwollen oder abgestorben (nekrotisch), Augenlider verquollen usw.: *Phosphorus.*
■ Abgegrenzte örtliche Schwellung (besonders) am Unterkiefer: *Kalium jodatum.*
■ Schwellung und verkümmerter Wuchs (Atrophierung) der Nasenmuschel, daraus vor allem bei Jungtieren Entstehung einer krummen Nase: *Lemna minor.*

Weichteile

Allergien

Als typische allergische Symptome im Gesichtsbereich schwellen die Augenlider sehr oft wie bei einer Nesselsucht (Urtikaria) an, eventuell auch das gesamte Gesicht. Die Ursache der Allergie sollten Sie nach Möglichkeit feststellen und die Behandlung auf die Symptome abstimmen. (*Galphimia glauca* ist z.B. ein gutes allgemeines Antiallergikum.)

■ Starker Juckreiz: *Urtica urens.*
■ Ödeme (Flüssigkeitsansammlungen) und Schmerzen: *Apis mellifica.*
■ Besonders an den oberen Augenlidern: *Kalium carbonicum.*
■ An Wangen und Lippen, Augen verschorft, Nase verstopft: *Bovista.*
■ Obere und untere Augenlider angeschwollen: *Phosphorus.*

Diese Mittel verstehen sich als Empfehlungen, wenn die allgemeinen Leitsymptome zutreffen. Schlagen Sie auch unter »Bindehautentzündung« (Konjunktivitis; Seite 69) und »Augenlider« (Seite 70) nach. Gewöhnlich haben Hunde mit allergischen Problemen zu tun, jedoch kann auch bei Katzen eine Allergie entstehen, insbesondere als (Über-) Reaktion auf ein Antibiotikum.

Zellgewebsentzündung

Diese Entzündung im Gesicht einer Katze, die beispielsweise nach einem Biß durch andere Katzen entsteht, sollte nicht mit einer Allergie verwechselt werden. (Zur Behandlung des entzündeten Gewebes gibt man *Hepar sulfuris.*) Bei unvollständiger Abszeßbildung oder immer wiederkehrender Vereiterung einer alten Wunde sollte *Silicea* (syn. *Acidum silicicum*) verabreicht werden.

Muskelentzündung (Myositis)

Allgemein tritt nur eine bestimmte Form dieser Krankheit auf, deren Ursprung unbekannt ist, jedoch eventuell infolge einer Verletzung entsteht: die Myositis temporalis, eine Muskelentzündung im Bereich der Kaumuskulatur (auch unter der Bezeichnung eosinophile oder atrophische Myositis bekannt). Diese Entzündung kommt meist bei großen Hunderassen vor. Die Muskeln im oberen Kopfbereich und in der Halsgegend entzünden sich, schmerzen und schwellen an. Bei fortgeschrittener Erkrankung können sie auch schrumpfen (Muskelkontraktur!). Das Tier hat große Schwierigkeiten beim Fressen und Schlucken und wird häufig aggressiv, was durch Schmerz und Pein bedingt ist. Die Stimme verändert sich, und eventuell kommt es zu Kiefernsperre und verändertem Gesichtsausdruck (siehe auch »Tetanus«). Dieses Krankheitsbild deckt sich sehr schön mit den Symptomen von *Cedron*. Da die Ursache auch bei einem Nerv liegen kann, ist ein Heilerfolg nicht unbedingt sichergestellt. Hierbei ist gute Pflege äußerst wichtig. Als weitere Mittel können *Aconitum napellus*, *Arnica*, *Gelsemium* und *Hypericum* sehr gut verwendet werden. Greifen Sie bei sehr auffälliger Kontraktur zu *Mercurius solubilis*. Auch *Kalium jodatum* kann hier sehr nützlich sein.

Genickstarrehaltung (Opisthotonus)

Hierbei handelt es sich um eine Rückwärtsbeugung des Kopfes in den Nacken bzw. zu den Schultern hin. Die vorderen Glieder sind meist überstreckt. Siehe hierzu auch »Tetanus« (Seite 129) und »Nervensystem« (Seite 114).

Furunkulose

Dieses Leiden befällt die Schnauzenregion (Nase und vor allem Kinn und Unterkiefer). Das Tier ist meist sehr stark mit Staphylokokken infiziert und oft von Haarbalgräude (Demodikose) befallen. Zur Behandlung gibt man die Nosode *Staphylococcinum* sowie die Mittel *Silicea* (syn. *Acidum silicicum*) und *Hepar sulfuris*. Äußerlich kann man eine Kur gegen Räude durchführen – vgl. auch die Abschnitte »Haut« (Seite 110) und »Augenlider« (Seite 70).

Ulcus rodens

Siehe die Abschnitte »Maul« und »Haut«.

Augen

Gerade die Augenleiden bieten der Homöopathie ein breites Aktionsgebiet. Mit herkömmlichen medizinischen Methoden läßt sich das Auge oft nur schwer behandeln, während man bei sorgfältiger Wahl des geeigneten homöopathischen Mittels vielfach erstaunliche Ergebnisse erzielen kann. Die Behandlung der Augen überläßt man am besten dem chirurgischen Tierarzt, da sie sorgfältig untersucht werden müssen und die Folgen eines falschen Schrittes gravierend sein können.
Unkoordinierte Augenbewegungen werden unter »Nervensystem« (Seite 114) besprochen.
Sämtliche oberflächlichen Entzündungen am Auge und im Augenbereich lassen sich mit *Calendula* (Lösung oder verdünnte Tinktur) behandeln. Falls die Symptome auf *Euphrasia* verweisen, hilft auch Augenwasser, das aus dieser Pflanze (Augentrost) bereitet wurde.
Verletzungen am Auge und im Augenbereich werden im entsprechenden Abschnitt der »Modalitäten« (Kapitel 9) abgehandelt. Bitte Auge auf Fremdkörper untersuchen.

Die Bindehaut (Konjunktiva)

Bindehautentzündung (Konjunktivitis)

Zwar gibt es zahlreiche Mittel, die auf die Augenbindehaut (Konjunktiva) wirken, hier sollen jedoch nur die hilfreichsten besprochen werden:

■ Intensiv gerötete oder rosa verfärbte Bindehaut, sehr viel eitrig-schaumige Absonderungen, granuläre (noppenartige) Konjunktivitis mit oder ohne Hornhauttrübung und Lichtscheue (Photophobie); gelegentlich können auch Symptome im Bauchbereich hinzukommen: *Argentum nitricum*.
■ Die Konjunktivitis entstand, weil das Tier während einer Fahrt den Kopf aus dem Wagenfenster gehalten hat. Verschlimmerung durch kalten, trockenen Wind. Die Augen tränen sehr stark, und das Tier reibt sie sich häufig: *Euphrasia*.
■ Sehr starker Tränenfluß, die Pupillen sind geweitet; die Lichtscheue wird auch durch kalte Winde erhöht: *Aconitum napellus*.

■ Während der Nacht und infolge von Hitze schlimmer: *Sulfur*.

■ Augen verklebt, Lichtscheue, Tränen stark reizend-brennend, Augäpfel eingefallen, der Blick trübe: *Arsenicum album* (syn. *Acidum arsenicosum*)

■ Tränen klar, Tier ist sehr lichtempfindlich: *Allium cepa*.

■ Tier ist stark lichtempfindlich, kommt und geht. Cremiger Eiter, Tier will seine Augen reiben, Verschlechterung durch Winde: *Pulsatilla*.

■ Lichtscheue vorhanden, Hornhaut trübe (besonders bei älteren Hunden), Augenlederhaut (Sklera) gelb, nicht entzündet: *Conium maculatum*.

■ Augenlider rot und entzündet; brennende Absonderungen, die weiße Abschilfungen hinterlassen: *Sanicula europaea*.

■ Granulär (körnig), eitrig, breitet sich gesichtsabwärts aus: *Jequirity* (syn. *Abrus precatorius*).

■ Wäßrig und juckend, schlimmer nach Aufenthalt im Freien und körperlicher Bewegung: *Sabadilla*.

■ Wangen zusätzlich wund, Juckreiz, Augen verklebt und eiternd, geweitete Pupillen: *Ledum*.

■ Lichtscheue, von kleinen Blutgefäßchen stark durchzogene Lederhaut (Sklera), Hornhautgeschwüre, Lidkrampf (Blepharospasmus): *Mercurius solubilis*.

■ Lichtscheue ausgeprägter, Pupille sehr eng zusammengezogen: *Mercurius corrosivus*.

■ Lider mit roten Rändern, Entzündung durch Fremdkörper hervorgerufen, kalte Zugluft verschlimmert Symptome, Lider flatternd, Pupillen geweitet, Augen morgens verklebt: *Calcium carbonicum*.

■ Lidkrämpfe, Augen gerötet, Tränen aggressiv-beißend, meist im seitlichen Augenwinkel: *Natrium muriaticum* (syn. *Natrium chloratum*).

■ Keine Beeinträchtigung durch Licht, Auge unempfindlich, getrübt: *Lycopodium clavatum*.

■ Beschwerden durch Einkehrung der Lidränder (Entropium) oder einwärts stehende Wimpern (Trichiasis): *Borax* (syn. *Natrium boracicum*).

■ Lichtscheue, vergrößerte Tarsaldrüsen bzw. Meibomsche Drüsen, eitrig: *Rhus toxicodendron*.

■ Eiter klebrig, fädenziehend, gelblich; juckende Ödeme; weder Schmerzen noch Lichtscheue: *Kalium bichromicum*.

Neben dem geeigneten »Simillimum« können auch Nosoden wie die *Staupe*-Nosode oder *Katzenschnupfen*-Nosode als sehr nützliche – oder sogar lebenswichtige – unterstützende Mittel (Adjuvantia) eingesetzt werden, falls die entsprechenden Viren am Krankheitsbild beteiligt sind.

Die Augenlider

Wachstum

Normalerweise entfernt man nachgewachsene Lider operativ, jedoch kann man es getrost zunächst mit homöopathischen Methoden versuchen, um diese Operation eventuell zu umgehen. Hierbei helfen besonders gut: *Kalium jodatum, Conium maculatum* (bei älteren Hunden), *Staphisagria* (verhärtete Beulen am Lidrand) und ganz besonders *Thuja*.

Entzündung (Blepharitis)

Zunächst sollten Sie *Rhus toxicodendron* in Betracht ziehen. Wenn auch andere Übergangsstellen zwischen Schleimhaut und Oberhaut betroffen sind, denken Sie an *Acidum nitricum*. Die meisten Mittel gegen Bindehautentzündung lassen sich auch hier verwenden. Gehen Sie dazu nach dem Ähnlichkeitsprinzip (»Simile-Prinzip«) vor, wobei Sie sich an der o. a. Liste der Symptome orientieren können. Wenn die Lider gerötet und schmerzhaft sind, körnig (granulär) aussehen und das Gesicht angeschwollen ist, kann man *Cinnabaris* geben (siehe auch »Furunkulose«, Seite 69).

Eingekehrte Lider (Entropium)

Borax (syn. *Natrium boracicum*) ist in diesem Fall das erste Mittel der Wahl, das vielleicht sogar einen chirurgischen Eingriff erübrigt. Wirkt in der Langzeitbehandlung.

■ Bei ausgeprägter Bindehautentzündung mit Lidkrämpfen: *Natrium muriaticum* (syn. *Natrium chloratum*).
■ Haben die entzündeten Lider dazu geführt, daß sich der Lidrand nach innen gekehrt hat: *Tellurum*.

Risse (Fissuren) im Augenlid

Hier sind *Graphites* (syn. *Carbo mineralis*) oder *Petroleum* angezeigt, aber auch andere Hautsymptome führen zum geeigneten Mittel.

Einwärts gerichtete (Trichiasis) und überzählige Wimpern

Eine Behandlung mit *Borax* (syn. *Natrium boracicum*) lohnt sich immer, jedoch sollte man überzählige Wimpern herausziehen, da sie eigentlich immer das Auge beschädigen können.

Der Tränenkanal und die Tränendrüsen

Tarsaldrüsen oder Meibomsche Drüsen

Auch diese am Lidrand liegenden Drüsen, deren fettiges Sekret einen gleichmäßigen Tränenfluß und Tränenfilm gewährleistet, können sich entzünden. Der Laie kann jedoch kaum einen Unterschied zu einer Entzündung der Lider oder der Bindehaut feststellen.

■ Je nach Symptomen können daher die gleichen Mittel (wie bei Blepharitis und Konjunktivitis) verwendet werden, insbesondere: *Rhus toxicodendron*.
■ Verträgt das Tier außerdem keine Milch: *Aethusa*.

Verstopfung des Tränenkanals

Häufig chronische Folge eines virusbedingten Katzenschnupfens (FVR). Bei Hunden ist der Tränenkanal so gut wie nie verstopft (im Anschluß an eine Verletzung möglich).

■ Je nach Symptomen: *Argentum metallicum, Calcium carbonicum, Pulsatilla, Silicea* (syn. *Acidum silicium*), *Symphytum*.

Entzündete Tränendrüsen

■ Je nach Symptomen: *Hepar sulfuris, Jodum* (im akuten Zustand), *Pulsatilla, Silicea* (syn. *Acidum silicicum*).

Entzündung der Tränenpunkte (Puncta lacrimalia)

Ein Punctum lacrimale ist eine schlitzförmige Öffnung im oberen und unteren Augenlid. Bei Entzündungen an dieser Stelle greift man zu *Cinnabaris*.

Funktionsstörungen der Tränendrüse

Dies kann zu einem sehr ernsten Leiden führen, der Keratitis sicca (sog.»Trockenauge«). Kommt besonders oft bei West Highland White Terriern vor, ihre Ursachen sind nicht bekannt. Die Zufuhr von »künstlicher Tränenflüssigkeit« oder von physiologischer Kochsalzlösung ist eine wichtige »Erste-Hilfe-Maßnahme«, um eine Schädigung der Hornhaut zu vermeiden. Will man eine Operation verhindern, so sind *Zincum metallicum, Veratrum album* und *Senega* dienliche Arzneien (siehe auch Kapitel 16 »Fallbeispiel«).

Die Hornhaut (Kornea)

Hierunter versteht man die klare »Frontscheibe« des Augapfels, durch die das Licht zur Linse gelangt. Die »Sauberkeit« der Hornhaut kann durch jegliche Schädigung oder Veränderung in ihrer Flüssigkeitszusammensetzung beeinträchtigt werden. Dieses System wird durch ständig verdunstende Flüssigkeit an der Vorderseite und entsprechende Neubildung in der rückwärts gelegenen Kammer im Lot gehalten. In einer normalen Kornea kann man keine Blutgefäße erkennen.

Unter anderen können folgende Leiden der Hornhaut beobachtet werden: Geschwür- und Pigmentbildung, Trübung und Risse, zahlreiche kleine Blutgefäße sowie ein granuliertes Aussehen. Sie lassen sich allesamt erfolgreich behandeln – vorausgesetzt, man wählt die geeignete homöopathische Behandlung, und diese beginnt rechtzeitig. Wie die Homöopathie diese Leiden bewältigt, stellt eines ihrer großen Rätsel dar. Obgleich das Auge von so zerbrechlicher Beschaffenheit ist, verfügt es über äußerst verwunderliche Heilungskräfte, wenn es nur richtig stimuliert wird. Falls es daher auf eine Therapie günstig anspricht, können auf diese Weise sämtliche chirurgischen Eingriffe am Auge verhindert werden.

Blaufärbung der Hornhaut

Diese Verfärbung tritt gelegentlich bei Hunden als Nebenwirkung einer Impfung gegen Hepatitis auf. Hier kann die *Hepatitis*-Nosode Abhilfe verschaffen.

Hornhauttrübung

Kann Symptom einer Entzündung der Hornhaut (Keratitis) sein, aber auch Teil des normalen Alterungsprozesses.

Keratitis

Tritt oft mit einer Bindehautentzündung (Konjunktivitis) auf; viele Mittel helfen gegen beide Leiden:

■ Trübe, entzündete Bindehaut mit eitrigen Absonderungen: *Argentum nitricum.*
■ Perlweiße Bindehaut, gelegentlich Grüner Star (Glaukom; ein angeschwollener Augapfel infolge erhöhten Augeninnendrucks): *Phosphorus.*
■ Anzeichen einer inneren schlechten Gesundheit, stumpfes Auge, (Pupille) reagiert nicht auf Lichtreize, verstopfte Nase, flatternde, fast fächelnde Bewegung der Nüstern, Lebersymptome: *Lycopodium.*
■ Chronische Pupillenweitung, Grauer Star (Katarakt), das Tier ist meist fettleibig veranlagt: *Calcium carbonicum.*
■ Weder Schmerzen noch Lichtscheue: *Kalium bichromicum.*
■ Stark ausgeprägte Lichtscheue: *Mercurius corrosivus.*
■ Mit stark geweiteten Pupillen, gelegentlich Grüner Star (Glaukom): *Belladonna.*
■ Hornhaut erinnert an zerriebenes Glas, auch das ganze Auge entzündet (Ophthalmie), frühe Geschwürbildung, nachts schlimmer: *Sulfur.*

Hornhautflecken
(Macula corneae)

■ Für gewöhnlich mit Grauem Star (Katarakt): *Calcium fluoricum.*
■ Mit Grauem Star: *Causticum Hahnemanni.*
■ Mit eitriger Bindehautentzündung: *Argentum nitricum.*

■ Die ganze Zeit über wäßrig, Bindehautentzündung, Hornhaut färbt sich blau: *Euphrasia.*
■ Mit Schnupfen, niest viel: *Naphthalinum.*

Besonders nach Verletzungen hilft *Cineraria*-Augenwasser sehr gut (als Langzeitbehandlung). *Silicea* (syn. *Acidum silicicum*) beseitigt Narbengewebe nach Geschwürbildung (Ulzeration), Verletzung, chirurgischen Eingriffen usw. (ebenfalls als Langzeitbehandlung).
Sowohl Hornhauttrübungen wie -flecken können als Folge einer Keratitis sicca entstehen (siehe Seite 72). Handelt es sich um eine altersbedingte Erscheinung, so kann *Conium maculatum* helfen.

Hornhautgeschwüre

Bei diesem Leiden geht die äußere Hornhautmembran an einer Stelle infolge einer Infektion, Entzündung oder Beschädigung verloren. Wenn weitere Membranschichten befallen werden, kann die Hornhaut eventuell reißen (siehe auch Folgeerscheinungen).

■ Eitrige Absonderungen, Bindehaut gerötet, Auge meist geschlossen gehalten, Hornhaut nahezu völlig getrübt (fast ganz milchig), Lichtscheue in warmen Räumen: *Argentum nitricum.*

Wer einmal gesehen hat, was ein Alaunstift dem Augenvorderteil zufügen kann, weiß sicherlich, was *Argentum nitricum* (Silbernitrat) zu heilen vermag.

■ Geschwür schmerzt beim (gewöhnlich) korpulenten Tier nicht, mit oder ohne Grauem Star (Katarakt), meist ältere Hunde: *Calcium carbonicum.*

■ Wäßrige Augen, blinzelt häufig, Lider geschwollen, Hornhaut mit zähem Schleim bedeckt. Lichtscheue, besonders am Tage, Hornhaut getrübt oder blau verfärbt: *Euphrasia.*

■ Verquollene Lider, Eiter fädenziehend, juckende Ödeme; kaum Schmerzen, tiefgehende Geschwüre, Bindehautentzündung: *Kalium bichromicum.*

■ Ein wahres »Wundermittel« bei großer Lichtscheue, Angst vor Berührungen am Auge, fehlender Pupillenreaktion, tiefen Geschwüren (meist sind auch noch andere Quecksilber-Symptome vorhanden, wie etwa Durst bei feuchtem Maul, stark riechender Atem): *Mercurius corrosivus.*

■ Ein ziemlich ähnliches Mittel, die Lichtscheue ist geringer, die Beschwerden treten dafür chronischer auf: *Mercurius solubilis.*

■ Ebenfalls bei ausgeprägter Lichtscheue anzuwenden: *Conium maculatum.*

■ Gibt man, wenn das Auge zu vereitern beginnt, oder auch bei Eiteransammlung im Auge (Hypopyon); Ursache ist in diesem Fall häufig, wenn sich eine Katze mit der Kralle selbst am Auge verletzt hat: *Hepar sulfuris*

Verletzungen

■ Bei Stichwunden: *Ledum.*
■ Bei Rißwunden: *Staphisagria.*

Durchlöcherung (nach Verletzung)

Löcher in der Hornhaut können zu Hornhautbruch (Keratozele) oder Hervorwölbungen am Auge (sog. Beerengeschwulst oder Staphylom) führen.

■ Im Frühstadium zur Abschwellung der Geschwulst: *Apis mellifica.*
■ Zur vollständigen Abheilung: *Mercurius solubilis.*

Bildung zahlreicher kleiner Blutgefäße und Pigmente (nach Verletzung)

Mercurius solubilis eignet sich hervorragend zur Langzeittherapie, jedoch ist seine Wirkung schon nach kurzer Zeit spürbar.

■ Bei starker Lichtscheue: *Aurum metallicum.*

Milchige Narben

■ Zur Langzeitbehandlung: *Silicea* (syn. *Acidum silicicum*).

Die Linse

Grauer Star (Katarakt)

Stellt eine Linsentrübung dar, die nicht immer beseitigt werden kann. Durch Langzeitbehandlung mit *Cineraria*-Augenwasser kann man dieses Leiden jedoch in den Griff bekommen.

■ Wolkig-trübe Linse: *Sulfur.*
■ Bei älteren Hunden, verletzungsbedingt: *Conium maculatum.*

■ Grauer Star im Anfangsstadium: *Natrium muriaticum* (syn. *Natrium chloratum*).

■ Fette, meist ältere Tiere mit Verdauungsstörungen: *Calcium carbonicum.*

■ Altersbedingter Verfall: *Phosphorus.*

■ Verfall im Anschluß an eine Operation: *Senega.*

■ Trocken oder milchig-trüb, meist mit Schnupfen, niest viel: *Naphthalinum.*

Als Langzeit-Therapeutikum kann *Silicea* (syn. *Acidum silicicum*) D30 verwendet werden. Auch *Calcium fluoricum* mag in Erwägung gezogen werden, jedoch sollte diese Kur nicht zu oft wiederholt werden.

Die Pupillen

Die Pupillen sind so konstruiert, daß sie sich je nach Lichtverhältnissen (hell oder dunkel) automatisch weiten oder verengen. Wenn dieser Reflex unterbleibt, ist das ein auffälliges Symptom. Die Pupillen sind dann entweder weit geöffnet oder zu schmalen Schlitzen zusammengezogen.

Geweitete Pupillen

■ *Argentum nitricum*
■ *Belladonna* (das typische Symptom dieser Pflanze)
■ *Calcium carbonicum* (ältere Tiere)
■ *Conium maculatum* (bei älteren
■ Tieren, verletzungsbedingt)

■ *Gelsemium*
■ *Glonoinum* (besonders gut bei Hitzschlag)
■ *Hyoscyamus*
■ *Stramonium*
■ *Spigelia* (Gutes Mittel für Augen, Herz und Nerven)

Wenn die Begleitsymptome auf eines dieser genannten Mittel zutreffen, kann man sie getrost und ohne Risiko verwenden.

Grüner Star (Glaukom)

Kann auch bei geweiteten Pupillen eintreten (siehe auch Dysautonomie). Bei Beschädigung der Augenhöhle durch eine Schlagverletzung sollte man an *Symphytum* denken, bei Quetschung an *Helleborus*.

Dysautonomie

Dieses bei Katzen vorkommende Syndrom kann in der Anfangsphase sehr gut mit *Belladonna*, *Calcium carbonicum*, *Hyoscyamus*, *Stramonium* oder *Wyethia helenoides* (das typische Symptom dieses Mittels sind geweitete Pupillen) behandelt werden. Auch *Gelsemium* kann von Bedeutung sein (siehe den entsprechenden Abschnitt in Kapitel 11 »Spezielle Erkrankungen«).

Zusammengezogene Pupillen

Verengte Pupillen können bei einer Augenentzündung (Ophthalmie, siehe dort) infolge von Schmerzen auftreten bzw. Schmerzen auslösen. In Betracht kommen:

● Bei nervöser Ursache: *Opium, Physostigma.*
● Bei Augenentzündung: *Rhus toxicodendron.*
● Meist zusammen mit Bindehautentzündung: *Thuja.*

Da verengte Pupillen auch Symptome einer Bleivergiftung sind, kann man *Plumbum metallicum* als geeignetes »Simillimum« geben. Das Mittel ist von Bedeutung, da es die Vergiftungsbeschwerden behebt und die Ursache beseitigt.

Auch in diesem Fall gibt es wieder unzählige Mittel, die auf verengte Pupillen zielen; generell dienen die Begleitsymptome als Orientierung, um das richtige Mittel zu finden. Man verwendet *Arnica* sowohl bei geweiteten als auch verengten Pupillen, wenn gleichzeitig eine Kopf- oder Hirnverletzung vorliegt. In ähnlicher Weise findet *Helleborus* Verwendung, obwohl dieses Mittel eher zu geweiteten Pupillen mit aufwärts gerichteten Augen paßt.

Der Augapfel

Grüner Star (Glaukom)

Ist ein Leiden des Augapfels. Der Augeninnendruck wird so groß, daß der Augapfel anschwillt und auf zahlreiche innere Strukturen drückt, z.B. den Sehnerv. Da die »Abflußöffnung« in der vorderen Augenkammer durch Pupillenkontraktion geöffnet wird, sind geweitete Pupillen kein wünschenswerter Zustand.

Geeignete Mittel gegen den Grünen Star sind:

● Frühstadium mit Fieber: *Aconitum napellus.*
● Mit geweiteten Pupillen und anderen Begleiterscheinungen: *Belladonna.*
● Mit Augenentzündung: *Phosphorus.*

Weitere geeignete Mittel sind *Gelsemium* und *Spigelia.* Auch hier werden die Mittel entsprechend ihren Begleitsymptomen ausgewählt und eingesetzt.

Augenentzündung (Ophthalmie)

Bei diesem sehr schmerzhaften Leiden ist das gesamte Auge komplett entzündet. Gewöhnlich bewirken die Schmerzen, daß die Pupillen zusammengekniffen werden, und durch die kontrahierten Pupillenmuskeln werden wiederum die Schmerzen größer – ein wahrer Teufelkreis! Am wahrscheinlichsten helfen folgende Mittel bei diesem Leiden:

■ Mit verengten Pupillen, eitrigen Absonderungen und rheumatischen Beschwerden: *Rhus toxicodendron.*
■ Mit geweiteten Pupillen: *Belladonna, Phosphorus.*
■ Im Frühstadium: *Aconitum napellus.*
■ Augen wolkig-trübe: *Euphrasia.*
■ Blut im Auge: *Hamamelis.*
■ Entzündung mit starkem Ausfluß (katarrhalischer Infekt): *Kalium bichromicum.*
■ Eiter vorhanden (Hochpotenzen verwenden!): *Hepar sulfuris.*
■ Auge insgesamt gerötet: *Cinnabaris.*

Um eine dauerhafte Schädigung der sehr empfindlichen Augenstruktur zu vermeiden, muß man sehr rasch handeln. Bei Verletzung des Augapfels durch Schlag mit einem stumpfen Gegendstand gibt man *Symphytum*.

Augenhöhlenbereich

Eine physikalische Schädigung in diesem Bereich ist potentiell immer gefährlich. Offenbar besitzt *Symphytum* eine besonders gute Wirkung auf jegliche Verletzung infolge eines Schlags mit einem stumpfen Gegenstand, beispielsweise bei einem Hund, der von einem Pferd getreten wurde. Auch *Hamamelis* und *Arnica* sind recht nützlich, wobei *Hamamelis* besonders bei Blutungen ins Auge hinein wirkt. Die Wirkung von *Conium maculatum* zielt hingegen auf Operationswunden im Bereich von Augenhöhle und Auge. Weiterhin sind recht gute Mittel:

■ Stichwunden im Augenbereich: *Ledum*.
■ Zellgewebsentzündung: *Rhus toxicodendron*.
■ Ödemartige Schwellungen: *Apis mellifica*.
■ Wucherungen oder Entzündungen der Knochenhaut (Periostitis): *Kalium jodatum*.

Netzhautablösungen

Entstehen sehr selten als Folge eines Schlags auf den Kopf. Hier kann bevorzugt *Gelsemium* helfen, der Autor hat jedoch noch keine eigenen Erfahrungen mit dieser Kur gemacht. Auch *Naphthalinum* ist hier angezeigt.

Tränenträufeln (Epiphora)

Siehe hierzu »Verstopfung des Tränenkanals« (Seite 71) und »Katzenschnupfen« (Seite 130). Auch folgende Mittel sollen helfen: *Allium cepa*, *Cobaltum*, *Euphrasia*, *Sabadilla*.
Sicherlich hat jeder schon einmal gesehen, daß sein Liebling zu nahe am Feuer oder Ofen hockt. Bei einigen Tiere führt dies zu Augenbeschwerden. Hier helfen dann: *Aconitum napellus*, *Glonoinum*, *Mercurius solubilis* und *Natrium sulfuricum*.

Ohren

Am einfachsten läßt sich dieses Thema in zwei Abschnitten behandeln, zum einen dem Außenohr samt Ohrmuschel, zum anderen dem Mittel- und Innenohr.
Die häufigste Erkrankung befällt den äußeren Gehörgang und wird im Volksmund lapidar als »Ohrwurm« oder »Ohrenzwang« bezeichnet. Da man hierzu das Ohr mit Hilfe eines Ohrenspiegels oder Otoskops untersuchen muß, sollte man auch die Behandlung dem Tierarzt überlassen. Zur Auswahl eines Heilmittels muß man die auslösenden Faktoren oder Verletzung innerhalb des Gehörgangs finden.
Untersuchen Sie Ihr Tier wie gewohnt sehr sorgfältig auf etwaige Fremdkörper oder Haare im Ohr. Schmutz, Verkrustungen und Gewebsreste können mit Hilfe handelsüblicher Pflege- und Reinigungsmittel entfernt sowie Parasiten (siehe

»Ohrmilben«) abgetötet werden. Setzt man diese rein veterinärmedizinischen Maßnahmen als gegeben voraus, können nun die eigentlichen homöopathischen Mitteln folgen.

Äußerer Gehörgang

Ohrmilben

Diese Parasiten müssen entweder mit Hilfe eines handelsüblichen chemischen Mittels oder eines insektiziden Wirkstoffs auf Kräuterbasis vertilgt werden. (Der Erreger, die Milbe *Otodectes cynotis*, wird zwar zu den Spinnentieren gezählt, kann aber trotzdem mit Insektengiften bekämpft werden.) Rötlich-braunes Ohrenschmalz (Cerumen), gelegentlich von Eiter durchsetzt, weist auf vorhandene Ohrmilben hin. Je nach Zusammensetzung des Ausflusses sind *Psorinum* und *Sulfur* gute homöopathische Mittel, die man innerlich verabreicht. Beide unterstützen den Abbau des Ausflusses und schaffen ein Milieu, das für die Milben zu unwirtlich ist, ja, sie können manchmal sogar die Infektion selbst beheben. Auch *Conium maculatum* hilft bei dieser Erkrankung.

Unangenehme Absonderungen und Eiter

Viele Arzneien, die gegen diese Leiden wirken, gehören zu den homöopathischen »Allheilmitteln« (Polychresten) und helfen am besten, wenn man sie als konstitutionelle Mittel dosiert. Hierzu zählen insbesondere: *Arsenicum album* (syn. *Acidum arsenicosum*), *Calcium carbo-*nicum, *Causticum Hahnemanni*, *Graphites* (syn. *Carbo mineralis*), *Hepar sulfuris*, *Kalium bichromicum* (Gehörgang und Drüsen meist angeschwollen), *Kalium carbonicum*, *Kalium sulfuricum*, *Mercurius corrosivus* und *Mercurius solubilis* (Gehörgang entzündet, Geschwüre), *Psorinum*, *Pulsatilla*, *Rhus toxicodendron* und *Sulfur*.

■ Absonderungen riechen nach Fisch: *Sanicula*, *Tellurum*.

Wie auch sonst sollten Sie auf charakteristische Begleitsymptome achten.

Entzündung mit Absonderungen

■ Im Frühstadium der Entzündung: *Aconitum napellus*.
■ Ohr gerötet, heiß und angeschwollen: *Belladonna*.

Auch *Causticum Hahnemanni*, *Conium maculatum*, *Graphites* (syn. *Carbo mineralis*), *Kalium bichromicum*, *Mercurius corrosivus* und *Mercurius solubilis*, *Rhus toxicodendron* und *Sulfur* sind sehr nützliche Mittel.
Setzt die Entzündung plötzlich und sehr heftig im Sommer ein, sollten Sie Graskörner als Ursache vermuten. Sind sie entfernt, wird der Gehörgang mit *Calendula*-Lösung (oder Tinktur) bepinselt, um die Beschwerden zu lindern und die Heilung zu fördern.

Ohrmuschel

Weniger bedeutsam (als bei den Absonderungen) sind folgende Faktoren für die Wahl des Mittels:

■ Bluterguß (Hämatom): *Arnica, Hamamelis.*
■ Schuppige Oberfläche, verschorfte Ohrenspitze: *Tellurum metallicum.*
■ Trockene, schuppige Haut: *Arsenicum album* (syn. *Acidum arsenicosum*).
■ Schmutziges, übelriechendes Ekzem um das Ohr herum: *Psorinum.*
■ Gerötet, trocken, juckt stark, Beschwerden in warmen Räumen stärker: *Sulfur.*

Innen- und Mittelohr

Die Beschwerden äußern sich als Taubheit mit Absonderungen oder als Gleichgewichtsstörungen, wobei der Kopf zur Seite gedreht wird. Gelegentlich zittern auch die Augen (Nystagmus).

Altersbedingte Taubheit

Stellt ein eigenes, sehr hartnäckiges Problem dar, läßt sich aber eventuell mit *Argentum nitricum, Causticum Hahnemanni, Silicea* (syn. *Acidum silicicum*) und *Thiosinaminum* behandeln.

Gleichgewichtsstörungen

Siehe auch Seite 115 f. Hier kann bereits eine ordentliche Behandlung des Außenohrs helfen, beispielsweise durch:

■ Taumeln, Zittern und Schwäche: *Gelsemium.*
■ Tier fällt, wenn es mit dem Kopf schüttelt, meist auf die linke Seite: *Conium maculatum.*
■ Besserung im flachen Liegen: *Cocculus.*
■ Bei Abwärtsbewegungen: *Borax* (syn. *Natrium boracicum*).
■ Fällt meist nach vorne: *Bryonia alba.*
■ Fällt gewöhnlich nach links: *Natrium muriaticum* (syn. *Natrium chloratum*).
■ Fällt meist auf die rechte Seite: *Aconitum napellus, Causticum Hahnemanni.*
■ Dreht sich rechts herum im Kreis: *Causticum Hahnemanni.*
■ Dreht sich links herum im Kreis: *Rhus toxicodendron.*

Taubheit mit Absonderungen

Folgende Mittel können helfen (je nach besonderen und allgemeinen Symptomen): *Agraphis nutans* (vor allem bei Katzen), *Borax (syn. Natrium boracicum), Calcium carbonicum, Kalium chloratum* (syn. *Kalium muriaticum*), *Pulsatilla.*
Gleichgewichtsstörungen als Folge einer Infektion des Mittelohrs oder Innenohrs sind ein guter Hinweis darauf, dem Tier Antibiotika zu verschreiben, um so eine Ausdehnung der Krankheit zu verhindern. Homöopathische Mittel können hier vielleicht nicht schnell genug wirken; wer jedoch auf seine Fähigkeiten baut, kann es selbstverständlich ausschließlich mit der Homöopathie versuchen – er sei jedoch ausdrücklich vor den Risiken gewarnt.

Nase

Niesen

Nase auf Fremdkörper untersuchen. Wenn vorhanden oder vermutet, gibt man so lange Silicea (syn. *Acidum silicicum*), bis die »Eindringlinge« leicht zu packen sind. Sind keine Fremdkörper in der Nase, sollten verabreicht werden:

■ Bei wäßrigen Absonderungen: *Natrium muriaticum (syn. Natrium chloratum), Nux vomica.*
■ Bei Blut: *Acidum nitricum.*
■ Bei juckender Haut, Beschwerden nehmen bei Hitze zu: *Sulfur.*

Schnupfen

■ Reizlose, cremige Absonderungen, können Blut enthalten: *Pulsatilla.*
■ Aggressiv-beißende Absonderungen, Nase verstopft, aber »läuft« trotzdem: *Arsenicum album* (syn. *Acidum arsenicosum*).
■ Verschlechterung während der Nacht und in warmen Räumen: *Nux vomica.*
■ Chronisch: *Calcium carbonicum, Silicea* (syn. *Acidum silicicum*).

Verstopfte Nase

■ Generell: *Silicea* (syn. *Acidum silicicum*).
■ Verkrustete, verstopfte Nase: *Teucrium* (syn. *Marum verum*).
■ Keine Absonderungen, jedoch verstopft, veränderte Stimmlage: *Sticta.*
■ Mit Blutspuren: *Ipecacuanha.*

■ Verschlechterung bei naß-kaltem Wetter: *Rhus toxicodendron.*
■ Gelb-grüne, dicke Absonderungen: *Kalium bichromicum.*
■ Mit Blutungen: *Ferrum phosphoricum, Phosphorus.*

Katzenschnupfen

Da es sich um eine spezielle Erkrankung der Nase handelt, wird sie in diesem Abschnitt behandelt. Behandeln Sie ihn mit dem geeigneten »Simillimum« sowie mit der *Katzenschnupfen*-Nosode (auch *FVR*-Nosode; FVR für *Feline Viral Rhinotracheitis* = virusbedingter Katzenschnupfen). Achten Sie auch darauf, daß die Katze ausreichend Wasser säuft, damit sie nicht austrocknet (dehydriert) (siehe auch Kapitel 11).

■ Bei anschließender Schwäche helfen Aufbaumittel wie: *Acidum phosphoricum, China* (syn. *Cinchona succiruba*), *Ferrum phosphoricum.*

Rissige Haut

■ Wie beispielsweise nach Staupe: *Acidum nitricum.*

Nasenbluten (Epistaxis)

■ Allgemeines Mittel: *Hamamelis.*
■ Plötzlich: *Phosphorus.*
■ Mit Niesen: *Carbo vegetabilis, Acidum nitricum.*
■ Insbesondere nach Verletzungen: *Arnica.*
■ Verstopfte Nase, blutet: *Ipecacuanha.*
■ Mit Erbrechen: *Eupatorium perfoliatum.*

Wunde Stellen

■ An den Nasenrändern: *Acidum nitricum*

Pigmentierungsverlust (besonders bei Hunden)

Hierfür ist definitiv kein Mittel angezeigt. Sie können es mit folgenden Spurenelementen versuchen: *Cobaltum metallicum, Cuprum metallicum, Ferrum metallicum, Manganum metallicum* und *Zincum metallicum*. Hierbei handelt es sich nicht um eine Erkrankung im medizinischen Sinne, vielmehr kann ein Hund hierdurch äußerlich benachteiligt und deswegen, z.B. bei einer Ausstellung, abqualifiziert werden. Einige Algenpräparate wurden hiergegen ebenfalls mit unterschiedlichem Erfolg eingesetzt.

Nebenhöhlen

Gehören funktionell zum Nasenbereich. Alle Erkrankungen der Nebenhöhlen lassen sich daher ähnlich wie Erkrankungen mit Nasensymptomen behandeln.

Maul

Da das Maul gleichzeitig die Öffnung zum Ernährungstrakt und zu den Atemwegen darstellt, können sich hier auch Krankheiten und Symptome beider Systeme niederschlagen. Jedenfalls kann das Maul völlig eingesehen werden und spielt daher eine wichtige Rolle, wenn es gilt, Krankheitssignale zu erkennen.

Geruch aus dem Maul

Dieser kann verschiedene Gründe haben: Nierenleiden, schlechte Zähne, Wurmbefall im Darm, eine ernährungsbedingte Störung im Säure-Basen-Gehalt des Blutes (diabetische Azidose), Tumorbildung, eine Halserkrankung, Verdauungsstörungen oder eine Erkrankung im Maul selbst.

Geschwüre im Maul

Falls sich die Geschwüre an den Übergangstellen von Maul und Gesichtshaut – mit anderen Worten, an den Lippenrändern – befinden, gibt man *Acidum nitricum*.

Scharfrandiges Geschwür oder Basaliom (Ulcus rodens)

Dieses Geschwür findet man um das Maul herum. Nützliche Mittel sind: *Acidum nitricum, Cistus canadensis, Conium maculatum, Mercurius corrosivus* und *Mercurius solubilis* (siehe auch unter »Haut«). Zur äußerlichen (topischen) Behandlung verwendet man *Galium aparine* als Urtinktur (ø) sowie *Calendula*-Lösung. Da diese Geschwüre – ähnlich wie Frieselausschlag (Ekzema miliare) – wohl ebenfalls hormonell beeinflußt werden, sollte man die folgenden Mittel in Betracht ziehen (siehe auch Seite 113 und 159): *Agnus castus, Testosteronum basicum* und *Ustilago maydis*.

Geschwüre

Diese können sich auf Zunge, Gaumen, Zahnfleisch und auf der Wangeninnenseite befinden. Man kann folgende Mittel in Betracht ziehen:

■ Durst, starker Speichelfluß, manchmal Erbrechen und Durchfall, schwammiges Zahnfleisch, manchmal mit Zahnfleischbluten, durch Nierenvergiftung bedingtes Geschwür (urämisches Ulkus): *Mercurius solubilis.*

■ Zahnfleischbluten: *Phosphorus.*

■ Nierenleiden und durch Nierenvergiftung bedingtes Geschwür (urämisches Ulkus): *Kalium muriaticum* (syn. *Kalium chloratum*).

■ Schleimiges Maul: *Hydrastis.*

■ Bläschen wachsen meist zu klar begrenzten Geschwüren aus: *Borax* (syn. *Natrium boracicum*).

■ Weitere Mittel: *Acidum nitricum, Arum triphyllum.*

Wunder Hals
mit starkem Speichelfluß

Wenn ein Tier stark speichelt, so liegt dies entweder daran, daß zuviel Speichel gebildet wird oder das Tier nicht mehr schlucken kann. Bei Schluckbeschwerden sollten Sie bei der Wahl des Mittels einen entzündeten, wunden Hals und Rachen berücksichtigen (siehe auch Seite 103 f.): *Barium carbonicum* (vor allem, wenn die Lymphknoten im Hals angeschwollen sind), *Causticum Hahnemanni, Hepar sulfuris, Mercurius cyanatus, Mercurius solubilis, Phytolacca* und *Silicea* (syn. *Acidum silicicum*).

Verschluß im Hals

Sie sollten an einen »verstopften« Hals denken und geeignete Maßnahmen treffen.

Kiefernsperre (Tetanus)

Hier muß sofort der Tierarzt konsultiert werden (siehe Seite 129 f.)

Fremdkörper im Maul

So kann beispielsweise ein Stöckchen quer sitzen. Sofort geeignete Maßnahmen treffen!

Bildung von zuviel Speichel

Falls zuviel Speichel gebildet wird, können Sie verabreichen : *Baptisia, Hydrophobinum* (syn. *Lyssinum*), *Jaborandi, Mercurius solubilis* und *Pulsatilla.*

Reisekrankheit

Äußert sich oft in langen Sabberfäden (siehe Seite 89), kann aber auch durch einen unangenehmen Geschmack oder einen wählerischen Appetit – besonders bei Katzen – verursacht werden. Dies ist nicht krankhaft.

Bildung von zuwenig Speichel

Verursacht ein trockenes Maul. Dieses Symptom taucht in erster Linie bei Austrocknung (eine ordnungsgemäße Rehydrierung durch Ihren Tierarzt bleibt unerläßlich!) oder bei der Dysautonomie von Katzen (siehe auch Seite 132) auf. Wenn das trockene Maul durch einen Schock verursacht wurde, können *Aconitum napellus* und *Arnica* helfen. Tritt das trockene Maul zusammen mit anderen Krankheiten auf, solten Sie zu Mitteln wie *Apis mellifica, Arsenicum album* (syn. *Acidum arsenicosum*), *Belladonna* oder *Lycopodium* greifen.

**Wunder Hals
mit einem trockenen Maul**

Hierbei sollte man im Gegensatz zu wundem Hals mit starkem Speichelfluß sofort an folgende Mittel denken:

■ Heißer, schmerzhafter, glänzender Hals, verstärkt bei Lärm oder Bewegung, gerötete Augen: *Belladonna*.
■ Will dauernd an die frische Luft, Hals gewaltig angeschwollen und voller Ödeme: *Apis mellifica*.
■ Trockenes Maul, ohne Durstgefühle: *Pulsatilla*.
■ Trockenes Maul, starker Durst: *Arsenicum album* (syn. *Acidum arsenicosum*).

Zahnfleisch

Genau wie das Maul kann auch das Zahnfleisch voller Geschwüre sein. Ursache können Krankheiten vorhanden sein, die im Zusammenhang mit den Zähnen stehen (siehe unten). Empfohlene Mittel sind: *Acidum nitricum, Apis mellifica, Arsenicum album* (syn. *Acidum arsenicosum*), *Kreosotum, Mercurius solubilis, Phosphorus* und *Chamomilla*.
Außerdem gibt es eine bestimmte Art von Bindegewebstumor, die als »Zahnfleischwucherung« (Epulis) bekannt ist. Hierbei kann man *Calcium carbonicum, Calcium fluoricum* oder *Thuja* geben.

Zähne

Zahnstein führt zu schlecht riechendem Maul, Zahnfleischschwund, wackeligen Zähnen, Geschwürsbildung, Zahnabszessen (siehe auch »Wangenabszeß«, Seite 67) und Zahnschmerzen. Die Zähne sollten ordnungsgemäß von einem Veterinär behandelt werden, der lockere und kranke Zähne zieht und auch den Zahnstein entfernt. Vor, während und nach diesem Eingriff sollte *Arnica* verabreicht werden. *Calendula*-Lösung lindert wunde Stellen und dämmt Entzündungen ein. Um zu verhindern, daß neuer Zahnstein entsteht, verabreicht man *Fragaria* in wenigen Gaben jeden zweiten Monat. Das Futter sollte möglichst wenig Kohlenhydrate enthalten und das Gebiß regelmäßig mit einer Maulspülung gesäubert werden. Hierfür gibt es Mundwasser, die auf homöopathische Weise bzw. auf Kräuterbasis hergestellt wurden. Wenn viel Speichel gebildet wird und das Zahnfleisch geschwollen ist, unterstützen Quecksilber-Mittel die Heilung.

Zahnen

Die ersten Zähnchen können auch jungen Hunden große Probleme bereiten. Bei allen Wehwehchen, die durch Zahnen entstehen, ist *Chamomilla* das Mittel der Wahl. Probleme beim Zahnen können sich auf fast alle Bereiche des Körpers ausdehnen, auch auf die Gemütsverfassung. Wenn die Welpen dann wie die Teufel das Mobiliar benagen, verschafft *Chamomilla* manchmal ebenfalls Abhilfe.

Verspätetes Zahnen

In solchen Fällen greift man zu *Calcium carbonicum* und *Calcium phosphoricum*. Treten in diesem Stadium Mängel im Zahnschmelz auf, können Sie *Acidum fluoricum* (syn. *Acidum fluoratum*) oder *Calcium fluoricum* geben.

Verdauungstrakt

Zum Verdauungstrakt zählen Speiseröhre (Ösophagus), Magen, Därme, After (Anus), Leber, Bauchspeicheldrüse (Pankreas) und natürlich der Mund (bzw. das Maul), der bereits besprochen wurde. Auch die Themen Erbrechen und Durchfall (Diarrhö) sind in diesem Abschnitt enthalten.

Speiseröhre (Ösophagus)

Erweiterte Speiseröhre

Findet man bei einigen jungen Welpen sowie bei der Dysautonomie der Katzen (Seite 132). Als Mittel können verwendet werden: *Alumen, Arsenicum album* (syn. *Acidum arsenicosum*), *Plumbum metallicum, Stramonium* und *Veratrum album*.

Magen

Haarballen

Findet man gewöhnlich nur bei Katzen. Haarballen verursachen sehr allgemeine Verdauungsbeschwerden, wie etwa Appetitlosigkeit oder gesteigerten Hunger, gelegentliches Erbrechen, aufgeblähten Bauch und Verhaltensänderungen. Der »Störenfried« kann selbstverständlich operativ entfernt werden, vorzugsweise sollte man der Katze helfen, den Haarballen entweder hochzuwürgen oder zusammen mit dem Kot auszuscheiden. Je nach Symptomen ist eine Behandlung mit *Colchicum, Colocynthis, Gratiola, Nux vomica* und *Raphanus sativus* sinnvoll. Sehr hilfreich ist auch *Ornithogalum* als Urtinktur (ø) in einer 1maligen Dosis.

Fremdkörper

Mit beliebigen anderen Fremdkörpern kann in gleicher Weise verfahren werden.

Tumorbildung

Geschwulste im Magen lassen sich eventuell beheben mit: *Arsenicum album* (syn. *Acidum arsenicosum*), *Hydrastis, Ornithogalum* (als ø) oder *Phosphorus*

Magenverdrehung

Ein chirurgischer Eingriff läßt sich in einigen Fällen vermeiden, wenn man mit *Ornithogalum* (ø) und *Colocynthis* behandelt bzw. mit *Colchicum* in Kombination mit *Aconitum napellus*. Diese Krankheit ist sehr ernst und tritt abrupt auf. Auf alle Fälle sollte ein Tierarzt (Chirurg) aufgesucht werden.

Schluckauf

Besonders oft bei jungen Welpen.

- Mit Aufstoßen: *Nux vomica.*
- Mit Gähnen und nervösen Symptomen: *Ignatia.*
- Mit Gähnen: *Cocculus.*

Beschwerden am Magenausgang (Pförtner)

Die Passage des Speisebreis vom Magen in den Zwölffingerdarm wird durch einen ringförmigen Schließmuskel, den Magenpförtner (Pylorus), geregelt. Eine Magenausgangsverengerung, die durch Verletzung, Operation oder nervös bedingt ist, bewirkt eine funktionelle Blockierung – was bedeutet, daß dieser Magenabschnitt teilweise oder vollständig verschlossen ist. Hier hilft *Staphisagria*, da dieses Mittel speziell auf den Pylorus wirkt, insbesondere nach einer Operation. Desgleichen können auch *Lycopodium, Nux vomica, Ornithogalum* (ø) und *Phosphorus* genommen werden.

Darm

Wurmbefall

- Spulwürmer: *Abrotanum, Cina, Chenopodium, Santoninum.*
- Bandwürmer: *Filix, Granatum.*

Wissenschaftlich konnte noch nicht bewiesen werden, daß diese Mittel den Wirtsorganismus veranlassen, seinen Parasiten abzustoßen. Sollte es z.B. aus Gründen der öffentlichen Hygiene erforderlich sein, daß das Tier entwurmt wird, wäre es sicherlich unklug, sich dabei ausschließlich auf diese Homöopathika zu verlassen, solange noch kein schlüssiger Beweis erbracht wurde. Allerdings wird das Krankheitsbild des Parasitenbefalls ganz ohne Zweifel durch die genannten Mittel gemildert (möglicherweise wird das Gleichgewicht zwischen Parasit und Wirt zugunsten des letzteren ausgeglichen). Sehr wahrscheinlich wirken die genannten Heilpflanzen besser als Wurmkur, wenn man sie in Form herkömmlicher Kräuterpräparate gibt. Besonders dem Knoblauch, *Allium sativum*, wird eine gute entwurmende Wirkung zugeschrieben. Auf diesem Gebiet muß also noch einiges getan werden. Sind die Tiere geschwächt, können *Acidum phosphoricum* und *Lecithinum* als konstitutionelle Mittel verwendet werden.

Darmeinstülpung

Macht gewöhnlich einen chirurgischen Eingriff erforderlich, vor allem bei fortgeschrittenem Leiden, jedoch kann eine »symptomatische« homöopathische Behandlung diesen Zustand vor einer Operation beseitigen. Hierbei kommen zur Anwendung: *Chamomilla, Cina, Colchicum, Mercurius corrosivus, Nux vomica* und *Veratrum album*

Bauchkrämpfe oder Kolik

Bei Bauchschmerzen helfen folgende charakteristische Begleitsymptome, das richtige Mittel zu finden:

■ Gemeinsam mit »Zahnen« bei jungen Tieren: *Chamomilla.*
■ Abdominalschall sehr ausgeprägt: *Colchicum, Raphanus sativus.*
■ Nach Überfressen: *Nux vomica.*
■ Heftige Schmerzen, Rücken gekrümmt und Bauch verkrampft: *Colocynthis.*
■ Starke Reaktion auf Berührung und Geräusche, knirscht mit den Zähnen: *Belladonna, Magnesium phosphoricum, Zincum metallicum.*
■ Abgehende Winde (Blähungen): *Carbo vegetabilis.*
■ Zähneknirschen: *Cina, Plumbum metallicum, Podophyllum.*

Fremdkörper

Hier kann in gleicher Weise wie bei Darmeinstülpung verfahren werden. So wird der Fremdkörper vielleicht über den normalen Verdauungsweg ausgeschieden, wodurch sich eine Operation eventuell von vorneherein erübrigt. Falls die Symptome nicht verschwinden, sollten Sie ohne Umschweife einen Tierarzt konsultieren.

Blähungen

Können von beiden Seiten des Verdauungstraktes herrühren. Nehmen Sie folgende Mittel:

■ Aufgrund zu reichhaltiger, fetter Kost: *Nux vomica.*
■ Aufgrund zu hohen Pflanzenanteils in der Kost: *Carbo vegetabilis.*
■ Weitere Mittel: *Calcium carbonicum, Lycopodium.*

Bruch (Hernie)

Hierunter versteht man den Austritt von Organen der Bauchhöhle (z.B. Darm) durch eine natürliche oder unfallbedingte Öffnung in der Bauchdecke nach außen. Diese Organteile liegen dann unterhalb der Haut. Brüche treten am häufigsten am Nabel, in der Leistengegend und am Damm (Perineum) auf. Sie werden oft durch erhöhten Bauchdruck sowie durch eine angeborene Schwäche der Bauchdecke verursacht.

Geeignete Mittel sind *Nux vomica* oder *Lycopodium*, da sie auf die grundsätzlichen Verdauungsbeschwerden gerichtet sind. In manchen Fällen konnten sie sogar die Beseitigung des Bruchs unterstützen. Bei Brüchen im Dammbereich, die durch zu starkes Pressen beim Koten entstanden sind, kann man *Alumen* und auch wieder *Nux vomica* geben.

Bei Rüden sollte man eventuell auch die Vorsteherdrüse (Prostata) behandeln. *Acidum sulfuricum* ist ein Mittel, das relativ gut auf Leistenbrüche gerichtet ist. Wenn die Hernie eingeschlossen oder abgedrückt ist, können *Belladonna* und *Opium* als erste Hilfe genommen werden.

Bei sämtlichen Formen der Hernien sollte immer ein Tierarzt konsultiert werden.

Erbrechen

Da nach Meinung des Autors das Erbrechen ein potentiell sehr ernstzunehmendes Leiden ist, wird es nicht den Magenkrankheiten zugeordnet, sondern in einem eigenen

Abschnitt untergebracht. Aus zweierlei Gründen kann Erbrechen eine ernste Gefahr darstellen:

1 Ein Verlust an Flüssigkeit und wichtigen Zellbestandteilen (Elektrolyten) kann zum Austrocknen des Körpers (Dehydrierung, Exsikkose) führen. Dies ist äußerst gefährlich, und der Organismus benötigt möglicherweise eine Flüssigkeitstherapie.
2 Erbrechen kann auch Symptom einer anderen schweren Erkrankung sein wie Diabetes, Nierenleiden, Gelbsucht, Parvovirose u.a.m. Auch ein Darmverschluß ist als Ursache denkbar.

Dieses sei als Warnung vorweg gesagt. Selbstverständlich gibt es sehr viele triviale Gründe für Erbrechen, ohne daß man sich gleich sorgen muß – allerdings vorausgesetzt, es dauert nicht lange an. So würgen beispielsweise Fleischfresser normalerweise Nahrung für ihre Jungen hervor, was kein krankhafter Vorgang, sondern Teil ihrer Brutpflege ist. Eine Behandlung ist hier überflüssig.

Am häufigsten kommt Erbrechen im Zusammenhang mit Magenschleimhautentzündung (Gastritis) oder Magen-Darm-Katarrh (Gastroenteritis) vor. Behandeln Sie wie gewöhnlich, das heißt, unter Berücksichtigung der Begleitsymptome und der Beschaffenheit des Erbrochenen.

■ Mund trocken, oftmals Anzeichen einer allergischen Reaktion, will an die frische Luft, kein Durst vorhanden: *Apis mellifica*.

■ Erbrechen und Durchfall gleichzeitig, Mund (meist) trocken, sehr unruhig, gelegentlich Blutspuren im Erbrochenen oder Kot, Erbrochenes enthält (gewöhnlich) klaren weißlichen Schaum: *Arsenicum album* (syn. *Acidum arsenicosum*).

■ Junge Tiere vertragen keine Milch; diese wird oft in käsiger Form erbrochen, Tiere häufig leicht zu erschrecken: *Aethusa*.

■ Häufiges, reflexartiges Erbrechen, ähnlich wie bei einer Parvovirose (siehe Seite 129): *Apomorphinum hydrochloricum*.

■ Erbrechen von grüner Galle, nachdem das Tier in einem Mal sehr viel Wasser gesoffen hat. Gelegentlich Durst auf große Mengen Wasser: *Eupatorium perfoliatum*.

■ Starker Durst, mehrfaches Erbrechen und Saufen im Wechsel. Erbrochenes meist gelblich, Maul sehr feucht, viel Speichel: *Mercurius solubilis*.

■ Starker Durst, wiederholt mehrfaches Erbrechen und Saufen wie bei *Mercurius solubilis*, jedoch heftiger, Erbrochenes meist wäßrigschaumig: *Mercurius corrosivus*

■ Erbrechen bald nach dem Fressen: *Phosphorus*.

■ Erbrechen (meist) mehrere Stunden nach reichhaltiger Kost, Kot bleibt aus oder sehr hart: *Nux vomica*.

■ Erbrechen (meist) mehrere Stunden nach sehr fetter Kost: *Pulsatilla*.

■ Nahrung wird nur ausgewürgt: *Ipecacuanha*.

■ Häufiges, schleimiges Erbrechen, zwischen den Anfällen Schmerzen und starker Brechreiz: *Ipecacuanha*.

■ Sofortiges Erbrechen der Nahrung, Erbrochenes gelegentlich schaumig-gelb: *Veratrum album.*
■ Erbrechen nach einer Operation: *Nux vomica.*

Wenn das Erbrochene an »Kaffeemehl« erinnert, ist auf ein Symptom für Magenblutungen zu schließen, häufig ein Indiz für schwere Erkrankungen, z.B. ein Magengeschwür oder eine Tumorbildung im Magen. Sie können als erste Hilfsmaßnahme *Ornithogalum* (ø) geben. Suchen Sie sofort einen Tierarzt auf.

Reisekrankheit

Kann, braucht aber nicht, von Erbrechen begleitet sein. Gewöhnlich sabbert das Tier in langen Fäden, zieht ein ängstliches oder verstimmtes Gesicht und will sich nicht bewegen. Bei diesem unglücklichen und lästigen Leiden erwies sich *Petroleum* als ein sehr breit anschlagendes Heilmittel. Auch *Borax* (syn. *Natrium boracicum*), *Cocculus* und *Tabacum* können verwendet werden. Es ist für uns vorstellbar, wie elend sich ein Hund oder eine Katze während einer Reise fühlt. Nach Möglichkeit sollte man ihre Qualen nicht zu lange andauern lassen (was ja oft der Fall ist), auch wenn sie nicht ernst sind und ihr Grund ersichtlich ist.

Durchfall (Diarrhö)

Kommt häufiger vor als Erbrechen und ist seltener Symptom einer schweren Krankheit. Dennoch sollte man auch bei der Behandlung von Durchfall die gleichen Warnungen beherzigen, die schon für Erbrechen galten (siehe Seite 86). Die Behandlung erfolgt nach dem gleichen Prinzip, indem die Beschaffenheit des Kots und die Begleitsymptome berücksichtigt werden.

Bei der Auswahl eines Mittels müssen folgende Fragen beachtet werden: Preßt das Tier vor, während oder nach dem Absetzen seines Kots? Kommen Blähungen zusammen mit dem Kot? Hat das Tier Bauchschmerzen? Oder Schmerzen beim Koten? Ist der After wund? Wird der Kot unwillkürlich abgegeben, oder ist das Tier anschließend sichtbar erleichtert? Der letzte Punkt läßt sich leicht abklären, wenn das Tier überall und jederzeit kleine Kothäufchen hinterläßt, ohne daß es körperliche Beschwerden äußert. Hunde und Katzen nehmen es mit der häuslichen Sauberkeit eigentlich sehr genau, und wenn sie es einmal nicht mehr »rechtzeitig bis nach draußen schaffen«, achten sie darauf, ihr »Geschäft« in der Nähe der Tür oder auf einer bestimmten Matte zu erledigen. Hingegen wird unfreiwillig abgegebener Kot wahllos in der ganzen Wohnung verstreut.

■ Breiiger Kot, meist schmerzlos, nicht dringend: *Mercurius solubilis.*
■ Bei schmerzhaftem Stuhldrang sehr kräftiger Durchfall: *Mercurius corrosivus.*
■ Blähungen, Kot wird wahllos »verspritzt«, meist so gewaltig, daß das Tier keine Kontrolle mehr darüber hat, wo und wann der Durchfall eintritt. Kot häufig mit Schleim, oft unfreiwillig: *Aloe.*

■ Schmerzhafter Stuhldrang, Kot blutig oder schleimig, oftmals wäßrig-schaumig, oft gelb; desgleichen schmerzhafter Stuhldrang ohne Kot, meist durch naß-kaltes Wetter hervorgerufen: *Rhus toxicodendron*.

■ Schmerzhafter Stuhldrang, sehr voluminöser Kot, gelegentlich mit Blähungen, Kot kann gelblich und flüssig oder aber weich und locker sein: *Natrium sulfuricum*.

■ Durchfall mit heftigen Koliken, Rücken gekrümmt: *Colocynthis*.

■ Erfolgloses Pressen, Kot von gelartiger Konsistenz: *Colchicum*.

■ Blähkoliken: *Iris versicolor* (wird häufig bei akuten Leiden von Leber und Bauchspeicheldrüse eingesetzt).

■ Wäßriger, grünlicher Durchfall, vor allem bei zahnenden jungen Tieren: *Chamomilla*.

■ Wäßriger, grünlicher Durchfall: *Eupatorium perfoliatum*.

■ Lockerer Durchfallkot, enthält halbfeste Bröckchen: *Antimonium crudum, Calcium carbonicum, Lycopodium, Senecio aureus*.

■ Kot locker, gelb und wird (meistens) ohne Schmerzen abgesetzt, enthält halbfeste Bröckchen: *Acidum phosphoricum*.

■ Bei schwarzem Kot (Teerstuhl): *Crotalus horridus, Leptandra*.

■ Gurgelnde Geräusche (im Bauch), wäßriger, sehr gewaltiger Durchfallkot: *Croton tiglium, Podophyllum*.

■ Kleine, übelriechende Kothäufchen, die unter großen Mühen abgesetzt werden, Kot entweder hart oder kaum ausgebildet, das Koten (Defäkation) selbst bereitet keine Schmerzen, anschließend aber große Abgeschlagenheit: *Phosphorus*.

■ Durchfall von großer Mattigkeit begleitet: *Bryonia alba, Cuprum metallicum, Rhus toxicodendron*.

■ Eiliger »Stuhlgang«, meist unter Panik, gleich seinen Kot abzugeben: *Aloe, Causticum Hahnemanni, Croton tiglium, Lilium tigrinum, Veratrum album*.

■ Kräftigungsmittel nach Durchfall mit großer Mattigkeit: *Acidum phosphoricum, China* (syn. *Cinchona succiruba*).

Wenn ein Durchfall durch andere Faktoren ausgelöst wurde, sollte man diesen die entsprechende Bedeutung zumessen:

■ Starke Angst: *Aconitum napellus*.

■ Allgemeine Nervosität: *Argentum nitricum, Gelsemium*.

■ Verletzung: *Arnica*.

■ Obst im Übermaß gefressen: *Bryonia alba*.

■ Reichhaltige Kost im Übermaß: *Nux vomica*.

■ Zahnen: *Chamomilla*.

■ Naß/ kalt: *Dulcamara, Rhus toxicodendron*.

Verstopfung (Obstipation)

Ausbleibender Kot oder Schwierigkeiten beim Koten können sehr wichtige Symptome sein, um das richtige Mittel zu finden; gelegentlich ist es selbst schon ein ernstes Symptom. Im gleichen Zeitraum, in dem ich dieses Buch geschrieben habe, wurde mir ein Basset mit folgenden Symptomen in die Praxis gebracht: Die Hündin war nach einer

Operation stark »depressiv«, hatte Schmerzen beim Urinieren, konnte nicht koten, erbrach sich unter Qualen (infolge Brechreiz, da die OP-Wunde im Bauch überbeansprucht war) und wirkte insgesamt recht unwohl. Ich entschied mich für *Nux vomica* (wobei die postoperative Verstopfung als Hauptsymptom ausschlaggebend war), und innerhalb von 4 Stunden hatte das Tier mühelos (einen recht harten) Kot abgegeben und erbrach sich nicht mehr. Die Brechnuß (*Nux vomica*) hilft generell bei starkem Pressen, so z.B. bei Entzündung der Vorsteherdrüse (Prostata) mit Dammbruch (perineale Hernie).

■ Kot kann nicht ohne Pressen abgesetzt werden, der Kot ist entweder weich oder hart und trocken: *Alumen*.
■ Stuhlgang voluminös und schmerzhaft, After gerötet (manchmal auch die umliegende Haut; das Tier mag keine Hitze): *Sulfur*.
■ Zögerlicher Kotabgang (bleibt halb im After hängen): *Silicea* (syn. *Acidum silicicum*), *Thuja*.
■ Sehr kalkhaltiger Kot, manchmal nach Verzehr von zuviel Knochen: *Calcium carbonicum*.
■ Verstopfung infolge einer Leberfunktionsstörung: *Sepia*.
■ Verstopfung nach Operation: *Nux vomica*.
■ Dysautonomie: siehe Seite 132.

Herausrutschen der Analschleimhaut (Analprolaps)

Kann zusammen mit Durchfall oder Verstopfung einhergehen. Je nach Begleitsymptomen gibt man: *Aloe*, *Apis mellifica*, *Ignatia*, *Nux vomica*, *Podophyllum*, *Ruta graveolens* und *Sepia*.

■ Blutungen aus dem After: *Acidum nitricum*, *Aesculus*.

Analfurunkel

Hier können helfen : *Calcium sulfuricum*, *Silicea* (syn. *Acidum silicicum*)

Analdrüsen

Probleme mit diesen Drüsen werden im Abschnitt »Haut« behandelt.

Leber und Bauchspeicheldrüse (Pankreas)

Erkrankungen von Leber und Bauchspeicheldrüse sind meist von so ernster Natur, daß man sie ausschließlich in die Hände des Tierarztes legen sollte. Aber auch bei diesen Leiden kann die Homöopathie sehr gut helfen.

Gallenblase

Bei Problemen mit diesem Organ gibt man *Berberis vulgaris*.

Leber

Allgemeine Lebermittel sind *Berberis vulgaris*, *Chelidonium* und *Lycopodium* (siehe auch Hepatitis, Seite 129).

■ Bei Schmerzen im Leberbereich: *Aesculus*, *Chionanthus virginica*, *Phosphorus*, *Sepia*.

■ Bei Gelbsucht: *Aesculus*, *Carduus marianus*, *Chelidonium*, *Hydrastis*, *Mercurius solubilis* und *Phosphorus* in Erwägung.
■ Wenn die Leber durch zuviel reichhaltige Kost überbelastet ist, hilft *Nux vomica*.

Bauchspeicheldrüse (Pankreas)

Bei der erkrankten Bauchspeicheldrüse können zwei Funktionen gestört sein, nämlich die Bildung von Verdauungsenzymen und die hormonelle Funktion (z.B. Insulin).

■ Liegt eine mangelhafte Bildung von Verdauungsenzymen vor, können Fett und Proteine im Darm nur unzureichend verdaut werden, dies führt zu meist gelblichem Durchfall. *Chionanthus virginica* und *Senecio* sind geeignete Mittel. Als gute Kost bieten sich Kutteln an, da sie eine natürliche Nahrung für Hunde sind.
■ Eine mangelhafte Insulinbildung im Pankreas führt zu Diabetes mellitus, der eine Störung des Glukosestoffwechsels in Zellgewebe und Blut darstellt. Daher findet sich auch Zucker (Glukose) im Harn. Folgende Mittel schwächen die Symptome und reduzieren die Glukoseausscheidung mit dem Harn: *Acidum phosphoricum*, *Insulinum* (in tiefen Potenzen), *Iris versicolor*, *Syzigium jambolanum* und *Uranium nitricum*.
■ Der Pankreas kann sich auch akut entzünden, diese Pankreatitis wird entsprechend ihren Symptomen behandelt. Dieses sehr ernste Leiden birgt einige Komplikationen, als Mittel können helfen: *Atropinum*, *Iris versicolor* und *Phosphorus*.

Harnbildende Organe

Die Erkrankungen der harnbildenden Organe, die hauptsächlich Giftstoffe und »Abfallprodukte« des Stoffwechsels aus dem Organismus entfernen, sind potentiell sehr gefährlich. Sie sollten daher immer tierärztlich behandelt werden. Im folgenden Abschnitt werden nur die homöopathischen Behandlungsweisen erläutert, nicht aber die außerordentlich wichtigen pflegerischen Aspekte.
Häufigste Krankheiten sind Nierenentzündung (Nephritis) und Harnblasenreizung (Zystitis). Typische Anzeichen einer Blasenreizung sind häufiger Harndrang, der aber nur in kleinen Mengen abgesetzt wird, schmerzhafter Stuhldrang, Schmerzen und gelegentlich Blut im Urin. Verwechseln Sie dies nicht mit einer Harnwegsverstopfung, obwohl die Symptome ähnlich sind. Bei einer Blasenreizung ist die Harnblase leer, bei verstopftem Harnleiter hingegen voll. Ein Unterscheidungsfehler kann hierbei fatale Folgen haben, so daß sich alle Kleintierbesitzer besser an einen Veterinärmediziner wenden sollten. Gelegentlich können sich Prostatabeschwerden bei Rüden auch als Harnweg-Symptome äußern, sie müssen aber hiervon klar getrennt werden (siehe auch den Abschnitt »Geschlechtsorgane von Männchen«).

Blasenentzündung (Zystitis)

■ Brennender Schmerz, häufiger Versuch, die Blase zu entleeren, blutiger Urin: *Cantharis.*

■ Ähnlich wie voriges, jedoch seltener angezeigt: *Mercurius corrosivus*

■ Überdehnung der Blase als Ursache der Zystitis: *Causticum Hahnemanni.*

■ Auch Nerven und Muskeln sind betroffen (z.B. nach einer Operation): *Nux vomica.*

■ Reichlich Sediment im Urin: *Chimaphila umbellata.*

■ Schmerzhafter Harndrang, Urin kann – gelegentlich – nicht gehalten werden (Inkontinenz), starkes Pressen beim Wasserlassen, nachher oft Blut im Harn (Hämaturie): *Equisetum arvense.*

Bluthaltiger Urin ist zwar meist Symptom einer Harnwegserkrankung, braucht es jedoch nicht unbedingt zu sein. Eine gestörte Blutgerinnung oder eine Nierenverletzung können gleichfalls Blutspuren im Harn erscheinen lassen. Im letzteren Fall behandelt man mit *Arnica*, bei gestörter Blutgerinnung – wie z.B. nach einer Vergiftung mit dem Rattengift Warfarin – sehe man im Abschnitt »Blut und Herz-Kreislauf-System« nach.

Harnsteine (Urolithen)

Können Auslöser oder Folge einer Zystitis sein und manchmal viel Schaden anrichten. Harnsteine können die Harnwege an allen Stellen blockieren, beim Rüden geschieht dies aber meist in der Höhe des Penisknochens (Os penis). Große Steine können bei Rüden wie Hündinnen den Blasenhals und bei Katzen, vor allem bei Katern, die Harnröhre verstopfen. Hunde werden routinemäßig mit *Calcium carbonicum, Calcium phosphoricum* und *Lycopodium* behandelt. Auch *Acidum benzoicum, Berberis vulgaris* und *Pareira* sind sehr wirksame Mittel. Pfropfenartige Grießkonkremente bei Katern sprechen gut auf *Sarsaparilla* und *Capsella bursa-pastoris* an.

Falls die Verstopfung (Obstruktion) infolge einer Verletzung und anschließender Ödembildung entstanden ist, gibt man *Arnica* und *Apis mellifica.*

Nierenentzündung (Nephritis)

Läßt sich im fortgeschrittenen Stadium nur sehr schwierig behandeln. In der Anfangsphase spricht das Leiden jedoch gut auf Mittel wie *Ammonium carbonicum, Arsenicum album* (syn. *Acidum arsenicosum*), *Baptisia, Berberis vulgaris, Kalium chloratum* (syn. *Kalium muriaticum*), *Mercurius solubilis, Natrium muriaticum* (syn. *Natrium chloratum*), *Plumbum metallicum, Phosphorus* und *Urtica urens* an.

Viele Nierenerkrankungen sind sehr gravierend, so daß man zur Sicherung des Heilerfolgs notwendigerweise die unterschiedlichen Symptome, die mit den einzelnen Mitteln assoziiert sind, kennen muß. Da es den Rahmen dieses Buches sprengen würde, diese alle zu behandeln, seien Sie an dieser Stelle auf umfassendere Arzneimittellehre-Bücher verwiesen, wo Sie die Details nachlesen können. Einige Einzelangaben finden Sie in Kapitel 17, wo Sie unter passenden Begleitsymptomen auswählen können. Generell sollten Sie bei einer Nephritis den Tierarzt konsultieren.

Unkontrollierter Urinabgang (Harninkontinenz)

Kann infolge einer Zystitis auftreten (siehe Seite 92), aber auch altersbedingt sein oder nach einer Entfernung von Eierstöcken und Gebärmutter eintreten. Bezüglich der Nachbehandlung dieser Operation konnte ich keine gute Erfolgsquote feststellen – vielleicht lag es daran, daß die Weibchen nicht mehr »normal« reagierten. Einen Versuch mit folgenden Mitteln ist es jedoch immer wert: *Calcium fluoricum, Causticum Hahnemanni, Nux vomica, Silicea (syn. Acidum silicicum), Staphisagria* und *Thiosinaminum* (siehe Seite 101).

■ Unter Berücksichtigung des hormonellen Aspekts: *Stilböstrol* (ein künstliches Hormon, dem Östrogen verwandt) in tiefen Potenzen, *Sepia* und *Ustilago maydis*.
■ Bei altersbedingter Harninkontinenz: *Agnus castus, Causticum Hahnemanni, Damiana* und *Thiosinaminum*.

Geschlechtsorgane der Männchen

Hypersexualität

In der chirurgischen Praxis ist das Hauptproblem, das man mit männlichen Tieren hat, erstaunlicherweise eine Verhaltensweise, nämlich ein zu starker Geschlechtstrieb (Hypersexualität). Junge Rüden, die etwa 1½ bis 2 Jahre alt sind, werden plötzlich unberechenbar, gereizt, leicht unzuverlässig, geraten völlig außer Rand und Band und »markieren« ihr Revier – sogar innerhalb des Hauses. Hieraus können irgendwann Prostatabeschwerden, Blasenreizung und eine einklemmende Vorhaut (Paraphimose oder Spanischer Kragen) entstehen. Manchmal kommt es auch zu Unfällen, weil die Hunde in ihrem »Liebesrausch« vor ein Auto gelaufen oder beim Überspringen eines Zauns hängengeblieben sind. Der Rüde wird generell ungesellig (auch Menschen gegenüber), manchmal sogar feindselig. Es können Verletzungen auftauchen, die ihm von anderen Hundebesitzern oder Nachbarn beigefügt wurden. Vielfach kann *Gelsemium* helfen, aber auch *Phosphorus, Tarantula hispanica* und *Zincum metallicum*.

Schwächung

Wenn der Hund aktivitätsbedingt erschöpft ist, gibt man *Acidum picrinicum* und *Conium maculatum*. Je nach »Hunde-Typus« auch *Pulsatilla* und *Sepia*, auch wenn dies vor allem Mittel für Weibchen sind.

93

Krämpfe und Speichelfluß

■ Wenn bei starker Erregung Krämpfe bei ergiebigem Speichelfluß eintreten: *Chamomilla, Gelsemium, Hydrophobinum* (syn. *Lyssinum*), *Ignatia, Nux vomica* oder *Zincum metallicum.*

Einklemmende Vorhaut (Paraphimose)

Bei einer Dauererektion kann das Glied durch die Vorhaut eventuell abgeschnürt werden. Hier können *Acidum picrinicum, Jacaranda* und *Selenium* nützlich sein.

Beschwerden der Vorsteherdrüse (Prostata)

Diese Probleme sind häufig; bei jüngeren Rüden können sie aufgrund der Hypersexualität auftreten, bei alten Rüden erscheinen sie offenbar aus keinem sichtbaren Grund.

■ Hilft besonders bei alten Rüden: *Agnus castus, Conium maculatum, Ferrum picrinicum, Pulsatilla, Sabal serrulata, Selenium.*
■ Zusätzlich Schwierigkeiten beim Koten: *Nux vomica, Thuja.*
■ Zusätzlich Schwierigkeiten beim Urinieren: *Cantharis, Mercurius corrosivus.*
■ Mit Blut in den Ausscheidungen: *Acidum nitricum, Ipecacuanha.*
■ Hilft besonders jungen Hunden: *Sabal serrulata, Staphisagria.*
■ Ebenfalls gut bei jungen Hunden mit sporadischen, dünnen Urinstrahlen, oftmals mit Hautproblemen: *Clematis.*

■ Gleichfalls gut bei jungen, besonders oft untergewichtigen Hunden; Urin fließt in langsamem Strahl: *Barium carbonicum.*

Penis- und Vorhautentzündungen

Kommen häufig vor und sollten entsprechend ihren Symptomen mit u.a. folgenden Mitteln behandelt werden: *Belladonna, Hepar sulfuris* und *Mercurius solubilis.* (Häufig helfen Aufgüsse aus *Calendula*-Lösung sehr gut. Daher sollte man sie bei einer äußerlichen Behandlung nicht vergessen.)

Entzündete oder geschwollene Hoden

Kommen seltener vor und können je nach Ursache und Erscheinungsbild folgendermaßen behandelt werden:

■ Bei Verletzungen: *Arnica, Bellis perennis.*
■ Bei akuter Entzündung: *Aconitum napellus, Belladonna, Pulsatilla, Rhododendron.*
■ Bei verhärteten Hoden, die kleiner als gewöhnlich sind (meist bei älteren Hunden): *Agnus castus, Clematis, Conium maculatum, Jodum.*

Fehlende, verborgene oder nicht sichtbare Hoden

Dies kommt selten vor; in einem solchen Fall gibt man: *Barium carbonicum, Calcium carbonicum, Clematis, Testosteronum basicum* (nicht so häufig) und *Thyreoidinum.*

Abnehmendes Zeugungsvermögen

Findet man meistens bei Zuchtrüden, jedoch eher selten.

■ Allgemein helfen: *Acidum phosphoricum*, *Agnus castus*, *Conium maculatum*, *Lycopodium*, *Sabal serrulata*, *Selenium* und *Testosteronum basicum* (in tiefen Potenzen).
■ Bei ausgefahrenem Glied, jedoch ohne Geschlechtstrieb: *Yohimbinum hydrochloricum*.

Kastrierte Rüden und Kater

Bei beiden Tiergruppen gibt es eigene Probleme.

Hunde

Vorrangig haben die Tiere Probleme mit Übergewicht, sie haben seitlichen Haarausfall an beiden Körperseiten. Zunächst sollte man *Testosteronum basicum* (in tiefen Potenzen) und *Agnus castus* verabreichen. Falls die Tiere zu korpulent werden, sollte man weniger Futter geben. (Siehe auch die Punkte »Fettleibigkeit«, Seite 126, und »Probleme weiblicher Tiere nach Totaloperation« Seite 101.)
Gegen Haarausfall kann man (außer *Testosteronum basicum*) auch noch *Thallium aceticum*, *Thyreoidinum* und *Ustilago maydis* geben.

Katzen

Hautprobleme spielen bei Katzen eine besonders wichtige Rolle, vor allem der Frieselausschlag (Ekzema miliare). Hier helfen nicht nur *Luteinum* (syn. *Progesteronum*) und *Testosteronum basicum* (in tiefen Potenzen), sondern auch *Pulex irritans* (homöopathisch aufbereitete Flöhe), was manchmal einen durchschlagenden Erfolg bringt. Verletzungen sind weitere Leitsymptome, die bei der Wahl des richtigen Mittels helfen. Beispielsweise wurden folgende Mittel unterschiedlich erfolgreich verwendet: *Acidum muriaticum* (syn. *Acidum hydrochloricum*), *Antimonium crudum*, *Antimonium tartaricum*, *Arsenicum album* (syn. *Acidum arsenicosum*), *Cicuta virosa*, *Dulcamara*, *Graphites* (syn. *Carbo mineralis*), *Lycopodium*, *Mezereum*, *Natrium muriaticum* (syn. *Natrium chloratum*), *Phosphorus*, *Rhus toxicodendron*, *Sulfur*, *Thallium aceticum* und *Zincum metallicum*. Denken Sie auch an konstitutionelle Mittel (siehe hierzu Seite 151)!
Generell läßt sich sagen, daß sich sämtliche Probleme, die nach Sterilisation von Hunden oder Katzen beiderlei Geschlechts auftauchen, offenbar nur schwer homöopathisch behandeln lassen, manche treten sogar dauernd immer wieder auf. Hier könnte man die Hypothese aufstellen, das erkrankte Tier sei nicht mehr »normal« – mit anderen Worten, Homöopathie wirke am besten bei »normalen« Hunden und Katzen.

Geschlechtsorgane der Weibchen

Unter dieser Überschrift werden alle Leiden zusammengefaßt, die Eierstöcke, Gebärmutter, Milchdrüsen, Unfruchtbarkeits- und Trächtigkeitsprobleme, Geburt, Mutterschaft und schließlich die Stillzeit betreffen. Da Säugetierweibchen bei der Aufrechterhaltung des Lebens eine weitaus wichtigere Rolle spielen als ihre Männchen, sollen hier mehr Themen abgehandelt und mehr Informationen gegeben werden als im entsprechenden »Männchen«-Abschnitt. Weiterhin gibt es mehr Probleme bei Hündinnen als bei weiblichen Katzen.

Eierstöcke, Zyklus der Weibchen, Unfruchtbarkeit, Verhaltensstörungen im Zusammenhang mit dem Zyklus

Folgende Mittel wirken gezielt auf die Eierstöcke und daran gekoppelte Verhaltensmuster sowie gegen Unfruchtbarkeit:

■ *Sepia*: Für die launische, verdrießliche, übervorsichtige, gelegentlich auch bösartige Hündin. Diese Beschreibung paßt auf das häufig vorkommende Bild einer scheinträchtigen Hündin und sollte dementsprechend behandelt werden.

■ *Pulsatilla*: Wird im ähnlichen Zusammenhang wie *Sepia* gegeben, jedoch eher bei Hündinnen vom gewinnenden, bereitwilligeren und sonnigen Typ. Bei diesen Tieren schwanken Gemüt und Appetit recht stark, und von Natur aus sind sie oft scheu. Charakteristisch für *Pulsatilla* ist der Wankelmut, der wie ein Glöckcken (*Pulsatilla*, zu deutsch Küchenschelle) hin und herschwankt; in diesem Zusammenhang zeigen sich viele unterschiedliche Merkmale. Nach dem Östrus (Brunst, Hitze, Rolligkeit) tropft ein rahmiger Ausfluß aus der Vulva des Tieres.

■ *Platinum*: Für die überhebliche, von allem losgelöst erscheinende Hündin, deren Gemüt oft stark überspannt wirkt.

■ *Lachesis*: Wirkt sehr ähnlich wie *Sepia*, vornehmlich im Rachenraum und auf die linke Körperhälfte. Auffällige Symptome dieser Hündin sind Eifersucht und Mißtrauen. Während ihrer Hitze blutet sie oft viel dunkles Blut, die Milchdrüsen können leicht violett verfärbt sein.

■ *Jodum*: Trägt häufig, vor allem bei dünneren Tieren dazu bei, daß die Hündin tatsächlich »heiß« wird – besonders bei unterdrücktem Östrus.

■ *Palladium*: Wirkt besonders bei den Tieren, die sich wie verrückt gebärden, wenn sie mit »Frauchen oder Herrchen Gassi gehen« sollen, jedoch sich selbst überlassen völlig apathisch werden. Wirkt besonders auf die rechte Körperhälfte.

■ *Lilium tigrinum*: Paßt auf die überängstliche, gemütsverstimmte Hündin, die ständig voller Unruhe ist. Ihr Gang wirkt häufig rheumatisch.

■ *Murex*: Ist eher ein Mittel für Katzen als für Hündinnen, insbesondere, wenn das Tier dauernd nach einem Kater schreit. Die Katze ist immer sehr lebhaft, nervös und anschmiegsam. In diesem Zusammenhang sollten auch Mittel wie *Bounafa* (syn. *Ferula glauka*), *Gratiola* und *Origanum vulgare* erwähnt werden.

In diesem Abschnitt werde ich mich mehrmals auf diese konstitutionellen Mittel beziehen, die überwiegend bei weiblichen Tieren wirken. Schlagen Sie also wieder auf diesen Seiten nach, wenn Sie die Indikation für den Einsatz eines Mittels abklären wollen (siehe auch Kapitel 17).

Scheinträchtigkeit

Hierzu kommt es oft, nachdem die »Hitze« einer Hündin abgeklungen ist. Eine Scheinträchtigkeit kann, braucht aber nicht immer der Fall zu sein. Die Symptome sind sehr mannigfaltig. Entweder sind sie gar nicht erkennbar, oder aber sie ahmen den kompletten Trächtigkeitszustand von der Empfängnis bis zur Geburt nach, wobei sogar die Milchdrüsen anschwellen und Milch bilden können. Wenn Symptome vorhanden sind, gebärden sich die Hündinnnen in der Regel launisch, und ihre Milchbildung ist sehr variabel. Häufig wird ein »Geburtslager« gebaut, das von der Hündin bewacht wird. Je nach Veranlagung der Hündin helfen *Sepia* oder *Pulsatilla*. Um die Entleerung und »Eintrocknung« der Milch zu unterstützen, sollten Sie nicht die Zitzen massieren, sondern Mittel wie *Bryonia alba*, *Calcium carbonicum*, *Cyclamen*, *Pulsatilla* und *Urtica urens* geben (letzteres in tiefer Potenz).

Pyometra (Eiteransammlung in der Gebärmutter)

Ebenso kann es vorkommen, daß die Hündin nach Abklingen der »Hitze«, meist nach etwa sechs Wochen, an krankhaftem Durst leidet und sehr »blaß« wird. Gelegentlich kommt es zu Scheidenausfluß. Dies sind typische Symptome für eine Pyometra, einer außerordentlich ernstzunehmenden Krankheit, die häufig zu einer Totaloperation (das heißt, Entfernung von Eierstöcken und Gebärmutter) führt. In besonders gravierenden Fällen kann es zu Vergiftungserscheinungen, Austrocknen (Dehydrieren), schweren Nierenschäden und sogar zum Tod der Hündin kommen.

Eine homöopathische Behandlung kann im Frühstadium außerordentlich gut anschlagen, jedoch sollte immer ein Tierarzt aufgesucht werden. Mittel wie *Aletris farinosa*, *Caulophyllum*, *Pulsatilla*, *Sabina* und *Sepia* – sowie *Echinacea* bei Symptomen wie Vergiftungserscheinungen und Erbrechen – wurden mit unterschiedlichem Erfolg eingesetzt; mal war dieser hundertprozentig, mal konnte ein chirurgischer Eingriff nicht umgangen werden. Viel hängt davon ab, wie rasch die Krankheit vor Therapiebeginn eingesetzt hat, bzw. wie schwer sie war, oder wie lange sie schon bestand. Bei dieser Krankheit ist *Pulsatilla* nicht sehr geeignet, da typische *Pulsatilla*-Hunde nur selten starken Durst haben.

Probleme während der Schwangerschaft sowie während und unmittelbar nach der Geburt

Dieser Abschnitt bezieht sich überwiegend eher auf Hündinnen als auf weibliche Katzen, obwohl die Mittel bei beiden wirken. Jedoch verlangt eine Hündin offenbar während dieser Zeit mehr Aufmerksamkeit als eine Katze. Man sollte sich noch einmal bewußt machen, daß bei jeder Schwangerschaft – ganz gleich, ob es sich um Menschen, Hunde, Katzen oder andere Lebewesen handelt – Mutter und Kind durch Ernährung, Medikamente, Impfungen usw. gleichermaßen betroffen werden. In diesem Fall ist die Homöopathie der herkömmlichen Medizin überlegen ist (siehe auch Kapitel 14 »Homöopathie als Krankheitsvorbeugung«). Während dieser Periode, in der das Tier außerordentlich anfällig ist, sollte man daher Impfungen vermeiden und auf jegliche Medikamente verzichten.

Schwangerschaften verlaufen bei Hunden und Katzen meist problemlos ab, jedoch sollte man immer gegen Ende der Trächtigkeit *Caulophyllum* (3mal wöchentlich in den letzten beiden Wochen) verabreichen, um den nahenden Geburtsprozeß zu erleichtern. Bei drohender Fehlgeburt (Abort) gilt *Viburnum* als gutes Mittel, zur Abortverhütung lassen sich aber auch Nosoden aus Erregern potentieller Infektionskrankheiten (während der Schwangerschaft) verwenden. Wenn ein Tier mehrfach eine Fehlgeburt hat-

te, kann erfahrungsgemäß *Cobaltum nitricum* erfolgreich verwendet werden, während *Kalium carbonicum* der Entkräftung im Anschluß an einen Abort entgegenwirkt.

Während der eigentlichen Geburt ist wiederum *Caulophyllum* angezeigt, aber auch *Calcium phosphoricum*, das den Spannungszustand (Tonus) der Gebärmutter verstärkt. Beide Mittel können sämtliche Komplikationen in dieser Phase drastisch beeinflussen. *Pulsatilla* und *Sepia* werden gegen Gemütsschwankungen und ähnliche Probleme eingesetzt. *Gossypium herbaceum* und *Secale cornutum* können sehr nützlich sein, wenn eine Hündin einen großen Wurf Welpen geboren hat und anschließend aufgezehrt ist (hier kann auch *Cuprum aceticum* gegeben werden).

Sollte trotz all dieser Bemühungen ein Kaiserschnitt erforderlich werden, können *Arnica*, *Secale cornutum* und *Staphisagria* nach dem Eingriff zur Unterstützung verabreicht werden (siehe auch »Komplikationen nach Operation«, Seite 124).

Wenn die Geburt für das Muttertier wie ein Schock (traumatisch) verlaufen ist, sollte man immer *Bellis perennis* geben, während *Apis mellifica* verabreicht wird, wenn die Hündin infolge von Ödembildung nur erschwert Urin lassen kann. Auch den Nachwuchs sollte man nicht vergessen: Von besonders großem Wert ist hier *Arnica*, jedoch sind bei Bedarf auch *Barium carbonicum*, *Helleborus*, *Hypericum*, *Laurocerasus* und *Natrium sulfuricum* nützliche Mittel (siehe auch Kapitel 17, »Materia medica«, sowie »Verletzungen«, Seite 126 f.). Gelegentlich leiden Mutter und Jungtiere an den Folgen des bei der Geburt verwendeten Betäubungsmittels; in diesem Fall können Opium sowie das jeweilige Narkotikum – in homöopathisch aufbereiteter Weise – Abhilfe verschaffen. Falls ein Kätzchen oder Welpe kalt und zusammengebrochen ist, sollte *Carbo vegetabilis* gegeben werden (siehe auch »Schwache Welpen«, Seite 141).

Im Anschluß an die Geburt fördert *Caulophyllum* die Rückbildung der Gebärmutter sowie das Austreiben von Zell- und Membranresten.

Nachgeburtsblutungen

Diese stellen bei Hund und Katze kein sonderliches Problem dar und können im Bedarfsfall – je nach Art der Blutung (siehe hierzu unter »Blutungen«, Seite 122, und in den »Materia medica«) – mit folgenden Mitteln behandelt werden: *Acidum nitricum*, *Aconitum napellus*, *Aletris farinosa*, *Capsella bursa-pastoris*, *Crocus*, *Crotalus horridus*, *Ferrum metallicum*, *Hamamelis*, *Ipecacuanha*, *Lachesis*, *Sabina*, *Secale cornutum*, *Ustilago maydis*.

Zurückhalten der Nachgeburt

Ein ebenfalls seltenes Leiden, wogegen man folgendes gibt: *Caulophyllum*, *Lilium tigrinum*, *Pulsatilla*, *Sabina*, *Sepia* und *Ustilago maydis*. Denken Sie auch an konstitutionelle Mittel!

Bei Blutvergiftung (Toxämie) sollte man zu *Echinacea* und *Pyrogenium* greifen.

Fehlender Mutterinstinkt

Wenn die Mutterinstinkte eines Tieres nicht einsetzen oder die Jungen abgelehnt werden, kann man folgende Mittel verabreichen: *Lachesis*, *Lilium tigrinum*, *Platinum*, *Pulsatilla* und *Sepia*.

Sämtliche Mittel wurden entsprechend den Regeln der Homöopathie ausgewählt und dann erfolgreich eingesetzt (siehe Seite 96 f.).

Unzureichende Milchbildung

Viel häufiger kommt es vor, daß für Kätzchen und Welpen zuwenig Milch gebildet wird. In diesem Fall gibt man: *Calcium carbonicum*, *Calcium phosphoricum*, *Lecithinum*, *Medusa* und *Urtica urens* (letzteres als Hochpotenz).

Conium maculatum, *Jodum* und *Sabal serrulata* kräftigen eine unterentwickelte Milchdrüse.

Einige Tage nach der Geburt können mehrere Krankheiten auftreten.

Laktationstetanie (Eklampsie)

In seltenen Fällen kann es zu einer solchen Störung des Kalziumstoffwechsels kommen, deren sehr mannigfaltige Symptome von Unruhe bis zum Zusammenbruch (Kollaps) unter Krämpfen reichen. Das Tier atmet oder hechelt für gewöhnlich sehr stark. In erster Linie sind *Calcium phosphoricum* und *Magnesium phosphoricum* die geeignetsten Mittel, je nach Symptomen kann man aber auch *Arsenicum album* (syn. *Acidum arsenicosum*), *Belladonna*, *Cicuta virosa*, *Hyoscyamus*, *Ignatia*,

Lilium tigrinum, *Stramonium* und *Zincum metallicum* geben. Wenn das Tier sehr stark blau anläuft (Blausucht oder Zyanose), kann man zu *Acidum hydrocyanicum* (syn. *Acidum zooticum*) greifen. Sollten die Symptome weiter andauern, muß der Tierarzt der Hündin unbedingt eine Kalzium-Spritze (i.v.) geben, weil das Tier anderfalls sterben kann. Vorbeugend gegen Eklampsie kann man vor der Geburt *Calcium phosphoricum* verabreichen.

Entzündung des Gesäuges (Mastitis)

Eine Mastitis kann bald nach der Geburt oder nach der Entwöhnung der Jungen entstehen. Je nach Symptomen gibt man: *Apis mellifica*, *Belladonna*, *Bryonia alba*, *Phytolacca* und *Urtica urens*. Im Ausland werden manche dieser Mittel als Kombinationspräparate angeboten. Diese Vorsichtsmaßnahme soll das Risiko mindern, daß das Mittel aufgrund unvollständiger Abklärung der Symptome versagt. Gleichzeitig wird eine hohe Erfolgsrate bescheinigt. Jedoch sollte auch hier wieder generell ein Tierarzt konsultiert werden.

Gebärmutterentzündung (Metritis)

Diese (vermutlich infektionsbedingte) Entzündung der Gebärmutter tritt meist unmittelbar nach der Geburt auf und ist anhand einer Absonderung aus der Vulva erkennbar. Je nach körperlicher Verfassung der Mutter und Beschaffenheit des Ausflusses sollte man folgende Mittel in Erwägung ziehen: *Caulophyllum*, *Pulsatilla*, *Sabina*, *Secale cornutum*, *Sepia* und *Ustilago maydis*.
Ferner sollten bei Erscheinung einer Blutvergiftung (Septikämie, Toxämie) in Erwägung gezogen werden: *Baptisia*, *Echinacea* und *Pyrogenium*.

Brustwarzen

Diese können manchmal wund oder rissig sein, weil sie von den Welpen bzw. Kätzchen beim Saugen arg strapaziert wurden. Geben Sie dem Muttertier *Graphites* (syn. *Carbo mineralis*) oral (also über das Maul), und behandeln Sie die Brustwarzen mit *Calendula*-Lösung.
Nach innen gekehrte Brustwarzen lassen sich gut mit *Sarsaparilla* oder *Silicea* (syn. *Acidum silicicum*) behandeln. Diese Mittel verabreicht man in wenigen Gaben am besten gegen Ende der Schwangerschaft oder besser noch vor der Paarung, falls das Problem dann schon erkannt wurde.

Entwöhnung

Wenn Welpen oder Kätzchen entwöhnt werden sollen, kann die Mutter oft zuviel Milch produzieren, und das Gesäuge schwillt stark an. *Cyclamen* und *Urtica urens* (in tiefen Potenzen) können den Milchfluß eindämmen. Denken Sie jedoch immer daran, daß diese Drüsenschwellung auch zu einer Entzündung des Gesäuges (Mastitis) führen kann; daher sollten Sie zusätzlich *Conium maculatum* verabreichen. Gemütsschwankungen, die während der Entwöhnung enstehen, können mit *Ignatia* beseitigt werden (siehe auch »Säugeperiode«, Seite 141f.), während *Calcium carbonicum*, *China* (syn. *Cinchona succiruba*), *Kalium carbonicum* oder *Lecithinum* bewirken, daß der Körper der Mutter wieder zu Kräften kommt.

Gesäugetumoren

Solche Geschwulste können bei älteren Hündinnen und Katzen vorkommen, ganz gleich, ob sie jemals geworfen hatten oder nicht. Die Homöopathie erhebt nicht den Anspruch, Tumoren vollständig kurieren zu können, jedoch ist sie in einigen Fällen durchaus in der Lage, diese Wucherungen einzudämmen und hin und wieder auch abheilen zu lassen. Folgende Mittel gelten dabei als besonders wirksam: *Arsenicum album* (syn. *Acidum arsenicosum*), *Asterias rubens*, *Calcium fluoricum*, *Calcium jodatum*, *Chimaphila umbellata*, *Conium maculatum*, *Hydrastis*, *Phosphorus* und *Phytolacca*.

Kommt es zu Vereiterungen, gibt man *Phosphorus*, und wenn sich Geschwüre ausbilden, greift man zu *Asterias rubens*. Auch auf konstitutionelle Mittel und die richtige Ernährung sollte geachtet werden.

Probleme weiblicher Tiere nach Totaloperation

Hierzu gehören der Frieselausschlag (Ekzema miliare) bei weiblichen Katzen (siehe Seite 95, zur Therapie verwendet man *Luteinum* [syn. *Progestosteronum*] und *Folliculinum* (Follikelhormon) in tiefen Potenzen), während Hündinnen zu Übergewicht und Harninkontinenz neigen. Fettleibigkeit sollte auf den Einsatz von *Calcium carbonicum* oder *Pulsa-*

tilla verweisen. Wenn es jedoch gleichzeitig zu Problemen mit der Haut kommt, sollten *Graphites* (syn. *Carbo mineralis*) oder *Sulfur* genommen werden. Bei richtig verfressenen Hündinnen helfen *Antimonium crudum* und *Anacardium*. Auch Haarausfall (Alopezie) kann zu einem Problem werden.

Eine Harninkontinenz im Anschluß an eine Sterilisation kann zu einem sehr hartnäckigen und schlecht zu behandelnden Problem werden. In solchen Fällen gibt man *Folliculinum* (Follikelhormon) in tiefen Potenzen, aber auch *Causticum Hahnemanni*, *Damiana*, *Gelsemium*, *Sabal serrulata* und *Ustilago maydis* (siehe auch Seite 93).

Atemwege

Obere Atemwege

Zu den Krankheiten in diesem Bereich gehören Husten, Katzenschnupfen und Nebenhöhlenentzündung (beide siehe unter »Nase«), wunder Hals (siehe unter »Maul«) und Kehlkopfentzündung (Laryngitis), die sich im allgemeinen in einer veränderten Stimmlage äußert.

Untere Atemwege

Hierzu gehören Schwierigkeiten beim Atmen sowie Husten.

Husten

Husten entsteht meist reflexartig infolge einer Reizung von Kehlkopf, Luftröhre oder Lungen, weil ein Fremdkörper eingeatmet wurde oder eine Entzündung (beispielsweise eine Infektion) vorliegt. Im allgemeinen ist ein Husten in den oberen Atemwegen weniger schlimm als in den unteren, und er klingt auch zumeist weniger rauh. Jedoch sollte man eine spezielle Krankheit in der Homöopathie immer entsprechend ihren Symptomen behandeln und nicht entsprechend ihrer Diagnose. Zu bedenken ist, daß mancher Husten möglicherweise zu einem durchaus ernstzunehmenden Problem auswachsen kann. Beim geringsten Zweifel sollte man daher einen Tierarzt aufsuchen.

Da man bei Hunden und Katzen nur selten die Beschaffenheit ihres Auswurfs (Sputum) sehen kann, bleiben als Auswahlkriterien für das richtige Mittel nur die Beschaffenheit des Hustens selbst sowie die Modalitäten übrig. Hauptsächlich werden verwandt:

■ Trockener Krampfhusten: *Belladonna*, *Bryonia alba*, *Cuprum metallicum*, *Drosera*, *Pertussinum*, *Stannum metallicum*, *Sticta*.
■ Husten mit Erbrechen: *Ipecacuanha*.
■ Husten mit Würgreiz: *Drosera*, *Nux vomica*.
■ Heiserkeit: *Bryonia alba* (Verschlechterung bei Bewegung), *Causticum Hahnemanni*, *Phosphorus*.
■ Trockener Reizhusten: *Aconitum napellus*, *Nux vomica*, *Pulsatilla*, *Rhus toxicodendron*.
■ Rasselnder Husten: *Antimonium tartaricum*, *Dulcamara*, *Ferrum phosphoricum*, *Stannum metallicum*.
■ Erstickter Husten: *Spongia tosta*.

■ Mit Atemnot: *Ammonium carbonicum*, *Antimonium tartaricum*, *Arsenicum album* (syn. *Acidum arsenicosum*), *Kalium carbonicum*, *Lycopodium*, *Phosphorus*, *Spongia tosta*.
■ Mit flüssigem Schleim: *Coccus cacti*.

Zwingerhusten

Liegt der Verdacht auf Zwingerhusten nahe, dann sollte nach dem »Ähnlichkeitsprinzip« die entsprechende Nosode verabreicht werden (siehe Kapitel 11 »Spezielle Erkrankungen«).

■ Asthmatische Atmung: *Apis mellifica* (starkes Bedürfnis nach frischer Luft, Stauungslunge), *Arsenicum album* (syn. *Acidum arsenicosum*) (Unruhe), *Aspidosperminum* ø, *Lobelia inflata*, *Spongia tosta* (Verschlechterung durch Hitze), *Sulfur* (Verschlechterung durch Hitze, häufig auch Hautprobleme).
■ Ersticken, Sauerstoffmangel: *Antimonium tartaricum* (schleimig und blau angelaufen), *Apis mellifica* (bedingt durch Ödeme im Rachen), *Carbo vegetabilis* (blau angelaufen und sehr kalt), *Laurocerasus* ø (Blauverfärbung).

Alle diese Symptome für Husten und Atembeschwerden können auch von einer Herzerkrankung herrühren und möglicherweise sehr gravierend sein. Suchen Sie daher also einen Tierarzt auf.
Zum Thema Katzenschnupfen schlagen Sie in diesem Kapitel unter »Nase« nach sowie in Kapitel 11 »Spezielle Erkrankungen«.

Blut und Herz-Kreislauf-System

Bei sämtlichen Herzerkrankungen sollte der Tierarzt um Rat gefragt werden, da nur er in der Lage ist, diese richtig zu diagnostizieren und zu behandeln. Folgende Mittel haben sich bei Herzerkrankungen als nützlich erwiesen:

■ Bei Herzschwäche: *Crataegus ø, Digitalis* (in tiefen Potenzen), *Strophanthus ø*.
■ Bei »Herzhusten«: *Naja, Cerasius virginiana* (syn. *Prunus virginiana*), *Spongia tosta*.
■ Bei Angina pectoris: *Aconitum napellus*, kombiniert mit *Cactus* oder *Cimicifuga* (syn. *Actaea racemosa*).
■ Bei dumpf pochendendem Herz: *Lycopus virginicus*.
■ Bei Herzrhythmusstörungen: *Convallaria ø*.
■ Bei schwacher Herztätigkeit und langsamem Puls, Herzklappenschwäche und oftmals vergrößertem Herzen: *Viscum album*.
■ Exzellent bei schlecht funktionierenden Herzklappen: *Adonis vernalis*.
■ Bei Blausucht (Zyanose): *Laurocerasus ø*.

Akutes Herzversagen

Dieser Zustand versetzt das Tier in große Unruhe. Je nach Symptomen können folgende Mittel Abhilfe verschaffen: *Aconitum napellus, Antimonium tartaricum, Arsenicum album* (syn. *Acidum arsenicosum*) und *Carbo vegetabilis*.

Bauchwassersucht (Aszites)

Hierunter versteht man eine Flüssigkeitsansammlung in der Bauchhöhle, die verschiedene Ursachen haben kann (siehe »Infektiöse Bauchfellentzündung [Peritonitis]«, Seite 131, oder im folgenden Abschnitt »Lymphsystem«). Gewöhnlich ist der Grund eine schlecht arbeitende rechte Herzkammer oder eine vergrößerte Leber.
Adonis vernalis, Apis mellifica, Apocynum cannabinum und *Digitalis* wurden allesamt mit unterschiedlichem Erfolg eingesetzt. Diese Mittel wirken stark harntreibend (diuretisch) und – mit Ausnahme von *Apis* – auch direkt auf das Herz.

Stauungslunge

Dieses Leiden stellt ein ähnliches Problem wie Aszites dar, ist jedoch auf der linken Herzseite lokalisiert. Hier helfen: *Apis mellifica, Arsenicum album* (syn. *Acidum arsenicosum*) und *Spongia tosta*.

Blutarmut (Anämie) und starke Blutungen (Hämorrhagien)

Siehe hierzu Kapitel 10 »Allgemeine Beschwerden und Erste-Hilfe-Maßnahmen«, Seite 121f.

Lymphsystem

Das Lymphsystem besteht aus den einzelnen Lymphgefäßen, die parallel zu den Venen verlaufen, den Lymphknoten, die sich an verschiedenen Stellen im Körper befinden, sowie aus dem Hauptlymphstamm (Ductus thoracius), der die Lymphflüssigkeit über die linke Schlüsselbeinvene ins Herz zurückführt. Die Aufgabe dieses Systems besteht darin, Gewebsflüssigkeit zu sammeln, die aus den kapillaren Blutgefäßen ausgetreten ist. Außerdem stellt sie einen Teil der Körperabwehr dar, denn in den Lymphknoten werden Antikörper gebildet und schädliche Bestandteile aus der Lymphflüssigkeit herausgefiltert. Auch die Milz, das Knochenmark und die Leber sind an diesen Abwehrprozessen beteiligt, desgleichen die Thymusdrüse bei sehr jungen Tieren. Die Mandeln sind ebenfalls dem Lymphsystem zuzuordnen (siehe auch »Wunder Hals«, Seite 82f.).

Bei insgesamt geschwollenen Lymphknoten helfen, je nach Symptomen: *Arsenicum album* (syn. *Acidum arsenicosum*), *Arsenum jodatum*, *Arum triphyllum*, *Barium jodatum*, *Calcium fluoricum*, *Cistus canadensis*, *Jodum* und *Lapis albus*.

Wenn die Symptome jedoch auf die Entstehung eines Lymphosarkom (bösartiges Lymphom) hindeuten, ist die Prognose sehr schlecht.

Angeschwollene Lymphknoten im Rachenbereich, oftmals zusammen mit wundem Hals, verweisen auf Mittel wie *Mercurius corrosivus*, *Mercurius solubilis*, *Barium carbonicum* oder *Calcium fluoricum*, während man bei verhärteten Drüsen an *Cistus canadensis*, *Conium maculatum* oder *Lapis albus* denken sollte.

Sind die Lymphknoten im Rumpfbereich, beispielsweise in der Leistengegend, vergrößert, so ist dies meist ein Hinweis auf mögliche Tumorbildung oder Infektionen in denjenigen Organen, die distal der Lymphknoten (das heißt, vom Körper aus gesehen hinter diesen) liegen. Zur Behandlung der infizierten Organe gibt man *Hepar sulfuris*, die Tumorbildung stellt allerdings ein größeres Problem dar (siehe Seite 126).

Bewegungsapparat

Hierunter sind alle Knochen, Gelenke und Muskeln des Körpers zu verstehen, mit Ausnahme der Schädelknochen und -muskeln, die bereits unter der Überschrift »Kopf und Gesicht« behandelt wurden (Seite 66ff.).

Erkrankungen der Knochen und Gelenke

Häufig wird die Knochenbildung bei jungen Hunden (bei jungen Kätzchen viel seltener) infolge einer Stoffwechselstörung nicht vollständig abgeschlossen. Dadurch kommt es zu Schwellungen an den Gelenkenden (sog. knotige Knochen), zu Knochenverformungen (aufgrund mangelhafter Verknöcherung) und oft zu Beschwerden wie Lahmsein. Die Gelenke bilden sich nicht richtig aus, was zeitlebens zu einer Behinderung führen kann. Erfahrungsgemäß hilft hier die Versorgung mit Mineralien (z.B. Kalzium) sowie mit den Vitaminen A, C und D, jedoch können – homöopathisch gesehen – mit *Calcium phosphoricum* oder *Cal-*

cium fluoricum durchschlagende Erfolge erzielt werden (siehe auch Seite 142).

Calcium carbonicum ist immer dann geeigneter, wenn der Welpe sehr korpulent erscheint.

Desgleichen unterstützt *Silicea* (syn. *Acidum silicicum*) den normalen Aufbau des Bindegewebes und eignet sich besonders gut als Langzeitpräparat. Bei sehr schwächlichen Welpen oder Kätzchen gibt man *Acidum phosphoricum*. Dieses Mittel sollte immer bei großer Schwächlichkeit gegeben werden, insbesondere, wenn es sich bei den kranken Tieren um rasch wachsende, unterernährte Jungtiere handelt.

Liegt der Verdacht auf wunde Gelenke, wird *Ruta graveolens* verabreicht. In diesem Fall sollte man das Tier nicht mit übermäßiger Bewegung strapazieren.

Wenn man feststellt, daß ein Welpe, der eigentlich fast ausgewachsen sein sollte, doch noch ein Spätentwickler ist, können folgende Mittel gegeben werden:

■ Bei mageren Hunden: *Calcium phosphoricum*.
■ Zur Unterstüzung der Reife bei Hunden, die immer noch ihren »Babyspeck« besitzen oder rein körperlich schlaff sind: *Calcium carbonicum*.
■ Bei Hunden, die eindeutig zu schnell gewachsen sind und nun Gefahr laufen, sich zu überanstrengen (man gerät leicht in Versuchung, einen jungen, frühreifen Hund zu überlasten): *Acidum phosphoricum*, *Calcium fluoricum*.

Zwergwuchs

Stellt ein gesondertes Problem dar, und häufig helfen Mittel wie *Jodum*, *Thuja* und homöopathisch aufbereitetes *ACTH* (= *A*drenocorticotropes *H*ormon).

Knochenauswüchse (Exostosen)

Kommen gar nicht so selten vor. Das Mittel der Wahl ist *Hekla lava*, jedoch können auch *Calcium fluoricum* und *Silicea* (syn. *Acidum silicicum*) gegeben werden (siehe auch unter »Knochenauswüchse«, Seite 67).

Knochenschwund (Osteodystrophie)

Ein anderes »ernährungsbedingtes« Knochenleiden ist Knochenschwund als Resultat einer Nierenstörung, der sich anhand entkalkter und weich gewordener Knochen äußert. Die Ursache ist ein gestörter Mineralstoffwechsel, der infolge der unzureichend arbeitenden Nieren entstanden ist. Das Tier sollte mit konstitutionellen Mitteln behandelt werden. Ein außerordentlich gutes Mittel zur Knochenhärtung und Unterstützung der Mineralisation ist *Calcium fluoricum*, gute Erfolge gab es aber auch mit *Hekla lava*.

Osteoporose

Ist eine mit dem Alter zunehmende Entkalkung (Demineralisation) der Knochen, die dadurch brüchig werden. Die Behandlung ist ähnlich wie beim Knochenschwund, jedoch sollte man auch *Calcium carbonicum*, *Calcium phosphoricum* und *Silicea* (syn. *Acidum silicicum*) in Erwägung ziehen.

Knochenmarksentzündung (Osteomyelitis)

Das Knochenmark entzündet sich zumeist infolge einer Infektion. Suchen Sie daher immer einen Tierarzt auf.

Bei diesem Leiden ist *Hepar sulfuris* von allergrößter Bedeutung, da es die Infektion begrenzt. Weiterhin können Sie andere »Knochenmittel« verabreichen, wie *Ruta graveolens* (dessen Wirkung auf die Knochenhaut [Periost] zielt), *Calcium fluoricum* (wirkt auf den eigentlichen Knochen) oder *Symphytum*. Auch die entsprechende Nosode kann Abhilfe schaffen.

Knochenbrüche

Symphytum und *Ruta graveolens* helfen immer bei diesen Unfällen (siehe auch Seite 126 f.), da beide verhindern, daß sich die Bruchstellen »nicht finden« und nicht zusammenwachsen. Der Stoffwechsel der Knochen wird durch *Calcium phosphoricum* und *Silicea* (syn. *Acidum silicicum*) unterstützt. Achten Sie auch auf Gemütsstörungen und die Folgen für die Weichteile in der Nähe eines Bruchs, weswegen Sie bei großer Furcht *Aconitum napellus* und ansonsten immer *Arnica* geben sollten.

Knochenverletzungen

Knochen, die bei Verletzung nicht brechen, können zu Wucherungen (Exostosen) führen (siehe oben). Diese können jedoch mit Hilfe von *Arnica* und *Ruta graveolens* unterbunden werden. *Symphytum* hat sich ebenfalls gut bewährt.

Gelenkverletzungen

Hier sollte man immer an *Arnica* in Kombination mit *Rhus toxicodendron* und *Ruta graveolens* denken (siehe auch »Verletzungen«, Seite 126 f.).

Verrenkte oder ausgekugelte Gelenke

Dies sind ernstzunehmende Verletzungen. Wenn das Gelenk wieder eingerenkt ist, behandelt man wie unter »Gelenkverletzungen«.

Unvollkommene Ausrenkung (Subluxation)

Hierunter versteht man unvollkommen ausgebildete Gelenke, die nicht normal ineinandergreifen (artikulieren). Ein klassisches Beispiel ist die Hüftdysplasie (Hüftgelenksluxation). Bei diesem Leiden können der äußere Teil des Oberschenkelhalses (Trochanter) und die Hüftgelenkspfanne (im Röntgenbild zu sehen) leicht deformiert bis stark abgeplattet oder so gut wie gar nicht vorhanden sein. Dementsprechend lahmt der Hund und leidet an Arthritis. Hier können *Colocynthis* und geeignete Mittel gegen Arthritis (siehe Seite 107) sehr gut helfen. Bei jungen Hunden sollten auch *Calcium carbonicum* und *Calcium phosphoricum* in Erwägung gezogen werden. Einige kleinwüchsige Rassen haben ähnliche Probleme mit ihrer Kniescheibe (Patella). Hier hilft meiner Erfahrung nach *Gelsemium* in Kombination mit einem geeigneten Mittel gegen Arthritis. (Subluxation kann auch infolge einer Verletzung auftauchen.)

Rückgraterkrankungen

(Siehe auch unter »Hang zu Lähmungen«, Seite 110)

■ Bei Schädigung der Bandscheiben, Krämpfen und anderen Schmerzen im Lendenbereich: *Berberis vulgaris*.
■ Mit Schwierigkeiten beim Harnlassen: *Causticum Hahnemanni*.
■ Mit Schwierigkeiten beim Koten: *Nux vomica*.

Des weiteren haben sich *Hypericum*, *Plumbum metallicum*, *Phosphorus* und *Ruta graveolens* als hilfreich erwiesen. Diese Krankheit kommt besonders oft bei Dackeln vor.
Wenn man davon ausgehen kann, daß der eigentliche Grund der Krankheit arthritische Wirbel oder Knochenwucherungen (Exostosen) sind, kann man auch zu *Causticum Hahnemanni*, *Hekla lava*, *Rhus toxicodendron* und *Ruta graveolens* greifen. Bei der Behandlung beugt *Angustura vera* als ein wertvolles zusätzliches Mittel (Adjuvans) einer Schädigung der Nerven vor. Ein derart krankes Tier muß absolut ruhig gestellt, und im Anschluß an die akute Phase einem »Knochendoktor« oder Chiropraktiker vorgeführt werden. Auch die Akupunktur leistet auf diesem Gebiet unschätzbare Dienste.

Arthritis

Wird trivial auch als Gelenksentzündung bezeichnet. Die Symptome können lokal begrenzt (z.B. an den Gelenken) sein oder am ganzen Tier auftreten (z.B. als Lahmsein). Dem homöopathischen Tierarzt bleibt auf diesem Gebiet viel versagt, da das Tier keine Auskunft über die (für die Wahl des Mittels bedeutende) Beschaffenheit der Schmerzen geben kann. Zu den örtlich begrenzten Symptomen zählen u.a. geschwollene und verformte Glieder, Schmerzen bei Berührung und Bewegung der Gliedmaßen, Flüssigkeitsansammlung, Hautveränderungen usw. Das Tier lahmt auch unterschiedlich, was für die Symptomatik von Bedeutung ist. So lassen sich beispielsweise viele Fragen stellen:

▷ Lahmt das Tier bei Bewegung (Hitze, Kälte) stärker bzw. schwächer?
▷ Lahmt es am Ende einer Pause stärker, nachdem es länger trainiert wurde?
▷ Bereitet das Lahmseim dem Tier sehr starke Schmerzen, oder wird es nur als unangenehm empfunden?
▷ Entstand dieser Zustand im Anschluß an eine besondere Verletzung?
▷ Hat das Tier Fieber – was auf eine infizierte Arthritis hinweist (hier helfen evtl. Nosoden gegen spezielle Erreger, etwa *Staphylococcinum* oder *Streptococcinum*)?
▷ Handelt es sich um eine plötzlich auftretende (akute) oder um eine länger andauernde (chronische) Arthritis (siehe auch unter »Komplikationen nach einer Operation«, Seite 124)?

Akute und chronische Arthritis werden nicht separat abgehandelt, Unterschiede bestehen lediglich hinsichtlich der Dosierung. Bei einer chronischen Krankheit erwartet man keinen raschen Heilerfolg, die Dosierung ist also gering, und die Mittel werden in größeren Intervallen gegeben. Bei einer akuten Krankheit hingegen soll diese schnell abklingen (auch schon, um nicht zu einem chronischen Leiden auszuarten), daher werden mehrere Gaben einer Medizin pro Tag verabreicht. In beiden Fällen geht man entsprechend der Symptomatik vor.

Bei entzündlicher Arthritis greift man zu den entsprechenden Nosoden sowie zu *Hepar sulfuris*, wobei zur Unterstützung im akuten Fall *Aconitum napellus* und *Belladonna* gegeben werden, bei chronischem Leiden *Silicea* (syn. *Acidum silicicum*).

Liegt eine Wunde vor, die durch einen scharfen, spitzen Gegenstand verursacht wurde, so ist *Ledum* angezeigt, während *Arnica* bei allen Wunden verwendet werden kann. *Rhus toxicodendron* und *Ruta graveolens* sind ebenfalls ideale Mittel, um Wunden im Gelenkbereich zu behandeln, da sie Fasergewebe gut verheilen lassen und Nacherkrankungen verhindern. Auch die Ernährungsweise ist von Bedeutung.

Behandlung eines arthritischen Leidens nach den Symptomen

(Siehe auch unter »Erkrankungen der Muskulatur«, Seite 109, sowie unter Kapitel 17)

■ *Rhus toxicodendron*: Schmerzende Gelenke und Steifheit; Verschlechterung unmittelbar und gerade nach Ruhephasen sowie körperlicher Betätigung. Das kranke Tier »lockert sich auf«, und die Steifheit ist nach körperlicher Betätigung wie weggeblasen. Das soll nicht bedeuten, ein krankes Tier unbedingt bewegen zu müssen, da es auf lange Sicht zuwenig Ruhepausen erhält und die Heilchancen hierdurch schlechter werden. Typischen *Rhus*-Hunden geht es bei feucht-kaltem Wetter schlechter.

■ *Bryonia alba*: Das zweitbeste Mittel bei Arthritis. Die Symptome verschlechtern sich bei Bewegung und Wärme. Auf den ersten Blick scheint *Bryonia* das genaue Gegenteil von *Rhus* zu sein, weswegen man von beiden Mitteln behauptet, sie deckten die gesamte Symptomatik der Arthritis ab. Dies stimmt allerdings nicht, da viele andere Mittel dort ihre Wirkung entfalten, wo beide versagen.

■ *Dulcamara*: Die Symptome verschlechtern sich bei wechselhaftem Herbstwetter (in geringerem Maße auch bei Frühlingswetter), bei Nacht und – ähnlich wie bei *Rhus* – auch nach Bewegung. Symptome wie Hautprobleme und Durchfall können gleichzeitig vorkommen.

■ *Caulophyllum*: Meist in kleinen Gelenken, tritt öfter während der Schwangerschaft auf. Gelegentlich ist auch der Hals angegriffen, der dann zur linken Seite geneigt wird.

■ *Calcium phosphoricum*: Stärker zunehmende Schmerzen, vor allem bei 6 Monate bis 1 Jahr alten Hunden. Gleichfalls Gelenkbeschwerden, tritt ebenfalls häufig während der Schwangerschaft auf (siehe oben: *Caulophyllum*).

■ *Causticum Hahnemanni*: Starke Schmerzen, gelegentlich Gelenkverformungen, Muskelschwäche mit Hang zur Lähmung. Die Beine geben oft nach. Verbesserung in feuchter Wärme, Verschlechterung bei trockener Kälte.

■ *Colchicum*: Verschlechterung bei Bewegung, warmem Wetter (siehe oben: *Bryonia*) und bei Nacht. Beine voller Ödeme.

Bei sichtbaren Veränderungen an den Gelenken sollte man folgende Mittel in Erwägung ziehen:

■ Gelenke ödemartig angeschwollen, Haut erscheint glänzend, Verschlechterung durch Hitze, Berührung und Druck. Das Tier verlangt nach frischer Luft. Verbesserung nach kalten Bädern: *Apis mellifica*.

■ Angeschwollene und verformte Gelenke: *Colchicum*.

■ Sichtbare Knochenwucherungen (Exostosen): *Calcium fluoricum*, *Hekla lava*.

Besondere Krankheiten, wie beispielsweise Osteochondrosis dissecans (eine spezielle Entzündung von Knorpel und Knochen), wurden hier nicht erwähnt, da für gewöhnlich Ruhe und Mittel, die entsprechend den Symptomen ausgewählt wurden, eine ausreichende Behandlung gewährleisten.

Erkrankungen der Muskulatur

Verletzung (Trauma)

Muskelverletzungen sollten immer mit *Arnica* oder *Bellis perennis* (besonders im Beckenbereich) behandelt werden. Gleichfalls sollte man den Gebrauch von *Rhus toxicodendron* und *Ruta graveolens* beherzigen, wenn auch Sehnen und Bänder betroffen sind.

Eine körperliche Überanstrengung (mit anschließender Mattigkeit und Prellungen) weist ebenfalls auf *Arnica* hin, während verzerrte Muskeln *Rhus toxicodendron* verlangen. Verletzungen während der Geburt lassen sich besser mit *Bellis perennis* als mit *Arnica* behandeln.

Rheuma

Rheumatische Beschwerden sollten ähnlich wie Arthritis behandelt werden (das heißt, entsprechend den Symptomen), und die meisten Mittel werden auch für beide Krankheiten verwendet (eine Differentialdiagnose ist vielfach ohne praktischen Nutzen) – siehe Seite 108. Selbst wenn kein Gelenk sichtbar betroffen ist, können jedoch schwerwiegende Gebrechen entstehen, so daß man noch zusätzlich verwenden sollte:

■ Schmerzen nehmem bei Kälte zu, bei Wärme ab, insbesondere Verspannungen und Steifheit in Nacken und Rücken. Das Tier ist meist sehr unruhig: *Cimicifuga (syn. Actaea racemosa)*.

Bei unterschiedlich starker Schwäche:

■ *Conium maculatum*: Ein klassisches »Hundemittel«, besonders bei alten Schäferhunden. Typisch ist eine zunehmende Schwäche der Hinterläufe ohne ersichtlichen Grund.
■ *Lithium carbonicum*: Ähnliche Symptome wie bei *Conium*, jedoch sind die Gelenke öfters angegriffen.
■ *Causticum Hahnemanni*: Deutlich sichtbar die zunehmende Schwäche der Gliedmaßen, die Gelenke können angegriffen sein.
■ *Thallium metallicum*: Ähnlich, jedoch oft mit Haarausfall (Alopezie).

Hang zu Lähmungen (Paralyse)

(Siehe auch »Chronische degenerative Erkrankung von Rückenmark und Nervenwurzeln«, Seite 116)

■ Häufig nur eine Muskelgruppe betroffen: *Plumbum metallicum*.
■ Mit deutlicher ausgedehnter (meist spastischer) Lähmung (siehe auch unter »Anfälle und Krämpfe«, Seite 115): *Lathyrus sativus*.
■ Bei rheumatisch bedingter Lähmung: *Causticum Hahnemanni, Phosphorus, Rhus toxicodendron*.
■ Bei Verdacht auf Erkrankung des Rückgrats: *Conium maculatum, Lathyrus sativus*.
■ Mutmaßliche Rückgraterkrankung bei übermäßigem Geschlechtstrieb: *Acidum picrinicum*.

Muskelzittern

(Siehe auch Querverweise zum Nervensystem)

■ Bei älteren Hunden: *Calcium phosphoricum, Kalium phosphoricum, Phosphorus*.
■ Vor Aufregung: *Mercurius corrosivus, Mercurius solubilis*.
■ Bei Vorfreude, »Entgegenfiebern«: *Kalium bromatum*.
■ Bei Belastung, Anstrengung: *Rhus toxicodendron*.
■ Nach dem Koten, meist bei älteren Hunden: *Conium maculatum*.

Haut

Hauterkrankungen lassen sich leider homöopathisch genauso schwierig behandeln wie mit Methoden der konventionellen Medizin. Trotz vieler Rückschläge ist die Erfolgsrate dennoch ermutigend, und jeder Versuch, die hier beschriebenen homöopathischen Methoden weiterzuentwickeln, kann letzten Endes nur ein besseres Resultat erzielen. Aus zweierlei Gründen ist die Homöopathie bei Hautkrankheiten wahrscheinlich nicht so erfolgreich wie bei anderen Erkrankungen. Die Haut von Tieren unterscheidet sehr stark von der menschlichen. Darin mag wohl ein Grund liegen, daß die Arzneimittelprüfung bezüglich der Tierhaut insgesamt anders ausfällt. Der zweite Grund ist die Tatsache, daß die Haut das größte Organ des Körpers ist und daß sie – obwohl sich an ihr einige Krankheiten ablesen lassen – schwerwiegende Erkrankungen (seien es nun körperliche oder psychische Leiden) vielfach nicht widergespiegelt – wobei man Gemütserkrankungen bei Tieren ohnehin kaum erkennen kann. Die offensichtlichen Hautsymptome lassen sich leicht ablesen, welche (vielleicht systemische) Ursachen dahinterliegen, ist jedoch nur schwer zu erkennen. Selbst wenn man ein bestimmtes zugrundeliegendes Leiden vermutet, tippt man zunächst auf Krankheiten wie Kontaktallergie, Hautparasiten, Bakterien- oder Pilzinfektion, chemisch bedingte Dermatitis, hormonelle Störungen, äußerliches oder von innen kommendes Trauma. Erst wenn man nicht mehr an den riesigen »Mülleimer« der sog. »idiopathischen« Hautkrankheiten (die aus keinem sichtbaren Anlaß heraus entstehen) denkt, wird man nach Querverbindungen zu Stoffwechsel und Gemüt des Tieres suchen. Die Haut repräsentiert ein Organ des gesamten Körpers, sie reagiert daher auch sehr sensibel auf Leiden, die diesen insgesamt befallen. Daher machen sich manche Krankheitssymptome nur als »Ganzkörpersymptome« auf der Haut bemerkbar. Man sollte daher immer auch diese Möglichkeiten berücksichtigt, um eine effektivere homöopathische Behandlung von Hauterkrankungen zu erreichen.

Liegt der Verdacht nahe, daß ein Gemütsleiden der Hauterkrankung zugrunde liegt, so schlagen Sie in Kapitel 12 unter »Gemütserkrankungen« nach.

Falls (manchmal sehr langlebige) Nachwirkungen einer Infektionskrankheit die mutmaßliche Ursache sind, verabreichen Sie die entsprechende Nosode.

Auch bei Nachwirkungen einer Impfung sollten Sie die jeweilige Nosode, zusätzlich jedoch auch *Thuja* verwenden.

Bei hormonellen Störungen können Sie das entsprechende Hormon (homöopathisch aufbereitet), *Jodum*, *Thallium metallicum* oder *Ustilago maydis* geben, außerdem noch ein Mittel, was der Symptomatik entspricht.

Bei einer Stoffwechselstörung (beispielsweise eine Leberfunktionsstörung, bei der man *Berberis vulgaris*, *Chelidonium*, *Lycopodium*, *Nux vomica* oder *Phosphorus* gibt) lesen Sie in dem entsprechenden Abschnitt dieses Buches nach.

Wird eine spezielle Allergie diagnostiziert, können Sie das entsprechende Allergen (z.B. Hausstaub, Flöhe, Gräserpollen) homöopathisch aufbereiten lassen und dem Tier verabreichen.

Bei bestehender Tumorbildung schlagen Sie unter »Tumorbildung« nach (Seite 126).

Bei Fehlernährung, sollte man die Ernährungsweise neu durchdenken. Homöopathisch aufbereitete Spurenelemente und Mineralien helfen vielfach dabei, den betreffenden Mineralstoffwechsel wieder zu korrigieren.

Generell sollte man ein Mittel verwenden, daß auf die Symptome zutrifft (bei Hautparasiten und Scherpilzflechte reichen jedoch homöopathische Mittel allein vielfach nicht aus!) Schließen Sie auch konstitutionelle Mittel niemals aus, da es sich hier um ein »Ganzkörperproblem« handelt.

Behandlung von Hautkrankheiten nach den Symptomen

Letzten Endes beruht die Auswahl des passenden Mittels darauf, wie gut man in den Materia medica bewandert ist. Die in Kapitel 17 aufgelisteten Mittel stellen nur eine komprimierte Fassung dar. Daher sollten Sie auch andere Werke zu Rate ziehen (siehe »Literaturverzeichnis«), denn nur dadurch können Sie ein fundiertes Wissen über homöopathische Mittel erlangen.

Die nachfolgend aufgeführten Mittel verstehen sich als nützliche, abwägenswerte Vorschläge. Auch konstitutionelle Grundlagen sind hier von Bedeutung.

■ Allergische Schwellungen (Nesselsucht) – siehe Seite 121: homöopathisch aufbereitetes *Allergen, Apis mellifica, Bovista, Cancer fluviatilis, Chamomilla, Medusa, Pulex irritans, Urtica urens.*

■ Analadenome: *Thuja.*

■ Analdrüsen: *Calendula* (als Lösung), *Hepar sulfuris, Sanicula europaea, Silicea* (syn. *Acidum silicicum*), *Tarantula cubensis.*

■ Augenbereich: *Araroba, Psorinum, Sulfur* (siehe auch unter »Allergien«, desgleichen Seite 69 ff.).

■ Bläschen: *Antimonium crudum, Rhus toxicodendron, Sulfur.*

■ Nässendes Ekzem: *Cantharis, Croton tiglium, Graphites* (syn. *Carbo mineralis*), *Hepar sulfuris, Kreosotum, Mercurius corrosivus, Mercurius solubilis, Myristica sebifera.*

■ Ekzem an Rute oder Schwanz: *Calcium fluoricum, Mercurius corrosivus, Mercurius solubilis, Tarantula cubensis.*

■ Genitalbereich: *Acidum picrinicum, Alumina, Ammonium carbonicum, Caladium seguinum, Croton tiglium, Hydrastis, Sanicula europaea.*

■ In den Gliederbeugen: *Aethusa, Ammonium carbonicum, Antimonium crudum, Graphites* (syn. *Carbo mineralis*), *Kalium arsenicosum.*

■ Haarausfall (Alopezie): *Alumen, Arsenicum album (syn. Acidum arsenicosum), Kalium arsenicosum, Lycopodium, Natrium muriaticum* (syn. *Natrium chloratum*), *Pix liquida, Selenium, Thallium metallicum, Ustilago maydis.*

■ Dunkle Haut: *Berberis vulgaris, Kalium arsenicosum, Lachesis, Sepia.*

■ Schuppige Haut: *Antimonium crudum, Arsenicum album* (syn. *Acidum arsenicosum*), *Natrium muriaticum* (syn. *Natrium chloratum*), *Psorinum, Rhus toxicodendron, Sulfur.*

■ Hautverdickung: *Hydrocotyle asiatica, Kalium arsenicosum.*

■ Juckreiz: *Alumen, Alumina, Ammonium carbonicum, Anacardium, Antimonium crudum, Arsenicum album* (syn. *Acidum arsenicosum*), *Bacillinum, Caladium seguinum, Calcium carbonicum, Cistus canadensis, Dolichos pruriens, Graphites* (syn. *Carbo mineralis*), *Hypericum, Lycopodium, Mezereum, Natrium muriaticum* (syn. *Natrium chloratum*), *Primula obconica, Psorinum, Rhus toxicodendron, Sulfur, Sulfur jodatum, Urtica urens.*

■ Bereich um Kopf und Kinn: *Antimonium crudum, Borax* (syn. *Natri-*

um boracicum), *Cicuta virosa, Dulcamara, Graphites* (syn. *Carbo mineralis*), *Mezereum, Psorinum, Staphylococcinum, Streptococcinum, Sulfur, Sulfur jodatum* (siehe auch Seite 67 f.).

■ Kopfschuppen: *Acidum fluoricum (syn. Acidum fluoratum), Arsenicum album* (syn. *Acidum arsenicosum*), *Sepia, Sulfur, Thuja.*

■ Krallen (Nägel): *Alumina, Calcium carbonicum, Silicea* (syn. *Acidum silicicum*), *Thuja.*

■ Lefzen und Lippenfalten: *Antimonium crudum, Arsenicum album (syn. Acidum arsenicosum), Causticum Hahnemanni, Clematis, Condurango, Graphites* (syn. *Carbo mineralis*).

■ Nagelbett: *Hepar sulfuris, Myristica sebifera, Sarsaparilla, Silicea* (syn. *Acidum silicicum*).

■ Prellungen, Quetschungen: siehe unter »Verletzungen« (Seite 126 f.)

■ Risse (Fissuren): *Antimonium crudum, Cistus canadensis, Graphites* (syn. *Carbo mineralis*), *Petroleum, Pix liquida.*

■ Rötlich gefleckt: *Arsenicum album* (syn. *Acidum arsenicosum*), *Belladonna, Cistus canadensis, Hypericum, Primula obconica, Ranunculus bulbosus, Rhus toxicodendron, Urtica urens.*

■ Scharfrandiges Geschwür, Basaliom (Ulcus rodens): siehe »Übergangsbereich zur Schleimhaut« (in der rechten Spalte), ferner *Acidum nitricum, Asterias rubens, Calendula* (als Lösung), *Cistus canadensis, Conium maculatum, Galium aparine* (als ø), *Hydrastis, Mercurius corrosivus, Mercurius solubilis, Sulfur* (siehe auch unter »Maul«).

■ Scherpilzflechte (und kreisförmige Flecken aller Art): *Araroba, Bacillinum, Berberis vulgaris, Sepia, Tellurum metallicum.*

■ Übergangsbereich zur Schleimhaut: *Acidum fluoricum* (syn. *Acidum fluoratum*), *Acidum nitricum, Condurango, Sulfur.*

■ Schorf und Frieselausschlag (Ekzema miliare): *Antimonium crudum, Dulcamara, Mezereum, Pulex irritans, Rhus toxicodendron, Selenium* (siehe Seite 95).

■ Sonnenbrand (selten!): *Cantharis, Hypericum-Calendula-Lösung.*

■ Talgzysten: *Barium carbonicum, Calcium sulfuricum, Conium maculatum, Kalium jodatum.*

■ Verbrennungen: siehe Seite 126.

■ Verhärtung (z.B. durch heftiges Lecken entstandenes Knötchen): *Calcium fluoricum, Ignatia, Silicea* (syn. *Acidum silicicum*), *Tarantula cubensis, Thuja.*

■ Warzen: *Acidum nitricum, Causticum Hahnemanni, Thuja.* (Anmerkung: Warzen gehören in die Arzneimittelprüfung unzähliger homöopathischer Mittel)

■ Wundsein (Intertrigo): *Causticum Hahnemanni, Graphites* (syn. *Carbo mineralis*), *Hepar sulfuris, Petroleum, Sulfur.*

■ Zwischenzehenzysten: *Calcium sulfuricum, Graphites* (syn. *Carbo mineralis*), *Hepar sulfuris, Lachesis, Silicea* (syn. *Acidum silicicum*).

Allgemeine Mittel

■ *Ichthyolum*: Ein gutes Mittel gegen Hautparasiten.

■ *Myristica sebifera*: Ein gutes Mittel zur Desinfektion der Haut.

Zu jeder Zeit sollten Sie sich das ganze kranke Tier vor Augen halten und nach Möglichkeit ein konstitutionelles Mittel wählen, wo dies möglich ist. Bedenken Sie auch die allgemeinen Bemerkungen zu Beginn dieses Kapitels (Seite 65).

Nervensystem

In diesem Abschnitt sollen nicht die Gemütsprobleme der Tiere besprochen werden, da dieses Thema exklusiv in Kapitel 12 behandelt wird. Einige Erkrankungen im Bereich des Nervensystems finden Sie in anderen Abschnitten, beispielsweise Nervenverletzungen, Quetschungen und Verletzungen des Hirns siehe Seite 126f., Bandscheibenverletzungen und Wirbelsäulenversteifung siehe »Bewegungsapparat« (Seite 104ff.). Zittern und Lähmungen sind unter »Erkrankungen der Muskulatur« (Seite 109f.) aufgelistet, die Laktationstetanie (Eklampsie) wurde auf Seite 99f. besprochen, und die Dysautonomie finden Sie auf Seite 132. Zu den Krankheiten, die nicht an anderer Stelle erwähnt werden, gehören die folgenden:

Starrkrampf (Tetanus)

Diese spezielle Krankheit des Nervensystems äußert sich an Symptomen wie Genickstarre und Kiefernsperre und kann im Extremfall zum Tode führen! Das befallene Tier reagiert überempfindlich auf jeglichen Reiz. Der Krankheitserreger ist das Bakterium *Clostridium tetani*, das meist über tiefgehende (Stich-) Wunden in den Körper gelangt (siehe Seite 126f. und 129f.). Im Frühstadium bestehen gute Genesungschancen.

In diesem Fall sollte man die *Tetanus*-Nosode kombiniert mit *Angustura vera, Hypericum, Ledum, Stramonium* oder *Strychninum* verabreichen. Wenn das Tier blau anläuft, gibt man *Acidum hydrocyanicum* (syn. *Acidum zooticum*).

Genickstarrehaltung (Opisthotonus)

Wenn kein Wundstarrkrampf vorliegt (was infolge von Verletzungen oder Vergiftungen durchaus der Fall sein kann), sollte diese Krankheit je nach Symptomatik mit Mitteln wie *Cicuta virosa, Ignatia, Nux vomica, Upas tieute* oder den oben aufgeführten behandelt werden.

Veitstanz (Chorea)

Bezeichnet rhythmische, jedoch anomale Bewegungen des Kopfes und anderer Körperteile. Diese entstehen als Folge von Hirnschäden durch beispielsweise Staupeviren. Wenn es sich um einen bestimmten Erreger handelt, kann die entsprechende Nosode gegeben werden, in diesem Fall z.B. die *Staupe*-Nosode. Andere hilfreiche Mittel sind: *Aranea avicularis* (syn. *Mygale*), *Agaricus* (syn. *Amanita muscaria*), *Cicuta virosa, Conium maculatum, Hyoscyamus, Stramonium, Strychninum.*

Anfälle und Krämpfe (einschließlich Epilepsie)

Epileptische Anfälle können vielerlei Gestalt annehmen (Achtung! Differentialdiagnose: Herzanfall!). Oft sollte man besser nach verschiedenen möglichen Ursachen suchen, als an den Symptomen herumzukurieren.

■ Eventuell mit »Zahnen« (bei jungen Hunden): *Chamomilla*.
■ Eventuell Befall mit Spulwürmern: *Cina*.
■ Tier vermißt vertraute Personen (Besitzer, andere Familienmitglieder), Spielgefährten, Partner oder »sein Zuhause« (siehe Kapitel 16): Ig*natia*.
■ Auch mit offenbaren Gemütsstörungen: *Nux vomica*.
■ Bei zusätzlichem starken Sexualtrieb (bei Männchen): *Acidum picrinicum, Conium maculatum, Gelsemium*.
■ Wenn starke Nervosität in epileptische Anfälle ausartet (siehe auch unter »Nervosität und Hysterie«, Seite 139 f.): *Magnesium phosphoricum, Phosphorus, Zincum metallicum*.
■ Wenn Angst die Ursache des Anfalls ist: *Aconitum napellus*.

Ferner haben sich *Aranea avicularis* (syn. *Mygale*), *Agaricus* (syn. *Amanita muscaria*), *Belladonna, Cicuta virosa, Cocculus, Hyoscyamus, Magnesium phosphoricum, Silicea* (syn. *Acidum silicicum*), *Stramonium, Sulfur* und *Tarantula hispanica* als wirksame Mittel erwiesen.
Als altbewährte Mittel sollte man besonders im Auge behalten: *Bella-*donna, *Chamomilla, Gelsemium, Ig-natia, Silicea* (syn. *Acidum silicicum*).
Ebenso *Hydrophobinum* (syn. *Lyssinum*) und die *Staupe*-Nosode.
Toxische Substanzen – wie etwa Quecksilberverbindungen, Trockenspiritus (Metaldehyd), organische Phosphorverbindungen (beispielsweise E 605), Strychnin – können in homöopathisch aufbereiteter Form ebenfalls gut anschlagen.

Nervosität und Hysterie

Beide Zustände sind eigentlich unterschiedlich starke Formen desselben Leidens, wenn nicht sogar extrem abgeschwächte epileptische Anfälle (siehe auch unter »Hysterie« und »Überaktivität«, Seite 139, 140). Folgende Modalitäten sind zu beachten:

■ Ängstliche Erwartungshaltung: *Gelsemium*.
■ Schmerz: *Chamomilla*.
■ Schlechte Laune, Gereiztheit: *Nux vomica*.
■ Wenn Fieber den Zustand auslöst: *Belladonna*.
■ Große Unrast: *Arsenicum album* (syn. *Acidum arsenicosum*).
■ Höchste Hysterie: *Hyoscyamus, Stramonium, Veratrum album*.

Gute »Beruhigungsmittel« sind *Passiflora incarnata, Scutellaria lateriflora* und *Valeriana*.

Gleichgewichtsstörungen

Können bei Mittelohrerkrankungen (siehe Seite 79), Hirnschäden, nach Anästhesie usw. auftreten. Hier helfen:

- Bei Verlust des Gleichgewichts nach starkem Kopfschütteln: *Conium maculatum*.
- Bei Gehirnerschütterung: *Helleborus*.
- Bei nervös bedingtem Schwindel: *Argentum nitricum*.
- Bei äußerst starker Geräuschempfindlichkeit: *Theridion curassavicum*.
- Nach Hitzschlag: *Glonoinum*, *Lachesis*.
- Bei Schwindel nach längeren Ruhepausen (bei älteren Tieren): *Phosphorus*.
- Fällt auf die linke Körperseite, Kopf rollt von links nach rechts, Veitstanzbewegungen: *Zincum metallicum*.
- Fällt auf die rechte Körperseite: *Causticum Hahnemanni*.

Chronische degenerative Erkrankung von Rückenmark und Nervenwurzeln

Bei dieser Krankheit löst sich die Myelinscheide (eine Art »Isolierkabel« der Nervenstränge) auf, deswegen wird sie zu den Erkrankungen des Nervensystems gezählt. Als Heilmittel wurden mit wechselndem Erfolg *Causticum Hahnemanni*, *Conium maculatum*, *Lathyrus sativus* oder *Plumbum metallicum* verwendet. Je später die Behandlung begonnen wird, um so schwieriger gestaltet sie sich, im Frühstadium kann man jedoch gelegentlich ein Fortschreiten der Krankheit verhindern.

Hormonbildende Drüsen (Endokrines System)

Das endokrine System funktioniert als ein minutiös ausbalancierter und komplexer Kontrollmechanismus für sämtliche Reaktionen und Stoffwechselwege des Körpers. Die hormonbildenden Drüsen des Körpers sind die Hirnanhangdrüse (Hypophyse) und die Zirbeldrüse, die Schilddrüse und die Nebenschilddrüsen, die Thymusdrüse, die Bauchspeicheldrüse (Pankreas; siehe dort), die Nebennierendrüsen und die Keimdrüsen. Erkrankungen, die dieses System betreffen, können zum einen konstitutionell behandelt werden, verlangen jedoch vielfach eine Nosode aus dem Gewebe oder dem Hormon der betreffenden Drüse. Eine ernsthafte Hormondrüsenfunktionsstörung muß unbedingt tierärztlich behandelt werden und liegt außerhalb der Möglichkeiten, die dieses Buch bietet.

In diesem Buch wurde schon mehrfach betont, daß sich der Inhalt dieses Kapitels als ein Leitfaden versteht, nicht jedoch als ein komplettes Handbuch, wie man die eine oder andere Krankheit behandelt. Dies widerspräche auch völlig den Grundsätzen der Homöopathie. Verwenden Sie die vorangegangenen Seiten völlig unbefangen zur Heilung Ihres Lieblings. Jedoch sollten Sie dabei folgende Prinzipen, die Hahnemann festgelegt hat, im Einzelfall beherzigen:

▷ Informieren Sie sich über jedes Mittel (in den Materia medica), bevor Sie es anwenden.
▷ Machen Sie sich mit der Krankheit genauestens vertraut, indem Sie alle Anzeichen beobachten und notieren.
▷ Wählen Sie unter Berücksichtigung aller Eventualitäten dasjenige Mittel aus, das genau auf die Krankheit paßt.
▷ Beseitigen Sie alles, was die Heilung behindern könnte.

Zum vierten Punkt gehören alle negativ wirkenden Faktoren im Umfeld des Tieres oder bei seiner Ernährung (nicht nur ein immens wichtiger Aspekt in der Nutzviehmedizin, sondern auch bei der Therapie von Kleintierkrankheiten). Daher ist dieser Aspekt genauso wichtig wie die drei vorherigen. Schlagen Sie auf Seite 28 und 29, in den Kapiteln 4, 5 und 6 sowie in Anhang 8 nach, wo Sie wichtige Vorschläge zur erforderlichen Unterstützung der Behandlung finden können.

Kapitel 9
Die Modalitäten

Die Modalitäten drücken aus, in welcher Weise ein Symptom durch Faktoren wie Wetter, Tageszeit, Bewegung, Temperatur usw. beeinflußt wird. Die Modalitäten ermitteln Sie, indem Sie genau überlegen (oder beobachten), unter welchen Umständen ein Symptom besser oder schlechter wird.

Verschlechterungen

Mit anderen Worten: Die Symptome werden ausgeprägter, schlimmer.

■ Angstzustände: *Aconitum napellus, Ignatia.*
■ Ärger: *Bryonia, Chamomilla, Nux vomica, Staphisagria.*
■ Aufregung: *Aconitum napellus, Argentum nitricum, Coffea, Colchicum, Colocynthis, Conium maculatum, Gelsemium, Hyoscyamus, Ignatia, Nux vomica, Petroleum, Phosphorus.*
■ Berührung: *Acidum nitricum, Aconitum napellus, Apis mellifica, Arnica,* *Belladonna, Bryonia, Chamomilla, Colchicum, Hepar sulfuris, Magnesium phosphoricum, Nux vomica, Plumbum metallicum, Silicea* (syn. *Acidum silicicum*), *Strychninum.*
■ Bewegung: *Arnica, Baptisia, Belladonna, Borax, Bryonia, Cocculus, Petroleum, Phytolacca, Sanicula europaea, Spigelia, Veratrum album.*
■ Druck: *Apis mellifica, Hepar sulfuris, Lachesis, Mercurius corrosivus.*
■ Erschrockensein: *Belladonna, Bryonia, Spigelia.*
■ Feuchtigkeit: *Calcium carbonicum, Colchicum, Dulcamara, Rhus toxicodendron.*
■ Freien, Aufenthalt im: *Aconitum napellus, Nux vomica.*
■ Fressen, unmittelbar danach: *Argentum nitricum, Arsenicum album* (syn. *Acidum arsenicosum*), *Bryonia, Calcium carbonicum, Carbo vegetabilis, Colchicum, Nux vomica, Pulsatilla, Sepia.*
■ Helle Gegenstände: *Belladonna, Cantharis, Stramonium.*
■ Hinlegen: *Arsenicum album* (syn. *Acidum arsenicosum*), *Belladonna, Conium maculatum, Phosphorus, Pulsatilla, Rhus toxicodendron.*

■ Kälte: *Aconitum napellus, Arsenicum album* (syn. *Acidum arsenicosum*), *Bryonia, Causticum Hahnemanni, Chamomilla, Dulcamara, Hepar sulfuris, Magnesium phosphoricum, Nux vomica, Rhododendron, Rhus toxicodendron, Sepia, Silicea* (syn. *Acidum silicicum*).

■ Kälte, feuchte: *Calcium carbonicum, Dulcamara, Mercurius solubilis, Rhus toxicodendron.*

■ Lärm: *Aconitum napellus, Belladonna, Coffea, Ignatia, Nux vomica, Theridion curassavicum.*

■ Licht: *Belladonna, Conium maculatum, Mercurius corrosivus, Nux vomica, Phosphorus, Stramonium.*

■ Liegen auf der linken Seite: *Bellis perennis, Colchicum, Colocynthis, Lachesis, Lilium tigrinum, Spigelia, Thuja.*

■ Liegen auf der rechten Seite: *Belladonna, Bryonia, Causticum Hahnemanni, Chelidonium, Lycopodium, Magnesium phosphoricum, Mercurius solubilis.*

■ Luft, trocken-kalte: *Aconitum napellus, Arsenicum album* (syn. *Acidum arsenicosum*), *Bryonia, Psorinum, Rhododendron, Spongia tosta.*

■ Ruhe: *Arnica, Arsenicum album* (syn. *Acidum arsenicosum*), *Mercurius solubilis, Pulsatilla, Rhus toxicodendron, Ruta graveolens, Sepia.*

■ Saufen: *Arsenicum album* (syn. *Acidum arsenicosum*), *Cantharis, Mercurius solubilis, Rhus toxicodendron.*

■ Schwimmen: *Antimonium crudum, Rhus toxicodendron, Sulfur.*

■ Sturm, nach einem: *Natrium carbonicum, Phosphorus.*

■ Sturm, vor einem: *Bellis perennis, Natrium sulfuricum, Rhododendro.*

■ Tageszeit, abends: *Aconitum napellus, Belladonna, Bryonia, Chamomilla, Lycopodium, Mercurius solubilis, Phosphorus, Pulsatilla, Rhus toxicodendron, Sepia.*

■ Tageszeit, morgens: *Bryonia, Calcium carbonicum, Kalium bichromicum, Lachesis, Natrium muriaticum* (syn. *Natrium chloratum*), *Nux vomica, Phosphorus, Pulsatilla, Sulfur.*

■ Tageszeit, nachmittags: *Apis mellifica, Belladonna, Calcium carbonicum, Colocynthis, Hepar sulfuris, Lycopodium, Phosphorus, Pulsatilla.*

■ Tageszeit, nachts: *Acidum nitricum, Aconitum napellus, Arsenicum album* (syn. *Acidum arsenicosum*), *Belladonna, Coffea, Drosera, Lachesis, Mercurius solubilis, Pulsatilla, Rhus toxicodendron, Spongia tosta, Sulfur.*

■ Überhitzung: *Aconitum napellus, Antimonium crudum, Belladonna, Bryonia, Glonoinum, Lachesis, Nux vomica.*

Verbesserungen

Mit anderen Worten: Die Symptome klingen ab oder lassen nach.

■ Berührung: *Bryonia, Calcium carbonicum.*

■ Bewegung: *Acidum nitricum, Alumina, Cyclamen, Dulcamara, Rhus toxicodendron, Sepia.*

■ Druck: *Argentum nitricum, Bryonia, Chelidonium, Colocanthis, Ignatia, Magnesium phosphoricum, Pulsatilla, Sepia.*

■ Dunkelheit: *Euphrasia, Mercurius corrosivus*.

■ Feuchtes Klima: *Causticum Hahnemanni*.

■ Freien, Aufenthalt im: *Allium cepa, Alumina, Apis mellifica, Argentum nitricum, China* (syn. *Cinchona succiruba*), *Glonoinum, Lycopodium, Natrium muriaticum* (syn. *Natrium chloratum*), *Pulsatilla, Sepia*.

■ Hinlegen: *Bryonia, Colchicum, Natrium muriaticum* (syn. *Natrium chloratum*), *Pulsatilla*.

■ Kälte: *Bryonia, Ledum, Phosphorus*.

■ Kalte Umschläge: *Apis mellifica, Belladonna, Phosphorus, Pulsatilla*.

■ Kaltes Wasser: *Bryonia, Phosphorus*.

■ Rücken, gekrümmter: *Colocynthis, Magnesium phosphoricum*.

■ Ruhe: *Bryonia, Colchicum, Nux vomica*.

■ Schwimmen: *Causticum Hahnemanni*.

■ Tragen, auf den Arm nehmen: *Chamomilla*.

■ Training, Auslauf: *Rhus toxicodendron*.

■ Trost, Zuspruch: *Chamomilla*.

■ Wärme: *Acidum phosphoricum, Arsenicum album* (syn. *Acidum arsenicosum*), *Colocynthis, Dulcamara, Hepar sulfuris, Ignatia, Magnesium phosphoricum, Nux vomica, Psorinum, Rhus toxicodendron, Silicea* (syn. *Acidum silicicum*).

Diese Aufzählung gilt ebenfalls nur als Richtlinie. Sie kann vor allem dann helfen, wenn Sie in einem bestimmten Fall zwischen zwei Mitteln entscheiden müssen. Ich habe nicht sämtliche Mittel an Tieren erprobt, sondern zusätzlich auch einige andere aufgezählt, mit denen in der Humanhomöopathie behandelt wird.

Kapitel 10
Allgemeine Beschwerden und Erste-Hilfe-Maßnahmen

In manchen Teilen dieses Kapitels wird Ihnen kaum Hilfestellung bei der Wahl des Mittels gegeben werden, da Sie sich in jedem Fall auf die Materia Medica beziehen sollten. Hier nun die allgemeinen Symptome und Beschwerden in alphabetischer Reihenfolge:

Allergie

Hausstaub-Nosoden und Graspollen-Nosode (*Pollens*) sollte man geben, wenn eine Allergie hierdurch verursacht wurde. *Galphimia glauca* ist ein allgemeines Mittel gegen alle möglichen Allergien. *Apis mellifica, Arsenicum album* (syn. *Acidum arsenicosum*), *Bovista, Cancer fluviatilis, Fragaria, Primula obconica, Rhus toxicodendron* und *Urtica* wurden je nach Symptomen – und soweit sie bekannt waren, auch entsprechend den Ursachen – mit unterschiedlichem Erfolg bei Allergien eingesetzt.

Appetit

(Dies kann evtl. das Symptom einer schweren Erkrankung sein, Sie sollten daher immer einen Tierarzt aufsuchen.)

■ Unterschiedlich: *Pulsatilla.*
■ Gierig: *Calcium carbonicum, Calcium phosphoricum, Cina, Jodum.*
■ Recht stark, wird aber schnell gestillt: *Lycopodium, Sepia.*
■ Krankhaft: *Calcium carbonicum, Calcium phosphoricum, Cina, Phosphorus.*

Augenzittern (Nystagmus)

Je nach den Begleitsymptomen: *Agaricus* (syn. *Amanita muscaria*), *Cicuta, Gelsemium, Physostigma.*

Austrocknen (Dehydrieren)

■ *Acidum phosphoricum, China* (syn. *Cinchona succiruba*). Tierarzt aufsuchen!

Bisse durch Katzen oder Hunde

■ *Arnica, Hepar sulfuris.* Auch *Calendula*-Lösung, je nachdem, wo das Tier verwundet ist. Sie sollten damit auch unbedingt zum Tierarzt gehen.

Blutarmut (Anämie)

Zusätzlich zur unterstützenden Routinebehandlung durch einen Tierarzt können Sie auch folgende Mittel geben:

■ Bei Schädigung der roten Blutkörperchen (Erythrozyten): *Chininum sulfuricum, Trinitrotoluol.*

■ Bei Schwäche nach langer Krankheit: *Acidum aceticum, Acidum phosphoricum, China* (syn. *Cinchona succiruba*).

■ Bei schlechtem Ernährungszustand: *Calcium phosphoricum, Ferrum metallicum, Silicea* (syn. *Acidum silicicum*).

■ Bei vorhergehender Blutung: *Acidum aceticum* (bei aufgeschwemmten Tieren), *Arsenicum album* (syn. *Acidum arsenicosum*) (bei unruhigen Tieren).

■ Bei gleichzeitiger Blutvergiftung: *Mercurius solubilis, Phosphorus.*

■ Bei mangelnder Blutbildung: *Cuprum metallicum, Ferrum arsenicosum, Plumbum metallicum.*

■ Bei krankhaftem Blutabbau (Hämolyse) mit Gelbsucht: *Lycopodium, Phosphorus, Mercurius solubilis.*

■ Ohne Blutgerinnung: *Crotalus horridus, Lachesis, Phosphorus, Secale.*

Blutungen

Die homöopathische Behandlung richtet sich nach der Natur des Blutes und der Blutung. Bei starkem Blutverlust müssen Sie sofort zum Tierarzt gehen! (Siehe auch »Komplikationen nach einer Operation«).

■ Bei Abkühlung, Krämpfen usw.: *China* (syn. *Cinchona succiruba*).

■ Angst: *Aconitum napellus.*

■ Schwerer Atem: *Ipecacuanha.*

■ Hellrotes Blut: *Acidum nitricum, Aconitum napellus, Ipecacuanha, Millefolium.*

■ Hellrotes, geronnenes Blut: *Ferrum metallicum, Sabina.*

■ Dunkles, verklumptes Blut: *Capsella bursa-pastoris, Elaps corallinus, Hamamelis.*

■ Wässeriges, dunkles, zersetztes Blut: *Crotalus horridus, Lachesis, Secale.*

■ Wässeriges, helles Blut: *Phosphorus.*

■ Venöse Blutung, hellrotes Blut: *Acidum nitricum.*

■ Sickernde Blutungen nach einer Operation: *Strontium.*

■ Blutungen nach einer Geburt: *Acidum nitricum, Sabina.*

■ Schubhafte Blutungen nach der Geburt: *Ipecacuanha.*

■ Dauerblutungen (mit dunklem Blut) nach einer Geburt: *Secale.*

■ Zur Nachbehandlung einer Blutung: *Acidum aceticum, Arsenicum album* (syn. *Acidum arsenicosum*), *Acidum phosphoricum, Strontium.*

■ Infolge einer äußeren Verletzung (Trauma): *Arnica, Millefolium.*

■ Zusammenbruch (Kollaps): *Carbo vegetabilis.*

Blutvergiftung (Sepsis) und Abszesse

■ Akute Sepsis: *Hepar sulfuris, Myristica sebifera.*

■ Mit zusätzlicher Blutvergiftung: *Arsenicum album* (syn. *Acidum arsenicosum*), *Echinacea, Pyrogenium.*

■ Chronische Sepsis: *Calcium sulfuricum, Silicea* (syn. *Acidum silicicum*).

■ Eingewachsene Fremdkörper: *Silicea* (syn. *Acidum silicicum*).

■ Mit örtlich begrenzter Rötung: *Lachesis, Tarantula hispanica.*

■ Zahnabszeß: *Mercurius solubilis.*
Hepar sulfuris und *Mercurius solubilis* verhindern Eiterungen (als Hochpotenz) und unterstützen sie in tiefen Potenzen.

Brand (Gangrän)

■ *Carbo vegetabilis, Echinacea, Lachesis, Secale.* Sie sollten unbedingt einen Tierarzt aufsuchen!

Durst

■ Durstzunahme: *Aconitum napellus, Arsenicum album* (syn. *Acidum arsenicosum*), *Bryonia, Calcium carbonicum, Capsicum, Chamomilla, China* (syn. *Cinchona succiruba*), *Lycopodium, Mercurius solubilis, Natrium muriaticum* (syn. *Natrium chloratum*), *Rhus toxicodendron, Veratrum album.*
Erhöhter Durst kann ein Zeichen für schwerwiegende Erkrankungen sein. Daher unbedingt einen Tierarzt aufsuchen!
■ Durstabnahme: *Apis mellifica, Carbo vegetabilis, Gelsemium, Ignatia, Pulsatilla, Sabadilla.*

Erfrierungen

■ *Agaricus* (syn. *Amanita muscaria*). Falls die erfrorenen Stellen als Folgeerscheinung brandig werden, sofort zum Tierarzt gehen!

Erholung nach Krankheit (Rekonvaleszenz)

■ *Acidum aceticum, Acidum phosphoricum, Calcium carbonicum, Calcium phosphoricum, China* (syn. *Cinchona succiruba*), *Ferrum phosphoricum, Kalium carbonicum, Lecithinum.*

»Es war nie wieder so wie früher, bevor ...«

Dieses Satzfragment steht in Anführungszeichen, weil es oft während der Erhebung der Krankengeschichte (Anamnese) – bei Mensch wie Tier gleichermaßen – auftaucht. An diese Universal-Einleitung kann eigentlich jeder x-beliebige Anlaß (Krankheit, spezielle Erkrankung, Trächtigkeit, Geburt, Brunst, Vergiftung, Impfung, Verletzung usw.) angehängt werden. Falls dieser Satz fällt, sollte er nicht übergangen werden, da er der Schlüssel zur erfolgreichen Behandlung sein kann. Behandeln Sie die »einschneidenden Erlebnisse« Ihres Lieblings genauso, als seien sie tatsächliche Symptome der akuten Krankheit, und Sie werden von Ihren Erfolgen überrascht sein (siehe hierzu auch unter Kapitel 16 »Fallbeispiele« sowie auf Seite 125.

Fieber

■ *Aconitum napellus, Belladonna, Chininum sulfuricum, Echinacea, Gelsemium, Pulsatilla, Pyrogenium, Sulfur.* Eventuell müssen Sie auch hier einen Tierarztbesuch vornehmen.

Gähnen, zwanghaftes

■ *Aconitum napellus, Chelidonium, Cocculus, Graphites* (syn. *Carbo mineralis*), *Ignatia, Lycopodium, Mercurius corrosivus, Platinum, Sulfur.* Dieses Symptom wird oft bei der Anamnese erwähnt und kann gelegentlich helfen, das richtige Mittel zu finden.

Geschlechtstrieb, übermäßiger

■ *Acidum picrinicum, Camphora, Conium maculatum, Hydrophobinum* (syn. *Lyssinum*), *Pulsatilla* (siehe auch die Seiten 93, 96 und 140).

Gewichtsverlust

■ *Acidum aceticum, Acidum phosphoricum, Calcium phosphoricum, Glycerinum, Hydrastis, Jodum, Lecithinum, Silicea* (syn. *Acidum silicicum*), *Thuja*. Sie sollten auch hier einen Tierarzt aufsuchen, da unerklärlicher Gewichtsverlust ein Anzeichen für eine ernste Erkrankung sein kann.

Hitzschlag

■ *Belladonna, Gelsemium, Glonoinum, Sulfur*.

Impfschäden

Siehe Kapitel 15 und Seite 125.

Insektenstiche

■ *Apis mellifica, Cantharis, Hypericum, Ledum, Urtica* (als Lotion verwendet man *Hypericum-Calendula*-Lösung oder *Arnica*-Tinktur).

Komplikationen nach einer Operation

■ Angst: *Aconitum napellus*.
■ Augenoperationen: *Senega, Symphytum*.
■ Blasenoperationen: *Staphysagria*.
■ Blutungen (siehe auch unter »Blutungen«): *Strontium*.
■ Blutvergiftung: *Hepar sulfuris, Pyrogenium*.
■ Bei Darmstau: *Carbo vegetabilis, Nux vomica, Opium*.

■ Erbrechen: *Ipecacuanha, Nux vomica, Phosphorus, Staphysagria*.
■ Erholung nach Krankheit *Acidum phosphoricum, Kalium phosphoricum, Phosphorus*.
■ Gelenke: *Rhus toxicodendron, Ruta graveolens*.
■ Knochenoperation: *Symphytum, Ruta graveolens*.
■ Kolik mit Gasansammlung: *China* (syn. *Cinchona succiruba*), *Colocynthis, Raphanus*.
■ Problematische Narkose (zunächst das entsprechende homöopathisch aufbereitete Anästhetikum): *Acidum aceticum, Opium*.
■ Nierenkolik: *Berberis*.
■ Ödeme: *Apis mellifica*.
■ Quetschungen: *Arnica* oder (bei tiefgehender Verletzung) *Bellis perennis*.
■ Allgemeiner Schmerz: *Hypericum*.
■ Schmerzen, bewegungsunwillig: *Bryonia*.
■ Reizschmerzen: *Chamomilla*.
■ Schock (siehe auch dort): *Camphora, Strontium, Veratrum album*.
■ Verstopfung: *Nux vomica*.
■ Verwachsungen: *Acidum aceticum, Calcium fluoricum*.
■ Entzündete Wundränder: *Rhus toxicodendron, Staphysagria*.
■ Zahnärztliche Eingriffe: *Arnica, Hypericum, Ruta graveolens*.

Wann immer möglich, *Arnica* und *Calendula* anwenden.

Lichtscheue

■ Je nach den Begleitsymptomen: *Aconitum napellus, Argentum nitricum, Belladonna, Euphrasia, Mercurius solubilis, Rhus toxicodendron*.

Maßnahmen vor einer Operation

■ Bekämpfung von Angst und Furcht (siehe auch Seite 139 f.): *Aconitum napellus*, *Argentum nitricum*, *Gelsemium*.

■ Bei Bronchialproblemen: *Antimonium tartaricum*.

■ Vorbeugende Herzstärkung: Siehe Seite 103.

■ Vorbeugung gegen Quetschungen: *Arnica*.

Negative Auswirkungen von Operationen

(Siehe auch »Es war nie wieder so wie früher, bevor ...«, Seite 123)

■ Ängstlichkeit oder Besorgnis, wodurch es zu folgenden Erscheinungen kommen kann:
● Benommenheit: *Opium*.
● Durchfall: *Argentum nitricum*.
● Lähmungserscheinungen: *Gelsemium*.
● Unruhe: *Arsenicum album* (syn. *Acidum arsenicosum*).
● Verlust der Kontrolle über die Harnblase (Inkontinenz): *Gelsemium*.

■ Aufregung: *Argentum nitricum*, *Coffea*, *Gelsemium*.

■ Blutung: siehe unter »Blutungen«.

■ Chirurgischer Eingriff: Siehe »Komplikationen nach einer Operation«.

■ Fehlgeburt: *Kalium carbonicum*.

■ Feucht-kaltes Wetter: *Dulcamara*, *Rhus toxicodendron*.

■ Geburt: *Caulophyllum*, *Pulsatilla*, *Sabina*, *Sepia* (siehe auch im Abschnitt »Geschlechtsorgane der Weibchen«, Seite 96).

■ Hitze oder Rolligkeit (Östrus): *Glonoinum*, *Sulfur*.

■ Impfung: *Antimonium tartaricum*, *Lachesis*, *Silicea* (syn. *Acidum silicicum*), *Thuja* (siehe auch Seite 150).

■ Kummer: *Acidum phosporicum*, *Ignatia*, *Natrium muriaticum* (syn. *Natrium chloratum*).

■ Narkose: Siehe »Komplikationen nach einer Operation«.

■ Schock: *Aconitum napellus*, *Arnica*.

■ Spezielle Krankheiten: siehe Kapitel 11 »Spezielle Erkrankungen« und »Es war nie wieder so wie früher, bevor ...«

■ Überanstrengung: *Acidum phosphoricum*, *Arnica*.

■ Überfressen: *Nux vomica*.

■ Unbeständiges Herbstwetter: *Dulcamara*.

■ Unterkühlung: *Aconitum napellus*.

■ Unwohlsein: Siehe »Erholung nach Krankheit (Rekonvaleszenz)«.

■ Verdorbenes Futter: *Arsenicum album* (syn. *Acidum arsenicosum*), *Camphora*, *Pyrogenium*, *Veratrum album*.

■ Verletzungen: *Arnica*.

Schlaflosigkeit

■ *Apis mellifica*, *Arsenicum album* (syn. *Acidum arsenicosum*), *Chamomilla*, *Coffea*, *Nux vomica*, *Pulsatilla*, *Scutellaria lateriflora*.

Schlangenbisse

■ *Cedron*, *Echinacea*. Sofort den Tierarzt konsultieren!

Schock

■ *Aconitum napellus*, *Arnica*, *Camphora*, *Natrium muriaticum* (syn. *Natrium chloratum*), *Veratrum album*.

Siehe auch »Komplikationen nach einer Operation«. (Die Bach-Rescue-Tropfen sind zwar nicht homöopathisch, verdienen es aber trotzdem, hier erwähnt zu werden.)

Todkranke Tiere

■ Zur Linderung der Qualen vor dem Einschläfern: *Arsenicum album* (syn. *Acidum arsenicosum*).
■ Im Todeskampf: *Tarantula cubensis*.

Tumorbildung (Neoplasie)

Auf diesem Gebiet muß noch einiges erforscht werden.

■ Im Bauchbereich (Abdomen): *Hydrastis*.
■ An Brustdrüsen: Siehe im Abschnitt »Geschlechtsorgane der Weibchen«, Seite 96 ff.).
■ Unspezifische Geschwüre: *Arsenicum album (syn. Acidum arsenicosum), Viscum album*.
■ Krebsgeschwüre: *Asterias rubens*.
■ An Knochen (siehe »Erkrankungen der Knochen und Gelenke«, Seite 104 ff.): *Calcium fluoricum, Hekla lava*.
■ Lipom (ein gutartiges Fettgeschwulst): *Barium carbonicum, Thuja*.
■ Am Lymphgewebe: Siehe Kapitel »Lymphsystem«, Seite 103 f.
■ Magengeschwüre (siehe »Verdauungstrakt«, Seite 84 f.): *Hydrastis, Ornithogalum ø*.
■ Warzen: Siehe »Haut«, Seite 103.

Bei Tumorbildung sollte man generell auf eine ausgewogene Ernährung achten.

Übergewicht

Hierbei handelt es sich um keine echte Krankheit. Es können die in den jeweiligen Abschnitten »Geschlechtsorgane von Männchen bzw. Weibchen« vorgeschlagenen Behandlungen nützlich sein. Außerdem helfen, je nach Symptomatik, *Calcium carbonicum, Capsicum, Graphites* (syn. *Carbo mineralis*), *Kalium carbonicum* sowie eine Tinktur aus Beeren von *Phytolacca*.

Verbrennungen oder Verbrühungen

■ *Apis mellifica, Cantharis, Urtica*, bei infizierten Wunden *Hepar sulfuris*.

Verletzungen

Generell kann man *Arnica* geben; ansonsten richtet sich das Mittel nach der Art der Verletzung sowie der verletzten Stelle.

■ Abschürfungen: *Arnica, Hypericum-Calendula*-Lösung.
■ Augenhöhlen: *Symphytum*.
■ Extremitäten: *Hypericum* (besonders reichlich an den Nervenenden verteilen).
■ Gelenke und Fasergewebe: *Rhus toxicodendron, Ruta graveolens*.
■ Gehirnerschütterung: *Helleborus, Natrium sulfuricum*.
■ Tiefliegendes Gewebe (vor allem Becken): *Bellis perennis*.
■ Hornhaut des Auges (Kornea): *Ledum, Mercurius corrosivus*.
■ Knochen: *Ruta graveolens, Symphytum*.
■ Knochenhaut (Periost): *Ruta graveolens*.

- Kopf und Gehirn: *Barium carbonicum, Cicuta, Helleborus, Natrium sulfuricum.*
- Aufbrechende Narben: *Causticum Hahnemanni.*
- Quetschungen: *Arnica, Bellis perennis, Hamamelis.*
- Schließmuskeln: *Staphisagria.*
- Schock oder Angst: *Aconitum napellus.*
- Verwachsungen: *Calcium fluoricum, Silicea* (syn. *Acidum silicicum*)
- Wirbelsäule: *Helleborus, Hypericum.*
- Wunden
- Alte, nicht verheilende Verletzungen: *Calcium sulfuricum, Causticum Hahnemanni.*
- Blutende Verletzungen: *Phosphorus, Strontium.*
- Blutohr (Othämatom): *Arnica, Hamamelis.*
- Fleischwunden: *Arnica, Calendula*-Lösung.
- Geschwürige Wunden: *Arsenicum album* (syn. *Acidum arsenicosum*).
- Infizierte Wunden: *Hepar sulfuris, Calendula*-Lotion.

- Narbengewebe: *Calcium fluoricum, Graphites* (syn. *Carbo mineralis*), *Silicea* (syn. *Acidum silicicum*), *Thuja, Thiosinaminum.*
- Schnittwunden: *Staphisagria.*
- Stichwunden: *Ledum.*
- Nicht wuchernde Wunden: *Galium aparine ø.*
- Übermäßig starke Wucherungen: *Acidum nitricum, Silicea* (syn. *Acidum silicicum*), *Thuja.*

Verlust oder Veränderung der »Stimme«

- Durch zu häufiges Bellen: *Causticum Hahnemanni, Collinsonia canadensis.*
- Infolge von Hysterie: *Gelsemium.*

Wurmbefall

Siehe Seite 85.

Zusammenbruch (Kollaps)

- *Carbo vegetabilis, Camphora, Laurocerasus ø.* Sofort den Tierarzt aufsuchen!

Kapitel 11
Spezielle Erkrankungen

Siehe auch Kapitel 14 »Homöopathie als Krankheitsvorbeugung«.

Hunde

Befall mit Parvoviren (Parvovirose)

Bei dieser Erkrankung muß sich der Hund unter blutigem Durchfall permanent erbrechen und trocknet schnell aus (Dehydrierung). Wenn die Behandlung erfolglos bleibt, muß das Tier mit großer Wahrscheinlichkeit sterben.

In den ganz frühen Stadien wird immer *Aconitum napellus* gegeben. *Apomorphinum*, *Arsenicum album* (syn. *Acidum arsenicosum*), *Phosphorus* oder *Veratrum album* helfen dabei, Erbrechen und Durchfall einzudämmen oder zu verhindern. Gelegentlich wurde auch *Baptisia* verwendet. Die Behandlung orientiert sich an den auftretenden Symptomen.

Der starke Flüssigkeitsverlust (Dehydrierung) muß unbedingt sowohl in der akuten Phase als auch danach verhindert werden. Geben Sie dem Hund reichlich Wasser zu saufen, und verwenden Sie zusätzlich *Acidum phosphoricum* oder *China* (syn. *Cinchona succiruba*). Wie bei allen Spezialkrankheiten kann auch hier die *Parvovirus*-Nosode die Genesung unterstützen.

Staupe

Diese Erkrankung kommt seltener vor als in früheren Zeiten, obwohl sie in Städten und dichtbesiedelten Gebieten, wo man seinen Hund nicht so gerne impfen läßt, noch gelegentlich auftaucht. Staupe ist eine Viruserkrankung, die den ganzen Körper in Mitleidenschaft zieht, u.a. Nervensystem, Verdauungstrakt, Augen, Brust, Haut. Auch Nase und Pfotenunterseiten sind häufig betroffen.

Bei anfänglichem Fieber gibt man – wie gewöhnlich – *Aconitum napellus*. Behandeln Sie die zahlreichen Symptome, wenn sie auftreten, entsprechend dem Ähnlichkeitsprinzip und Ihrer Kenntnis der Materia medica. Die Abschnitte aus Kapitel 8 über Augen, Nervensystem usw. können als praktische Tips gelten.

Acidum nitricum, Antimonium crudum, Graphites (syn. *Carbo mineralis*) und *Thuja* sollten bei erkrankten Pfotenballen und befallener Nase helfen. Die *Staupe*-Nosode wirkt auch hier als Adjuvans.

Leptospirose, Weil-Krankheit, Stuttgarter Hundeseuche.

Unter Leptospirose fallen Krankheiten, die durch die Bakterien *Leptospira icterohaemorrhagiae* und *Leptospira canicola* hervorgerufen werden. *L. icterohaemorrhagiae* verursacht hauptsächlich Lebererkrankungen und Gelbsucht, während *L. canicola* meistens Nierenerkrankungen hervorruft. Die herkömmliche Impfung und die *Leptospira*-Nosode wirken gegen beide Erreger.

Bei Lebererkrankungen helfen *Arsenicum album* (syn. *Acidum arsenicosum*), *Berberis, Carduus marianus, Chelidonium, Lycopodium, Mercurius solubilis* und *Phosphorus*, während *Aconitum napellus* am besten in der akuten Phase wirkt.

Bei Nierenerkrankungen gibt man *Arsenicum album* (syn. *Acidum arsenicosum*), *Berberis, Baptisia, Kalium chloratum* (syn. *Kalium muriaticum*), *Mercurius solubilis, Phosphorus* und *Plumbum metallicum* (siehe »Harnbildende Organe«).

Die kombinierte Nosode (aus beiden *Leptospira*-Arten) sollte sowohl bei Leber- als auch bei Nierenerkrankungen verabreicht werden. Die Behandlung sollte nach Abklingen der Symptome fortgesetzt werden, um das Risiko zu vermindern, daß die überlebenden Hunde zu Virusträgern werden.

Infektiöse Hundehepatitis oder Rubarth-Krankheit

Tritt heute selten auf, da meist mit konventionellen Methoden geimpft wird. Diese Virus-Erkrankung beeinträchtigt in erster Linie die Leber, kann sich aber auch auf alle anderen Körperteile ausdehenen, da das Virus sehr virulent ist. Sämtliche Schleimhäute sind betroffen, desgleichen die Nieren, so daß sich die Krankheit rasch ausbreiten kann. Das Blut kann nicht mehr – wie normal – gerinnen, und die Augen werden trübe.

Wie bei allen akuten fiebrigen Krankheiten kann *Aconitum napellus* in der akuten Phase hilfreich sein. Die Mittel werden je nach den vorherrschenden Symptomen gegeben. Siehe bezüglich weiterer Einzelheiten unter »Maul«, »Augen«, »Leber«, »Nieren« und »Blutungen«. Man kann die *Adenovirus*-Nosode mit den symptomatischen Mitteln kombinieren und als Adjuvans verabreichen, um die Genesung zu unterstützen und die meist langwierige Rekonvaleszenz zu verkürzen.

Tetanus oder Wundstarrkrampf

Die Erkrankung wird durch das Toxin des Bakteriums *Chlostridium tetani* hervorgerufen, das auf die Übergänge (Synapsen) zwischen Nerven und Muskelfasern wirkt. Daher werden die Muskeln im ganzen Körper zu stark gereizt (überstimuliert), so daß es zu Zuckungen, Überempfindlichkeit, Kiefernsperre und Genickstarrehaltung (Opisthotonus) kommen kann. Der sporenbildende Erreger ist anaerob (das heißt, er kann bei Gegenwart von molekularem Luftsauerstoff nicht wachsen) und bevorzugt zur Vermehrung offene Wunden. Daher ergibt sich die Bedeutung von *Ledum*, das bei offenen Wunden verwendet wird. Zur weiteren Behandlung siehe »Nervensystem« (Seite 114). Im allgemeinen werden konventionelle Impfungen gegen Tetanus nicht routinemäßig durchgeführt.

Zwinger-Husten

Diese Erkrankung wird wahrscheinlich durch verschiedene Bakterien hervorgerufen, unter anderem durch die Gattung *Bordetella*. Dieser Husten ist eine Infektion der oberen Atemwege, die Lunge wird jedoch kaum in Mitleidenschaft gezogen. Der Name »Zwinger-Husten« entstand, weil die Krankheit in Tierpensionen, wo die Hunde in Gemeinschaftszwingern gehalten werden, sehr leicht auftrat und sich rasch ausbreiten konnte. Am häufigsten tritt die Krankheit nach den Sommerferien auf, wenn die Hunde aus der Pension zurückkommen. Als Vorbeugungsmaßnahme hilft die Nosode, während sich die Behandlung an den Richtlinien im Abschnitt »Husten« in Kapitel 8 (Seite 101) orientiert. Für gewöhnlich ist dies keine ernsthafte Erkrankung, sie kann jedoch Hunde und Besitzer sehr beunruhigen und belästigen, da der Husten sehr hart ist und das Tier häufig husten muß. Konventionelle Impfungen werden nicht routinemäßig durchgeführt.

Katzen

Katzenpest (Panleukopaenie)

Die Katzenpest oder Panleukopaenie, auch bekannt als Katzenstaupe, ist sehr ansteckend und verläuft oft tödlich. Herkömmliche Impfungen haben ihre Verbreitung stark eingeschränkt, die Krankheit tritt jedoch immer noch bei ganz jungen und ungeimpften Katzen auf. Charakteristische Symptome sind Fieber (wobei in der akuten Phase *Aconitum napellus* wie immer von Nutzen ist), Durchfall und schwerer Flüssigkeitsverlust (Dehydrierung).
Je nach vorliegenden Symptomen können *Acidum phosphoricum*, *Arsenicum album* (syn. *Acidum arsenicosum*), *China* (syn. *Cinchona succiruba*), *Echinacea* und *Mercurius solubilis* helfen (siehe »Durchfall [Diarrhö]«). Weiterhin muß die Katze mit mehreren Flüssigkeitsinfusionen behandelt werden. An dieser Stelle möchte ich den Leser nochmals daran erinnern, daß neben der eigentlichen homöopathischen Behandlung auch gute, fundierte Pflege- und Unterstützungsmaßnahmen erforderlich sind. Außerdem können Sie getrost die *Katzenpest*-Nosode verabreichen.

Katzenschnupfen (Katzen-Rhinotracheitis)

Wie beim Menschen ist auch der Katzenschnupfen eine komplexe Erkrankung, die primär von zahlreichen Viren und als Sekundärinfektion von Bakterien verursacht wird.

Herkömmliche Impfungen sind von Vorteil. Gelegentlich wird die Krankheit jedoch durch einen Virenstamm ausgelöst, der im Impfstoff nicht enthalten war. Hier helfen besonders die Nosoden (z.B die *FVR*-Nosode oder eine auf den speziellen Virus »zugeschnittene« Nosode), ansonsten wird entsprechend der Symptome kuriert. Siehe auch unter den Abschnitten »Nase«, »Augen«, »Hals«, »Nebenhöhlen« usw.

Da der Flüssigkeitsverlust (Dehydrierung) eine äußerst wichtige Rolle spielt, kann parallel zu einer herkömmlichen Flüssigkeitstherapie auch *Acidum phosphoricum* oder *China* (syn. *Cinchona succiruba*) verabreicht werden.

Infektiöse Katzenanämie

Diese Krankheit ähnelt der Malaria und befällt – ziemlich einfach gesagt – die roten Blutkörperchen (Erythrozyten). Wie bei allen Infektionskrankheiten kann das erste Fieber mit *Aconitum napellus* behandelt werden, ferner können Sie eine spezifische Nosode verabreichen. Eine Blutarmut (Anämie) tritt – im Gegensatz zu den schwächer ausgeprägten Fiebersymptomen – als recht starkes Krankheitszeichen auf. In diesem Fall können alle Mittel gegen Anämie gegeben werden. Dabei sollten Sie auf die begleitenden Symptome achten (siehe »Blutarmut«, Seite 121 f.).

Denken Sie gleichfalls an eine unterstützende Therapie, gute Ernährung, reichlich Vitamine und Mineralien, die die Genesung und Regeneration des Blutes fördern.

Infektiöse Bauchfellentzündung (Peritonitis)

Bei dieser rätselhaften Viruserkrankung schwillt der Bauch (Abdomen) teilweise enorm an, und das Gewebewasser ist von strohgelber Farbe. Weitere mögliche Symptome sind Appetitlosigkeit, Gelbsucht, Atemnot und Gewichtsverlust. Häufig findet man weiße Teilchen im Bauchwasser und weiße Ablagerungen auf dem Bauchfell. Nach Gabe der entsprechenden Nosode kann das Tier genesen und der Erreger entfernt werden. Versuchen Sie eine symptomatische Behandlung mit *Acidum aceticum*, *Apis mellifica*, *Blatta americana*, *Helleborus*, *Lycopodium* und *Senecio aureus*, auch wenn die Erfolgsaussichten nicht ganz so gut sind. Auch hier sollte zur unterstützenden Behandlung viel Flüssigkeit gegeben werden.

Katzenleukämie

Der Krankheitserreger, ein Virus, befällt das Knochenmark, die Lymphgefäße, alle lymphbildenden Organe, die Nieren, das Immunsystem und die blutbildenden (hämopoetischen) Organe. Einige Katzen können genesen, aber meist sieht es nicht gut für sie aus. Generell können Sie es auch hier – wie schon bei anderen Infektionskrankheiten – mit einer unterstützenden Therapie, möglicherweise über die entsprechende Nosode, sowie mit symptomatischen Behandlungmethoden versuchen (siehe auch »Lymphsystem«, Seite 103). In ähnlicher Weise können Sie auch bei Katzengrippe (FIV) verfahren.

Dysautonomie
(engl. Key-Gaskell-Syndrom)

Diese Krankheit ist unbekannter Herkunft und wurde erst vor kurzem entdeckt. Sie wurde in diesen Abschnitt über spezielle Erkrankungen aufgenommen (in dem Krankheiten durch bestimmte Erreger beschrieben werden), weil sie in den paar Jahren seit ihrer Entdeckung viele Todesfälle verursacht hat und Anlaß zu großer Besorgnis bietet. Zwar sind die Aussichten generell nicht gut, jedoch sind zahlreiche Katzen wieder gesund geworden, meist aufgrund der intensiven Pflege und Unterstützungstherapie. Die Katzen-Dysautonomie ist eine Krankheit des vegetativen Nervensystems, mit typischen Kennzeichen wie geweiteten Pupillen, trockenes Maul, aussetzender Darmtätigkeit, Schluckbeschwerden und starkem Austrocknen (Dehydrieren). Eine unterstützende Therapie ist lebensnotwendig, jedoch können auch mehrere homöopathische Mittel hilfreich sein. Diese werden ebenfalls nach den jeweilig auftretenden Symptome ausgewählt (Ähnlichkeitsprinzip).

Zunächst denkt man an Mittel wie *Belladonna*, *Calcium carbonicum*, *Gelsemium*, *Hyoscyamus*, *Nux moschata* und *Stramonium*. Bei der Auswahl eines homöopathischen Mittels sind besonders die Gemütssymptome wichtig, soweit man diese feststellen kann. Aber auch evtl. vorhandene Krankheitszeichen wie Darmtätigkeit, Bauchschwellung, Erbrechen usw. müssen berücksichtigt werden. Weiterhin können auch Mittel wie *Aluminia*, *Collinsonia*, *Lobelia inflata*, *Nicotinum* und *Wyethia helenoides* verwendet werden (siehe auch Seite 75).

Salmonellen-Infektion (Salmonellose)

Sie kann Katzen, Meerschweinchen, Kaninchen und Mäuse befallen und geht meist mit einer Blutvergiftung und – oft blutiger – Darmschleimhautentzündung (Enteritis) einher, die rasch zum Tode führt. Eine Salmonellose kann durch die entsprechende Nosode verhindert werden, während *Baptisia* bei der Eindämmung und Heilung der Infektion hilft, vorausgesetzt natürlich, die Behandlung – auch mit entsprechenden anderen Mitteln – wird rechtzeitig begonnen. Auch hier kann man mit einigen Antibiotika Zeit »herausholen«, wenn noch Zweifel bestehen.

Kaninchen

Kaninchenpest (Myxomatose)

Diese Viruskrankheit (der Erreger ist das *Myxoma-Fibroma*-Virus) wird direkt oder indirekt über Flöhe von Wildkaninchen übertragen. Als Gegenmittel gibt es einen herkömmlichen Impfstoff und, wie bei den meisten Spezialkrankheiten, auch eine homöopathische Nosode. Bei der Krankheit schwellen Kopf und Nakken an (wabbelige, »gallertartige« Tumoren und Flüssigkeitsansammlungen unter der Haut, die zur Trivialbezeichnung »Löwenkopfkrankheit« geführt haben), gefolgt von ei-

132

trigem Augenausfluß, Appetitlosigkeit und Schwäche. Infolge dieser Symptome stirbt das Tier meistens auch. Von besonderer Bedeutung ist die Nosode, da sie vorbeugend gegeben werden kann. Die Behandlung ist meistens erfolglos, wobei Kaninchen, die im Haus gehalten werden, besonders anfällig sind. Denkbare Mittel sind beispielsweise *Acidum aceticum*, *Abrotanum* und *Mercurius solubilis* in Kombination mit einer unterstützenden Therapie. Ob es allerdings aus humanitären Gründen gerechtfertigt ist, die Behandlung eines so kranken Kaninchen mit derart schlechten Heilaussichten fortzusetzen, bleibt zweifelhaft.

Die Besprechung dieser Kaninchenkrankheit soll Anlaß sein, sich mit den besonderen Problemen kleinerer Haustiere wie Kaninchen, Ratten und Vögel zu befassen. In diesem Zusammenhang müssen mehrere Punkte berücksichtigt werden. Zum einen halten sie keine grobe Behandlung aus (gilt für ganz kleine Tierarten). Und wenn sie es nicht gewöhnt sind, von ihren Haltern angefaßt zu werden, kann sie die geringste Berührung sehr aufregen (in diesem Fall müssen Sie wie bei einem Schock [siehe Seite 125 f.] vorgehen!).

Zweitens können sie leicht auskühlen (siehe »Unterkühlung«, Seite 125 und Seite 137), vor allem, wenn sie krank sind. Sorgen Sie also dafür, daß es gar nicht erst zur Unterkühlung (Hypothermie) kommt. Drittens gibt es unzählige Antibiotika, auf die jedes Tier individuell reagiert. Deshalb ist die Homöopathie als Behandlungsmethode sehr viel besser geeignet. Die Antibiotika-Unverträglichkeiten (sogar mit Todesfolge) einiger Arten werden nachstehend aufgeführt:

■ Meerschweinchen: Penizillin, Streptomycin, Erythromycin.
■ Hamster: Penizillin, Streptomycin.
■ Vögel: Streptomycin, Procain, Penizillin.

Viertens sind die Ernährungsansprüche dieser Haustiere sehr unterschiedlich, deswegen sollten Sie die richtige Nahrung für diese Arten mit großer Sorgfalt ausgewählt werden. Lassen Sie sich zu diesem Thema von einem Fachmann für die jeweilige Tierart beraten. So muß dem Futter von Meerschweinchen beispielsweise Vitamin C zugesetzt werden.

Als fünfter, sehr wichtiger Punkt ist die artgerechte Haltung jedes Tieres zu nennen. Auch hierbei sollten Sie sich beraten lassen.

Wenn in diesem Buch spezielle Krankheiten angesprochen werden, sollten Sie die aufgeführten Arzneimittel immer nur als Orientierung verstehen. Grundsätzlich kann sich eine homöopathische Behandlung nur nach den Leitsymptomen richten. Angesichts der Schwierigkeiten und Risiken, die eine Behandlung mancher besonders kleiner Tierarten birgt, hilft Ihnen vielleicht der Tip, homöopathische Arzneimittel zusammen mit dem Trinkwasser zu verabreichen – es sei denn, das Tier ist zu schwach zum trinken. Fischkrankheiten werden nicht in diesem

Abschnitt behandelt, da ich nicht viel Erfahrungen mit der homöopathischen Behandlung von Fischen habe. Einige Fallbeispiele über die Behandlung von Fischen, aber auch von Schildkröten, Schlangen und Eidechsen finden Sie in Anhang 10 (Seite 211 f.). Im Prinzip gelten die gleichen Bedingungen, und die Mittel können direkt ins Wasser gegeben werden. Wenn irgendwelche Zweifel über die Behandlung dieser Tierarten bestehen, sollten Sie zu einem Tierarzt gehen.

Kaninchendurchfall

Dies ist zwar keine spezielle Erkrankung, es lohnt jedoch, sie gesondert zu behandeln. Durchfall kann oft nach Nahrungsumstellung, Unterkühlung oder Schock auftreten, oder nachdem das Tier Milch getrunken hat (Kaninchen mögen leider Milch, obwohl sie für sie völlig ungeeignet ist), und manchmal auch, wenn der Stall zu häufig gesäubert wird. Damit die Zellulose in der Nahrung der Tiere richtig verdaut wird, passiert ein Teil der Nahrung zweimal den Verdauungstrakt. Kaninchen produzieren daher zwei Arten von Kot. Die krümeligen, hellgrünen Kotkugeln haben den Verdauungstrakt erst einmal passiert, die dunklen, glänzenden Kugeln sind das Endprodukt. Sie müssen Ihrem Kaninchen also unbedingt den »Vorkot« lassen, da es ansonsten zu Verdauungsstörungen und häufig zu Vitaminmangel kommen kann. Eine Ausnahme ist es natürlich, wenn sich die Ernährung so zusammensetzt, daß der Vitaminbedarf gedeckt ist.

Bei Durchfall können Sie den Symptomen entsprechend behandeln, vor allem sollten Sie aber *Colchicum* und *Mercurius solubilis* geben (eine Kokzidiose ist die besonders schwere Form eines Durchfalls). Hier helfen *Acidum phosphoricum* und *China* (syn. *Cinchona succiruba*). Sie sollten sich jedoch nicht einzelne Mittel herauspicken, die auf dieser Seite genannt sind, sondern in erster Linie die hauptsächlichen Mittel gegen Durchfall verabreichen (siehe Seite 88 f.).

Bindehautentzündung und Schnupfen

Treten häufig auf, wenn viele Kaninchen gemeinsam gehalten werden. Für Kaninchen gelten in diesem Fall keine besonderen Vorschriften. Halten Sie sich an die Angaben in den Abschnitten »Augen« und »Nase« in Kapitel 8.

Gleichgewichtsstörungen

Kommen bei Hauskaninchen relativ häufig vor und entstehen infolge einer Infektion des Ohres. Bei der homöopathischen Behandlung gibt man *Conium maculatum*, *Hepar sulfuris* und *Mercurius solubilis*. Falls Ohrmilben vorhanden sind, müssen diese bekämpft werden (siehe Seite 78).

Salmonellen

Siehe unter »Katzen« (Seite 132).

Meerschweinchen

Diese Tiere sind sehr anfällig für Hautkrankheiten, die gewöhnlich durch Vitamin-C-Mangel, aber auch durch Räude entstehen. Entsprechend den jeweiligen Symptomen greift man zu Mitteln wie *Acidum muriaticum* (syn. *Acidum hydrochloricum*), *Antimonium crudum*, *Graphites* (syn. *Carbo mineralis*), *Natrium muriaticum* (syn. *Natrium chloratum*), *Phosphorus*, *Psorinum*, *Sulfur* und *Zincum metallicum*.
Meerschweinchen können wie alle anderen Tiere auch unter Durchfall leiden. Die Mittel werden nach denselben Kriterien ausgesucht.

Salmonellen

Siehe unter »Katzen« (Seite 132).

Hamster

Dermatitis

Tritt wie bei allen anderen Tieren auch beim Hamster auf. Auch hier kann man einzig und allein ein Mittel entsprechend der Symptomatik auswählen. Als Ausnahme verabreicht man *Aconitum napellus* oder *Ignatia*, wenn unter den gegebenen Umständen Gemütsprobleme wie Trauer oder Schock auftreten, für die unsere kleinen Lieblinge besonders anfällig sind.

Naßschwanzkrankheit

Wird bakteriell (durch das Darmbakterium *Escherichia coli*) verursacht; der Hamster ist apathisch und leidet an starkem Durchfall. Sie sollten entsprechende homöopathische Mittel wählen. Da die Lebenserwartung dieser kleinen Tiere bei Durchfall gering ist, sind schnelles Handeln und gute Pflege äußerst wichtig.

Ratten und Mäuse

Diese Tiere werden kaum von besonders erwähnenswerten Krankheiten befallen, allerdings sollte hier die »Ringschwanznekrose« bei Ratten genannt werden. Bei ungünstiger Temperatur und Luftfeuchtigkeit der Umgebung können Durchblutungsstörungen im Schwanz auftreten, auf dem nun ringförmige Einschnürungen erscheinen, wo das Gewebe abgestorben (nekrotisch) ist. Der Schwanz kann evtl. sogar abfallen. Hier ist *Secale* besonders wirksam. Leider wird die Krankheit oft zu spät erkannt, so daß man meist nichts mehr machen kann. Was weitere Krankheiten anbelangt, so gelten für Ratten und Mäuse die gleichen allgemeinen Bemerkungen wie bei anderen Tierarten.

Vögel

Am häufigsten werden Vögel mit Verletzungen zum Tierarzt gebracht. *Arnica*, *Rhus toxicodendron*, *Ruta graveolens* und *Symphytum* sind einem Vogel genau so zuträglich wie einem Säugetier. Brüche heilen besser unter dem Einfluß von *Symphytum* ab, Quetschungen werden durch *Arnica* gemildert usw.

Aconitum napellus, *Hepar sulfuris* und *Hypericum* werden in der üblichen Weise verwandt. *Secale* kann besonders bei Verletzungen der Zehen und Flügel nützlich sein, da die Durchblutung oft beeinträchtigt ist. In diesem Fall ist auch *Calendula*-Lotion von Nutzen (so wie immer). Homöopathie nimmt offenbar bei der Ersten Hilfe und der anschließenden Behandlung von Vögeln den gleichen Stellenwert ein wie bei Säugern.

Durchfall (Diarrhö)

Siehe das allgemeine Kapitel auf Seite 88 f.

Vogelräude

Sulfur ist hier sehr nützlich. Bei Sonderfällen wie der Wachshaut-Räude des Wellensittichs können Sie auch *Acidum nitricum*, *Silicea* (syn. *Acidum silicicum*) und *Thuja* verwenden und mit *Hypericum-Calendula*-Lösung (äußerlich) kombinieren.

Augen

Für Vögel werden keine gesonderten Bemerkungen gemacht; siehe »Augen« (Seite 69 ff.).

»Legenot«

Zur Erstbehandlung verwendet man *Caulophyllum* und *Sepia*, aber auch *Arnica* kann hier genommen werden.

Newcastle-Disease-Virus (Geflügelpestvirus), Paramyxo-Virus und Salmonellenerkrankung

Diese und andere spezielle Erkrankungen können in der Regel insgesamt durch überlegte Anwendung der entsprechenden Nosoden verhindert werden. Sie können aber auch mithilfe entsprechender Nosoden bzw. symptomatischer, in den vorstehenden Kapiteln beschriebener Mittel behandelt werden. Ich habe zwar mit den genannten Krankheiten noch keine Erfahrung gemacht, sehe aber keinen Grund, warum die üblichen Prinzipien nicht gültig sein sollten. Jedes Mittel wird nach den Vorschriften verabreicht.

Gelber Knopf

Hierbei handelt es sich um eine Infektion mit dem Erreger *Trichomonas gallinae* (einem begeißelten Einzeller), die außer bei Tauben besonders oft bei Sperlingsvögeln, seltener bei Papageienvögeln vorkommt. Typische Symptome sind käsig-schorfige Läsionen im Bereich von Kropf und Mundrachenhöhle (Oropharynx), jedoch findet man sie auch an den Schnabelwinkeln. Die Vögel haben große Schluckbeschwerden und nehmen stark ab. Bei diesem Leiden kann man *Acidum nitricum*, *Graphites* (syn. *Carbo mineralis*) und *Rhus toxicodendron* in Betracht ziehen.

Federpicken

Tritt sehr häufig auf, wenn der Vogel ein Gemütsleiden hat (siehe Kapitel 12 »Gemütserkrankungen«, Seite

138ff.). Hier können u.a. *Sepia, Thallium, Folliculinum* und *Sulfur* helfen.

Frieren

■ *Aconitum napellus, Calcium carbonicum, Calcium phosphoricum, Dulcamara, Rhus toxicodendron, Silicea* (syn. *Acidum silicicum*), (siehe auch Seite 125).

Leider fallen meine persönlichen Erfahrungen mit all diesen »exotischen« Tieren geringer aus als mit Katzen und Hunden. Die Erfolge waren jedoch sehr ermutigend. Die vorangegangenen Seiten sollen all denjenigen helfen, die homöopathische Mittel an Tieren wie Kaninchen, Nagetieren und Vögeln ausprobieren wollen. Hierbei kann wohl jeder, der die Mittel anwendet, sicher sein, daß die Tiere durch die Homöopathie keinen Schaden nehmen. Allerdings darf man neben seinen Bemühungen, größere Fertigkeiten auf diesem Gebiet zu erlangen, die – genauso wichtige – herkömmliche Behandlung oder Pflege nicht vernachlässigen.

Kapitel 12
Gemütserkrankungen

Der eigentliche Zweck dieses Buches, aber auch die offensichtlichen Probleme in Zusammenhang mit psychischen Symptomen bei Tieren lassen dieses Kapitel automatisch recht knapp werden. Ganz ohne Zweifel können »psychische« Störungen auch bei Haustieren auftreten, und manchmal kann man sie als solche an den Symptomen erkennen, manchmal aber nur an den Umständen. Viele dieser Gemütssymptome sind subjektiv und bleiben uns folglich vorenthalten, allein das kranke Tier erlebt sie. Einige sind objektiv, also wahrnehmbar. Diese Symptome müssen daher unbedingt beobachtet und beurteilt werden, so daß man anschließend die zugrundeliegenden »psychischen« Vorgänge erkennen kann. Vielfach werden Sie nicht weiterkommen, den Versuch war es aber allemal wert.

Gemütskrankheiten werden in drei Kategorien eingeteilt:

1. Probleme mit leicht zu erkennenden Symptomen, die mit relativer Sicherheit auf die auslösende Ursache verweisen.

2. Probleme, deren Symptome nicht leicht zu erkennen sind, wobei aber das Verhalten des Tiers sehr wahrscheinlich auf eine »psychische« Ursache schließen läßt.

3. Probleme, deren Symptome sich an einer anderen Körperstelle (z.B. Haut, Verdauungstrakt) bemerkbar machen, so man die eigentliche »psychische« Ursache übersieht und nur erfolglos an den sichtbaren Krankheitszeichen herumdoktert.

Rufen Sie sich noch einmal in Erinnerung, was Hahnemann über die Bedeutung psychischer Symptome geäußert hat. Einzelheiten finden Sie in den §§ 210–213 des »Organon der Heilkunde«. Hahnemann hatte natürlich den Vorteil, Menschen zu behandeln, und somit Zugang zu ihren subjektiven Symptomen.

Bei einer Erkrankung beeinflussen immer Verhalten und Veranlagung natürlich die Wahl des Mittels, insbesondere vor dem Hintergrund der jeweiligen Konstitution.

Nachstehend finden Sie jedoch eine Liste von Mitteln, die oft mit bestimmten psychischen Problemen assoziiert werden. Diese Liste kann eventuell bei der Behandlung von Fällen nützlich sein, deren Hauptursache vermutlich eine psychische Erkrankung ist. Die Indikationen dienen auch als Leitfaden bei der Wahl eines konstitutionellen Arzneimittels.

Wichtig ist weiterhin, daß zurückliegende Leiden aus der Krankheitsgeschichte behandelt werden (siehe »Es war nie wieder so wie früher, bevor ...«, Seite 123), da manche Ereignisse die Psyche ein Leben lang beeinflussen können.

■ Abneigung gegen:

● Einsamkeit: *Acidum phosphoricum, Capsicum, Ignatia, Phosporus, Pulsatilla* (siehe auch »Verlustangst, Einsamkeit« und »Angst vor Einsamkeit«).

● Hitze: *Sulfur.*

● Tierarztpraxis: *Silicea* (syn. *Acidum silicicum*).

■ Aggression: *Belladonna, Nux vomica.*

■ Angst vor:

● Auto: *Borax* (syn. *Natrium boracicum*), *Bryonia, Cocculus, Gelsemium, Sanicula europaea.*

● Berührung: *Arnica, Chamomilla, Lachesis, Nux vomica, Plumbum metallicum* (bei Bauchschmerzen).

● Bevorstehendem Schmerz: *Argentum nitricum, Gelsemium, Lycopodium, Silicea* (syn. *Acidum silicicum*).

● Bewegung: *Bryonia.*

● Donner: *Aconitum napellus, Gelsemium, Hyoscyamus, Natrium car-* *bonicum, Phosphorus, Rhododendron.*

● Dunkelheit: *Phosphorus, Stramonium.*

● Einsamkeit: *Hyoscyamus, Kalium carbonicum, Lycopodium, Phosphorus, Stramonium* (siehe auch »Abneigung gegen Einsamkeit« und »Verlustangst, Einsamkeit«).

● Geräuschen: *Nux vomica, Phosphorus.*

● Transport (Tragen): *Borax (syn. Natrium boracicum), Sanicula europaea.*

■ Angst, Besorgnis: *Argentum nitricum, Gelsemium, Lycopodium.*

■ Appetitlosigkeit: *Calcium carbonatum, Calcium phosphoricum, Cicuta, Cina, China* (syn. *Cinchona succiruba*), *Cobaltum metallicum, Phosphorus.*

■ Ärger: *Chamomilla, Colocynthis, Crocus.*

■ Eifersucht: *Apis mellifica, Lachesis.*

■ Eigensinn: *Silicea* (syn. *Acidum silicicum*), *Sulfur, Tuberculinum bovinum.*

■ Erregbarkeit: *Belladonna, Hyoscyamus, Magnesium phosphoricum, Stramonium.*

■ Erschrecken, Angst, Schock: *Aconitum napellus, Natrium muriaticum* (syn. *Natrium chloratum*).

■ Gleichgültigkeit: *Platinum, Sepia.*

■ Hysterie: *Gelsemium, Hyoscyamus, Ignatia, Tarantula hispanica, Valeriana* (siehe auch »Anfälle«, Seite 115, »Erregbarkeit«, »Überaktivität«).

■ Langeweile: *Argentum nitricum, Arsenicum album* (syn. *Acidum arsenicosum*), *Lilium tigrinum* (Langeweile kann zu ziellosen Aktivitäten wie Selbstzerstümmelung führen.

■ Panik: *Gelsemium, Phosphorus, Stramonium.*

■ Reizbarkeit: *Capsicum, Chamomilla, Cina, Crocus, Nux vomica, Sepia.*

■ Ruhelosigkeit, Unruhe: *Aconitum napellus, Arsenicum album* (syn. *Acidum arsenicosum*), *Chamomilla, Coffea, Ignatia, Rhus toxicodendron, Stramonium.*

■ Scheue, Schüchternheit: *Barium carbonicum, Ignatia, Pulsatilla, Sulfur.*

■ Streunt gerne: *Bryonia, Veratrum album* (siehe auch »Übermäßiger Geschlechtstrieb«).

■ Überaktivität: *Arsenicum album* (syn. *Acidum arsenicosum*), *Coffea, Ignatia* (siehe auch »Erregbarkeit«, »Hysterie«, »Anfälle«).

■ Übermäßiger Geschlechtstrieb: *Acidum picrinicum, Bounafa* (syn. *Ferula glauka*), *Cantharis, Gelsemium, Hyoscyamus, Origanum, Phosphorus, Tarantula hispanica* (siehe auch »Geschlechtsorgane« und Seite 124).

■ Unmut: *Lachesis, Staphisagria.*

■ Verlustangst, Einsamkeit: *Acidum phosphoricum, Aurum metallicum, Ignatia, Psorinum, Pulsatilla* (siehe auch »Abneigung gegen Einsamkeit« und »Angst vor Einsamkeit«).

■ Wunsch nach:

● Frischluft: *Apis mellifica.*

● Gesellschaft: *Argentum nitricum, Arsenicum album* (syn. *Acidum arsenicosum*), *Lycopodium, Phosphorus.*

● Kaltem Wasser: *Arsenicum album* (syn. *Acidum arsenicosum*), *Bryonia, Mercurius solubilis.*

● Kühle: *Sulfur.*

● Trost oder Bestätigung: *Chamomilla, Pulsatilla.*

● Wärme: *Arsenicum album* (syn. *Acidum arsenicosum*), *Psorinum.*

■ Wut: *Hyoscyamus.*

Generell gelten diese Vorschläge nur als Richtlinien. Jedoch haben sich diese Arzneimittel häufig bei der beschriebenen Indikation als sehr hilfreich erwiesen.

Kapitel 13
Besondere Krankheiten bei jungen und alten Tieren

Typische Krankheiten von ausgewachsenen Männchen und Weibchen werden ausführlich unter »Geschlechtsorgane von Männchen und Weibchen« (Kapitel 8) beschrieben. Besondere Krankheiten von sehr jungen und sehr alten Katzen oder Hunden sollen jedoch aus praktischen Gründen gesondert behandelt werden.

Von der Kinderstube bis zur Pubertät

Entsprechende Aufmerksamkeit für das Muttertier vor, während und nach der Geburt sind für das Wohlbefinden der Kleinen immens wichtig. Achten Sie dabei nicht nur auf richtige Pflege und Haltung, sondern auch auf die aufgeführten homöopathischen Behandlungsrichtlinien (Seite 98ff.), die in dieser Periode besonders nützlich sind. Für den Nachwuchs selbst können die Folgen einer traumatischen Geburt erheblich herabgesetzt werden, wenn Sie beispielsweise *Arnica* (gegen Quet-schungen), *Barium carbonicum* und *Natrium sulfuricum* (Hirnschaden), *Laurocerasus* (Blausucht) und *Aspidosperminum* (Atemversagen) verwenden (siehe auch Seite 99f.). Während der Schwangerschaft sollten keine Medikamente verabreicht werden.

Säugeperiode

Während der Säugeperiode können verschiedene Erkrankungen auftreten.

»Schwache Welpen« (meist bis zu drei Wochen alte Neugeborene) erkennt man an fortschreitendem Gewichtsverlust, schwindenden Kräften und sinkender Körpertemperatur. Hepatitis-Viren, Herpes-Viren, *Escherichia coli* und viele andere Infektionserreger können diesen Zustand hervorrufen. Die fortschreitende Schwäche führt dazu, daß das Junge nicht mehr saugen kann und schließlich stirbt. Das Tier muß nicht unbedingt an Durchfall leiden. Diese Erkrankung kommt meist nicht bei Muttertieren vor, die nur gelegentlich gebären, sondern viel häufiger bei Tieren eines Züchters, wo es zwangsläufig mehrere ständige Infektionsquellen gibt. Falls der jeweilige Erreger bekannt ist, sollten Sie während der Trächtigkeit und Geburt zu vorbeugenden Maßnahmen greifen und die entsprechende homöopathische Nosode verabreichen. Außerdem sind folgende Mittel zu empfehlen: In frühen Stadien *Aconitum napellus*, bei Erbrechen und Durchfall *Arsenicum album* (syn. *Acidum arsenicosum*), *Carbo vegetabilis*, wenn die Welpen unterkühlt sind und kollabieren, und *Abrotanum*, wenn der Nabel näßt. *Acidum phosphoricum*, *Calcium phosphoricum*, *China* (syn. *Cinchona succiruba*) und *Echinacea* können alle bei den entsprechenden Symptomen hilfreich sein. Die Welpen sollten auf einer sauberen Unterlage warm und trocken gehalten werden. Eine Wärmflasche, die drei- oder viermal mit einem Handtuch umwickelt wurde, hält die Tiere gut warm. Zusätzlich kann eine Flüssigkeitstherapie von Nutzen sein.

Durchfall sollte man bei sehr jungen Tieren wie üblich entsprechend den Symptomen behandeln.

Kätzchen können stark verklebte Augen bekommen, wenn sie mit Katzenschnupfen infiziert sind. Hier kann die Nosode zusammen mit Mitteln wie *Argentum nitricum*, *Graphites* (syn. *Carbo mineralis*) und *Pulsatilla* sehr gut wirken (auch vorbeugend).

Nach einigen Tagen werden den Welpen die Afterklauen (die sog. Wolfsklauen) entfernt, und bei einigen Rassen wird auch immer noch der Schwanz kupiert. *Aconitum na-*

pellus, *Arnica* und *Staphisagria* können helfen, wenn es in dieser Zeit zu Problemen kommt.

In der Entwöhnungszeit tut *Ignatia* sowohl der Mutter als auch den Kleinen gut, genauso wie *Acidum phosphoricum* (besonders bei gleichzeitigem Durchfall). Welpen können sowohl vor als auch nach der Entwöhnung an Koliken bzw. an Krampfanfällen infolge eines Spulwurmbefalls leiden. In diesem Fall hat sich *Cina* besonders gut bewährt (Seite 85).

Wachstumsphase

Als nächstes schließt sich – besonders bei Hundewelpen – eine Phase des schnellen Wachstums an. Für das Knochenwachstum sollte man jetzt *Calcium phosphoricum* geben, und zwar routinemäßig 1 oder 2 Monate lang 1mal wöchentlich (siehe auch Seite 104 f.). Durchfall und Koliken können während der Wachstumsphase häufig auftreten und sollten entsprechend der Symptomatik behandelt werden (siehe »Durchfall«, Seite 88, und »Bauchkrämpfe«, Seite 85 f.).

Das Zahnen kann in dieser Zeit auch viele Probleme verursachen. *Chamomilla* ist immer ein gutes Mittel. Ursache vieler epileptischer Anfälle sind Zahnerkrankungen. *Chamomilla* kann diese recht schnell unterbinden. Durch das Zahnen entstehen jedoch auch viele andere Leiden, die hiermit in keinem direkten Zusammenhang stehen, z.B. entzündete Augen, Koliken und auch Durchfall. Selbst einigen wirklich schlechten »Kauern« kann mit *Chamomilla* geholfen werden.

Darmeinstülpung, Schluckauf, verschluckte Fremdkörper und Reisekrankheit treten hauptsächlich bei jungen und heranwachsenden Tieren auf und sollen entsprechend behandelt werden (siehe auch die Seiten 85 f. und 88).

Angeborene Herzschwäche und Gelenkprobleme machen sich ebenfalls erst bemerkbar, wenn das Tier an Gewicht zunimmt und seine volle Größe erreicht. (Diese Leiden finden Sie jeweils auf den Seiten 103 und 104 ff.)

Eingekehrte Lidränder (Entropium) können auch mit zunehmendem Wachstum der Welpen vorkommen (siehe hierzu Seite 71).

Die Impfung wird im allgemeinen im dritten oder vierten Monat vorgenommen, wobei konventioneller Impfstoff verwendet wird. Diese Maßnahme sollte man nicht leichtfertigerweise unterlassen, da sie unzählige Hunde vor den schrecklichen Auswirkungen von Staupe, Hepatitis, Parvovirus-Infektion und Stuttgarter Hundeseuche bewahrt hat. Sie können allerdings schon zu einem früheren Zeitpunkt auf homöopathischem Wege gegen diese Krankheiten vorbeugen, indem Sie die entsprechenden Nosoden verwenden. Das gilt auch bei jungen Kätzchen für Katzenpest und Katzenschnupfen (siehe Kapitel 11 und 14). Häufig wird die Nosode separat verabreicht, sie kann aber auch parallel zur herkömmlichen Impfung angewendet werden. Wenn die konventionelle Impfung irgendwelche Nebenwirkungen hervorruft, sollten die jeweiligen Nosoden in Kombination mit *Thuja* gege-

ben werden. Gelegentlich kann auch die Trägersubstanz eines Passivimpfstoffs (z.B. Aluminiumhydroxid) Nebenwirkungen hervorrufen. In diesem Fall wird dieser Stoff homöopathisch aufbereitet (potenziert) und anschließend dem Tier verabreicht, um örtlich begrenzte Schmerzen und die Gefahr eines Abszesses zu mindern (siehe hierzu auch Kapitel 15 über die Probleme im Zusammenhang mit einer Impfung).

Gegen Ende seiner Wachstumsphase treten beim Hund die ersten Anzeichen der Pubertät auf, was wiederum zu neuen Leiden führen kann. Diese werden in den Abschnitten »Geschlechtsorgane von Männchen« bzw. »Geschlechtsorgane von Weibchen« abgehandelt. Während der Trächtigkeit und des Wachstums ist eine sorgfältige Ernährung sehr wichtig.

Alte Hunde und Katzen

Auch im Alter gibt es – genau wie bei den Jungen – besondere Wehwehchen. In diesem Kapitel werde ich darauf eingehen und auf andere Stellen in diesem Buch verweisen, wo Sie detailliertere Informationen erhalten. Das Alter sollte nicht als krankhafter Zustand betrachtet werden; vielmehr sollte den alten Tieren – soweit dies möglich ist – ein Lebensabend in Gesundheit und ein rein altersbedingter Tod ermöglicht werden.

Beine

Alle arthritischen und rheumatischen Beschwerden verstärken sich noch bei einem alten Tier, sprechen jedoch außergewöhnlich gut auf das richtige homöopathische Mittel an. Im Frühstadium reagieren die schwachen Beine des Deutschen Schäferhundes gut auf *Conium maculatum* (obwohl dieses Symptom nicht auf diese Rasse beschränkt ist, siehe Seite 116). Bei Fehlbildungen an der Hüfte (Hüftdysplasie) hilft *Colocynthis* zusammen mit den anderen auf Seite 106 ff. beschriebenen Mitteln gegen Rheuma und Arthritis.

Wucherungen

Diese sind vor allem bei älteren Hunden häufiger. Einige sprechen auf Behandlung gut an (siehe »Tumorbildung«, Seite 126).

Herz, Nieren und Augen

Sind bei älteren Tieren ebenfalls anfälliger für Erkrankungen, ihre Behandlung wird auf den entsprechenden Seiten (jeweils Seite 103, 92 f. bzw. 69 ff,) ausreichend beschrieben.

Altern

Das Altern kann allgemein zu Haarausfall (hier hilft *Thallium metallicum*), Taubheit, Erschlaffung des Gewebes und fortschreitender Schwäche führen. Dann sind *Agnus castus*, *Argentum nitricum*, *Causticum Hahnemanni*, *Conium maculatum*, *Lycopodium*, *Silicea* (syn. *Acidum silicicum*) und *Thiosinaminum* zu berücksichtigen. Manchmal können diese Prozesse verlangsamt sein und Folgebeschwerden dementsprechend merklich gelindert werden. Eine gute Ernährung ist auf alle Fälle wichtig.

Bei zusammengebrochenen oder im Sterben liegenden Tieren können Sie die Herzarbeit soweit nötig unterstützen, man kann aber auch ein geeignetes Mittel geben. Die Mittel, die auf Seite 126 und 127 genannt werden, können zu beachtlichem Erfolg führen. Allerdings darf man sich bei Erkrankungen, die von vorneherein zum Tod führen, nicht vor der Entscheidung drücken, das Tier einschläfern zu lassen, wenn die Umstände dies erfordern.

Alternde Hunde sind oft nachts rastlos und bereiten sich und ihrem »Herrchen« viel Unruhe. *Coffea* oder *Arsenicum album* (syn. *Acidum arsenicosum*) waren in diesen Situationen sehr hilfreich.

Wenn im Alter homöopathische Mittel gegeben werden, sollten Sie nun nicht erwarten, daß alte Hunde oder Katzen plötzlich wieder jung werden, daß sich Alterungsprozesse umkehren oder tödliche Erkrankungen abrupt verschwinden. Die Wirkungen dieser meist wohltuenden, milden und leichten Mittel sollten jedoch nicht ignoriert werden, da sie dem alten Tier – unabhängig davon, ob sie möglicherweise zusätzliche Lebensjahre spenden – zumindest seine Lebensqualität in den letzten Jahren verbessern. Meiner Meinung nach sollten auch alte Tiere nicht durch erbarmungslose Krankheiten ihrer Würde beraubt werden.

Kapitel 14
Homöopathie
als Krankheitsvorbeugung

Eine medizinische Richtung, die die Notwendigkeit der Vorbeugung nicht anerkennt, hat sich für einen Beobachter mit gesundem Menschenverstand von vornherein disqualifiziert. Die Homöopathie beachtet nicht nur diese Notwendigkeit, sondern ist gerade im präventiven (das heißt der Vorbeugung dienenden) Bereich unschlagbar.

Die Parvovirose gilt als die berüchtigtste Hundekrankheit der Gegenwart, und dank konventioneller Impfmethoden hat man sie gut im Griff. Allerdings können nur Tiere, die älter als vierzehn Wochen sind, erfolgreich geimpft werden. (In jüngster Zeit wurde ein viel besserer konventioneller Impfstoff entwickelt, mit dem ein großer Prozentsatz der Welpen im Alter von zwölf Wochen geimpft werden kann. Dies verhindert jedoch immer noch nicht das schwierige Problem von Impfschäden – siehe Kapitel 15.) Aber auch hierbei gibt es immer Ausnahmefälle, die erkranken. Jüngere Welpen stellen ein noch größeres Problem dar. Die *Parvovirus*-Nosode kann dem Hund jedoch in jedem Alter wirklichen Schutz bieten (siehe Kapitel 11 »Spezielle Erkrankungen«).

Nosoden können aus den Erregern von Staupe, Stuttgarter Hundeseuche, Hepatitis, Katzenpest, Katzenschnupfen, Myxomatose (bei Kaninchen), aus Staphylokokken, dem Hundeherpesvirus, dem Paramyxo-Virus (von Tauben) und jeder anderen nur denkbaren infektiösen Substanz hergestellt werden. Verabreichen Sie den Tieren die Nosode während der ersten sechs Lebensmonate, danach vielleicht noch weitere sechs Monate (1mal monatlich). Die Nosoden können nicht nur die Krankheit ohne Allergien oder Nebenwirkungen wirksam verhindern, sondern auch bei ihrer Heilung, wenn sie tatsächlich auftritt, sehr hilfreich sein. Zu diesem Thema sollte der Rat eines Fachmanns eingeholt werden, da diese homöopathische Variante quasi als Impfung zu verstehen ist. Ihr Tierarzt kann diese Richtlinien am besten auf Ihr Heim und Ihr Haustier übertragen. Er kann auch neue Nosoden beziehen, die auf die jeweiligen Gegebenheiten passen. Zur generellen

Orientierung beim Verabreichen vorbeugender Nosoden gilt folgendes: Einige Tage lang 2mal täglich 1 Dosis, dann monatlich 1 Dosis bis zum 6. Lebensmonat; anschließend 6 Monate lang 1mal monatlich eine Auffrischung. Diese Nosoden können auch gegeben werden, wenn eine vorherige Erkrankung durch einen der genannten Erreger die Gesundheit des Tieres nachhaltig beeinträchtigt (siehe Seite 123 sowie Kapitel 8 bis 13).

Auch andere vorhersehbare Erkrankungen können durch entsprechende Arzneimittel verhindert werden. So wirkt beispielsweise *Caulophyllum* – wie in den Kapiteln 8 bis 13 dargestellt – besonders intensiv bei einer bevorstehenden Geburt und kann daher in diesen Situationen mit außergewöhnlichem Erfolg sowohl zur Behandlung als auch zur Komplikationsvermeidung verwendet werden. Ein Schock oder andere Nachwirkungen nach einer Operation werden durch *Arnica*, *Calcium fluoricum* oder *Staphisagria* vermieden (siehe Kapitel 8 bis 13), während ein »Narkosekater« durch Anwendung des entsprechenden Arzneimittels, z.B. Chlorpromazin, Opium usw. verhindert werden kann. Laktationstetanie (Eklampsie) läßt sich durch *Calcium phosphoricum* und Zahnstein durch regelmäßiges Einnehmen von *Fragaria* vermieden. Alle homöopathischen Mittel gegen akute Erkrankungen stellen gleichfalls Vorbeugungsversuche dar, da die richtige Arznei generell verhindern sollte, daß die Krankheit »chronisch« wird. Häufig kann man ver-

meiden, daß das Tier operiert oder eingeschläfert werden muß oder von sich aus eingeht, während die konventionelle Medizin diese schrecklichen Konsequenzen oft nicht abzuwenden vermag. Wer will schon bestreiten, daß *Arnica* und *Aconitum napellus* außer Konkurrenz stehen, wenn es gilt, Verletzungsschäden und den dazugehörigen Schock zu verhüten? Da die Blutungen ins Gewebe herabgesetzt werden, wird das Gewebe allein dadurch schon weniger stark geschädigt. Rachitis und andere Knochenwachstumsstörungen können durch *Calcium carbonicum*, *Calcium phosphoricum* und *Magnesium phosphoricum* verhindert werden. Schwere Narbenbildung nach einer Verletzung wird durch orale Gabe von *Thuja* und *Silicea* (syn. *Acidum silicicum*) und durch äußerliche Anwendung von *Calendula* eingeschränkt oder verhindert. *Mercurius solubilis* kann bei Augengeschwüren jede weitere Hornhautschädigung evtl. vollständig verhindern. Da man auch Ungeborene im Mutterleib behandeln kann, bieten sich hier unbegrenzte Möglichkeiten, Krankheiten vorzubeugen, da ja manche Erkrankungen des trächtigen Muttertiers auf den Fötus übertragen werden. Stimmungen, Nahrung und Infektionen können den Fötus stark beeinflussen, desgleichen Impfbeschwerden und andere chronische Erkrankungen (siehe auch Kapitel 15). Ein homöopathisch praktizierender Tierarzt wird von den Möglichkeiten dieser Medizin begeistert sein, da er viele Krankheiten, die sich seinen Therapieversuchen bisher widersetzten, nun überwachen, lindern oder vollständig verhindern kann. Die hier genannten Aspekte sind nur ein Ausblick darauf, was die Homöopathie letztlich alles verhindern kann.

ANMERKUNG: Allerdings gibt es bisher noch keine (statistisch gesicherten) Versuche, die Wirksamkeit der Nosoden bei der Vorbeugung von Parvovirusinfektionen, Staupe, Hepatitis, Stuttgarter Hundeseuche oder Katzenpest nachzuweisen. Jedoch erbrachten Versuche mit an Zwingerhusten erkrankten Hunden spektakuläre Erfolge, und auch über Erkrankungen von Nutztieren sowie über Krankheiten in Katzenzuchtbetrieben (Grippe) gibt es zahlreiche Veröffentlichungen. Offenbar ist dies der Beweis, daß Nosoden grundsätzlich wirken. Bis jedoch vollständige und kontrollierte Versuche durchgeführt wurden, müssen die Tierhalter leider hinnehmen, daß die Wirksamkeit dieser Vorbeugungsmittel letztlich nicht bewiesen ist. Trotz dieser eher pessimistischen Anmerkung ist es jedoch so, daß sich im Lauf der Zeit viele mündliche Berichte über Heilerfolge mit Nosoden gehäuft haben, in denen von günstigen Prognosen und nicht von Problemen die Rede ist. Die Tiere sind gesund geblieben, obwohl die Epidemie in ihrem Umfeld ausgebrochen war. Die Bedeutung dieser Berichte ist daher überwältigend, und sie werden sicherlich in Zukunft noch durch statistische Daten unterstützt werden.

Kapitel 15
Homöopathie im Gegensatz zur Schulmedizin und deren Diagnostik

Oft wird behauptet, homöopathische Mittel ließen sich unmöglich nach bzw. zusammen mit einer »normalen« Behandlung anwenden. Wie ich schon in Kapitel 2 angedeutet habe, bin ich der festen Überzeugung, daß diese Behauptung falsch, obwohl im Idealfall vielleicht berechtigt ist. Erstens habe ich viele Fälle erfolgreich homöopathisch behandelt, die unmittelbar vorher nach herkömmlicher Weise therapiert worden waren. Zum zweiten benutze ich die Schulmedizin (wie in Kapitel 2 beschrieben) in ganz seltenen Fällen, um todkranken Tieren Linderung zu verschaffen. Drittens kann eine begonnene Therapie der Schulmedizin nicht immer plötzlich abgebrochen werden, um mit einer homöopathischen Methode zu beginnen. In solchen Fällen muß man die konventionellen Mittel Schritt für Schritt absetzen. Außerdem kann es vorkommen, daß die Homöopathie manchmal aus unterschiedlichen Gründen versagt (siehe wieder Kapitel 2). Dann sollte man dem kranken Tier die »normale« Therapie nicht vorenthalten, wenn eine gewisse Chan-

ce besteht, daß sie ihm hilft. In der Medizin gibt es keinen Platz für Dogmen, wenn man seine Pflicht gegenüber dem Patienten nicht vernachlässigen will (siehe Hahnemannsches Prinzip Seite 25). Auch sollte man andere, eventuell hilfreiche Behandlungsmöglichkeiten in Erwägung ziehen, so z.B. Akupunktur, Anthroposophische Medizin, Augendiagnose, Bach-Blüten, Schüßler-Salze, Elektroakupunktur nach Voll, Lasertherapie, Therapien mit Magnetstrahlung, Vibrationen und Ultraschall, Elektrotherapie, Kräutertherapie, Osteopathie usw. Alle diese Methoden haben zum richtigen Zeitpunkt ihre Berechtigung, und daher sollte ein verantwortlicher Arzt, sei er nun Humanmediziner oder Veterinär, diesen Aspekten gegenüber aufgeschlossen sein.

ANMERKUNG: Akupunktur und Homöopathie sollten prinzipiell miteinander vereinbar sein. Ich bezweifle aber, daß sie mit zufriedenstellenden Ergebnissen gleichzeitig angewendet werden können, da bei beiden versucht wird, die Energiemuster im

Körper zu verändern. Wenn eine Therapieform als Linderungsmittel, die andere hingegen als tiefgehendes Mittel verwendet wird, können beide Behandlungsweisen gleichzeitig angewandt werden und auch wirksam sein (diese Dinge sind klinisch schwer abzuschätzen). Ihre gleichzeitige Anwendung kann Probleme wie beispielsweise bei einer Überdosierung (vgl. Kapitel 5 und 7) hervorrufen und folglich die Lebenskraft durcheinanderbringen oder schwächen. Also benutze ich heute nur eine von beiden zum jeweiligen Zeitpunkt, bis dieses schwer faßbare Thema weitgehender erforscht ist.

Etwas genauer gefragt: Unter welchen Umständen kann die Schulmedizin überhaupt mit der Homöopathie aneinandergeraten? Zunächst geht man, beispielsweise im Fall einer Kortisontherapie oder weniger dramatisch bei einer Behandlung mit Antihistaminika, davon aus, daß die homöopathische Behandlung mit sehr hoher Wahrscheinlichkeit blockiert werden kann. Bevor ein homöopathisches Mittel nach dem Ähnlichkeitsprinzip verschrieben wird, sollte man bei vorgehender Behandlung mit »klassischen« Medikamenten das betreffende Medikament (in potenzierter Form) geben, damit es schneller aus dem Körper beseitigt wird. Desgleichen sind *Nux vomica*, *Sulfur* und *Thuja* ebenfalls ausgezeichnete »Purgiermittel«, um den Körper von Rückständen früherer Behandlungen zu »reinigen«. Manchmal läßt sich jedoch eine langfristige Kortisontherapie überhaupt nicht

neutralisieren, so daß eine Behandlung auf natürlichem Wege von vornherein erfolglos ist. Zweitens können Überdosierungen und extrem lange Behandlungen die Krankheit stark »verschleiern«, die Symptomatik durcheinanderbringen und die Vitalkraft des Tieres schwächen (das gilt auch für die Überdosis eines homöopathischen Mittels, wie in den Kapiteln 5 bis 7 bereits besprochen wurde). Auch hier können *Nux vomica*, *Sulfur* und *Thuja* in Kombination mit dem jeweiligen (homöopathisch aufbereiteten) Medikament für die »Klärung« eines Falls sorgen. Vielfach kann die Homöopathie jedoch den Schaden beheben, der durch eine konventionelle Therapie angerichtet wurde. Die schädigenden Wirkungen der Strahlen- und Chemotherapie können durch die Gabe ähnlicher Stoffe gelindert werden. Impfstoffe können ebenfalls Komplikationen hervorrufen. In diesem Fall gibt man als erstes *Thuja*, danach die entsprechende Nosode oder das potenzierte Adjuvans. Patienten, denen zuviel *Digitalis* (Fingerhut) gegeben wurde, kann mit *Acidum nitricum* oder *China* (syn. *Cinchona succiruba*) geholfen werden, während bei Kranken, die eine zu hoch dosierte Kräutertherapie erhalten haben, *Nux vomica* Abhilfe schafft. *Aloe* hilft den Patienten, die zu viele Antibiotika bekommen haben. Um die schädigenden Wirkungen von Kortikosteroiden (Kortison), Hormonen, Antibiotika und Anästhetika umzukehren, werden diese Medikamente in potenzierter Form verabreicht. Wenn in Zukunft weitere

Forschungen durchgeführt sein werden, können sich viele derartige Praktiken als hilfreich erweisen.

Wie schon in Kapitel 2 gesagt, bedeutet angewandte Homöopathie in der Veterinärmedizin nicht automatisch das Ende für vernünftige Praktiken, wie beispielsweise Flüssigkeitstherapie, Diät, Operationen, Pflege, Haltung und der richtige Dialog zwischen Tierarzt und Tierhalter. Desgleichen sollen auch nicht altbewährte und notwendige Untersuchungsmethoden abgeschafft werden, wie z.B. Abhorchen, Fiebermessen, Harn- und Blutuntersuchungen im Labor, Röntgenaufnahmen, Untersuchung auf Bakterien, Viren, Parasiten, Augenspiegelung usw. Leider sind diese Verfahren auf Kosten einer genauen Beobachtung und Überlegung bis zum Exzeß überstrapaziert worden. Auch der Homöopath kann sich von solchen Dingen nicht frei machen, wenn er seinen Patienten richtig behandeln will. Allerdings wird er feststellen, daß er sich für seine Diagnose immer weniger auf solche Untersuchungen verläßt bzw. verlassen muß. (Leider stimmt es nämlich, daß moderne Tierärzte häufig viel zu sehr auf diese Labortests vertrauen, anstatt beim Erfassen des Krankheitsbildes auf ihren Instinkt zu bauen.) Bei der Ausbildung zum Tierarzt kann zuviel Wert auf die »Wissenschaft« und zuwenig auf die ebenfalls wichtigen diagnostischen Fähigkeiten gelegt werden. Allerdings haben Untersuchungen auch weiterhin ihre Daseinsberechtigung und dürfen nicht gänzlich wegfallen.

ANMERKUNG: Was die eigentliche Diagnose anbelangt, so ist der übliche Weg, am Ende einer Untersuchung für jede Krankheit eine spezielle Bezeichnung zu haben, nicht derjenige, den die Homöopathie und besonders Hahnemann beschreiten. Vgl. hierzu §§ 5–18 und § 81 im »Organon«, in denen Hahnemann diesen Aspekt sehr ausführlich behandelt.

Der Homöopath von heute sollte die Früchte des Wissens ernten, das sich seit Hahnemann angesammelt hat, und in den richtigen Zusammenhang bringen. Anschließend sollte er dieses Konzept mit dem kombinieren, was er über die Art der Erkrankung, die Art der »Heilung« (im eigentlichen Sinn des Wortes), die Art der Medizin aus Hahnemanns Werk und aus seinem eigenen offenen und philosophischen Umgang mit dem Leben gelernt hat. Dadurch wird er mit Sicherheit das wahre Berufsethos der Veterinärmedizin aufbauen, der sich direkt aus den hier so oft zitierten Ansichten Hahnemanns über die ärztliche Moral ableitet (Seite 25).

Impfschäden

Die unterschiedlichen Probleme, die sich nach einer Impfung ergeben können, sollen unbedingt an dieser Stelle behandelt werden (siehe auch Inhaltsverzeichnis). Zwar ist noch nicht wissenschaftlich bewiesen, daß eine Impfung möglicherweise ein falscher Schritt sein kann, doch wird es langsam für viele, die ihren Blick nicht vor den Tatsachen verschließen wollen, ersichtlich, daß nicht alles an der Impftheorie zum besten ist.

(Übrigens hegte auch schon Hahnemann seine Zweifel, wie im »Organon« [Fußnote zu § 56] nachzulesen ist.) Wenn solche – obgleich oft subjektiven – Hinweise aus Angst, sich lächerlich zu machen, nicht zu Papier gebracht werden, werden sich die Wissenschaftler dieses Problems niemals annehmen, und viele richtige Beobachtungen anderer Veterinärmediziner werden nie veröffentlicht. (Sehr oft werden nämlich Beobachtungen, die dem derzeitigen Wissen scheinbar widersprechen, von einem Beobachter falsch gedeutet und erst dann niedergeschrieben und publiziert werden, wenn andere von ähnlichen Beobachtungen berichten.)

Verborgene Impfschäden sind Erkrankungen, die nach längerem zeitlichem Abstand zur Impfung auftreten. Bei Individuen mit einem schwachen Immunsystem können sie sich beispielsweise hinter Ekzemen, Arthritis, Epilepsie, Allergie, Pankreasinsuffizienz, Immunschwächesyndromen, Zahnfleischentzündung (bei Katzen), Frieselausschlag und selbst der Katzen-Dysautonomie verbergen. Eine Impfung kann auch für Warzen und Autoimmunkrankheiten empfänglich machen. Viele dieser Erkrankungen waren unter homöopathischer Behandlung (scheinbar) besser geworden und brachen erst nach einer Auffrischungsimpfung erneut aus, was einen Hinweis auf einen eventuellen Impfschaden liefert.

Offene Impfschäden. Als direkte oder offensichtliche (wenn auch seltene) Folgen von Impfungen wurden u.a. genannt: Blauäugigkeit bei Hunden (Afghanen) durch Hepatitis-Impfstoffe (die nach einem älteren Verfahren hergestellt und nur schlecht gereinigt wurden), Hirnschäden bei Menschen nach einer Keuchhustenimpfung, Überempfindlichkeit, Ausbruch einer Krankheit im Anschluß an die Impfung, Lymphknotenerkrankung, Mandelentzündung (Tonsillitis) usw.

ANMERKUNG: Meiner Meinung nach sind Irish Setter nach einer Impfung besonders anfällig für Mandelentzündungen, in manchen Fällen kommt es auch zu Blutveränderungen. Königsspaniel können ähnlich anfällig sein, zeigen aber häufiger nur eine (allergische) Reaktion an der Injektionsstelle. Ich habe keine Erklärung dafür, weshalb gerade diese Rassen besonders empfindlich sind. Die Beschreibungen beruhen aber auf jahrelangen praktischen Erfahrungen.

Ich glaube, es steht außer Zweifel, daß eine Impfung Probleme birgt. Was jedoch in Frage gestellt werden kann, sind ihre Ausmaße – und das wiederum stellt ein gewaltiges Forschungsgebiet dar. Bestimmt wird es keinem leicht gemacht, einen hieb- und stichfesten Beweis für die Existenz dieses Problems zu erbringen. Wir sollten hierbei insbesondere versuchen, die Wirkungen und Verfeinerungsmöglichkeiten der Impfung zu untersuchen und mögliche Alternativen zu finden, ohne von ihren unzweifelbaren Vorzügen zu lassen.

Alternativen. Nosoden stellen eine sehr vielversprechende Alternative zum Schutz unserer Tiere gegen Infektionskrankheiten dar. Momentan wird gerade an der *Staupe*-Nosode gearbeitet, und auch die Ergebnisse eines Versuchs über Zwingerhusten (wenn auch in zu kleinem Rahmen) wurden veröffentlicht.

Die Veröffentlichung einer solchen Diskussion läuft allerdings Gefahr, daß Impfscheu und unreflektierte Vorurteile entstehen, die unsere Tiere völlig ungeschützt gegenüber tödlichen Krankheiten wie Staupe, Parvovirose, Katzenpest u.a. lassen. Dies will ich selbstverständlich nicht auslösen, sondern lediglich dazu anregen, nach Neuem Ausschau zu halten und denkbare Therapiemöglichkeiten für einige der genannten chronischen Krankheiten zu entwickeln.

Behandlung von Impfschäden. Mittel wie *Pulsatilla*, *Lachesis*, *Silicea* (syn. *Acidum silicicum*), *Sulfur* und *Thuja* unterstützen den Körper, diese Schäden zu überwinden. Im speziellen Fall können zahlreiche Nosoden und potenzierte Adjuvantia gegen die Wirkungen bestimmter Bestandteile der Impfstoffe als »Gegenmittel« verwendet werden. Vergessen Sie auch nicht die »ähnlichen« oder die konstitutionellen Mittel, da dies mit Recht der einzige homöopathische Weg zu einer vollständigen Heilung ist.

Kapitel 16
Fallbeispiele

Diese Krankheitsfälle werden vorgestellt, um zu demonstrieren, wie man ein Arzneimittel auswählt und welche möglichen Folgeerscheinungen sich ausbilden können (siehe Kapitel 6). Sie finden in diesem Kapitel erstmalig Potenzangaben. Diese verstehen sich nicht als Empfehlungen, da es sich lediglich um dokumentierte Krankheitsfälle mit den verwendeten Potenzen handelt.

Behandlung des »Grundübels«

Beispiel 1

Eine 18 Monate alte Katze, nach einem Verkehrsunfall als Notaufnahme zu mir in die Praxis gebracht.

Die Katze atmete schwach, war kollabiert, blaß und scheinbar querschnittsgelähmt. Das Becken schien gebrochen, vielleicht gab es noch andere Verletzungen, eine genauere Untersuchung wäre jedoch für das Tier zu belastend gewesen. Der Zustand des Tieres erschien schlimm genug, um an Einschläfern zu denken, dennoch habe ich ihm in 15minütigem Abstand *Arnica* D30 gegeben. Um die Mittagszeit machte die Katze schon sehr gute Fortschritte beim Gehen. Eine tags darauf erstellte Röntgenaufnahme zeigte eine ausgerenkte Hüfte und mehrere Beckenbrüche. Das Tier war nun kräftig genug, um betäubt zu werden, und ich konnte die Hüfte wieder einrenken. Ein 3wöchiger Gipsverband führte offenbar zur vollständigen Genesung. Im Verlauf der ersten 3 Tage wurde vereinzelt *Arnica* D30 gegeben.

Beispiel 2

Eine 2jährige Katze mit einer Verletzung, die möglicherweise aus einem Verkehrsunfall herrührte.

Die Katze war kaum bei Bewußtsein, lag auf der Seite, und aus ihrer Lunge strömte helles, schaumiges Blut. Eine halbe Stunde lang wurde alle

5 Minuten *Arnica* D30 verabreicht, als die Katze allmählich wieder zu Bewußtsein kam, nur noch alle 2 Stunden. Am nächsten Tag war das Tier offensichtlich wieder in Ordnung. Dieses unerwartete Ergebnis kann wahrscheinlich dadurch erklärt werden, daß die Blutung eher auf eine starke Lungenquetschung als auf größere Gewebeschädigungen zurückzuführen war.

Ein 6jähriger Jack-Russel-Terrier-Rüde war Mitte Februar seit fast 1 Monat auf einem Bein lahm.

Das Kniegelenk war dort sehr locker, schmerzte und erzeugte bei Bewegung Geräusche. Der Rüde sollte sich 3 Wochen lang schonen. Wäre danach keine Besserung eingetreten, hätte man das Knie operiert. Der Schmerz setzte dem Hund sehr zu, er konnte kaum laufen, obwohl das Bein immer geschont wurde. Mitte März wurde mit einer homöopathischen Behandlung begonnen. Eine Mischung aus *Rhus toxicodendron* D30, *Ruta graveolens* D30 und *Arnica* D30 wurde 10 Tage lang 2mal täglich gegeben. Obwohl *Bryonia* besser auf die vorliegenden Symptome gepaßt hätte, schien mir die mögliche Erkrankung von Muskeln, Bändern und Knochenhaut im Zusammenhang mit der daraus resultierenden Quetschung und Berührungsangst primär wichtiger. Nach 10 Tagen ging es dem Hund erheblich besser; er konnte nicht nur sein Bein wieder

benutzen, sondern war auch insgesamt in sehr guter körperlicher Verfassung. Eine weitere Besserung trat nach 3 Wochen ein. Nachdem diese nach einem weiteren Monat zum Stillstand kam, wurden *Rhus toxicodendron* D200, *Ruta graveolens* D200 und *Arnica* D200 verabreicht. Nun ging es dem Hund wieder zunehmend besser, auch ohne Operation.

Eine 4jährige Chihuahua-Hündin, nach einer kürzlich erfolgten Knieoperation, bei der ihr eine Prothese eingesetzt wurde, wurde zur Behandlung gebracht.

Seit der Operation war das Knie nicht mehr richtig benutzt worden. In diesem Bereich traten regelmäßig rötliche Absonderungen auf. Ich entschied mich für die Behandlung vergleichbar einer chronischen Eiterung und gegen eine Behandlung der Gelenkverletzung, die sich aus der Krankengeschichte ergab. 1 Monat lang wurde 3mal täglich *Silicea* (syn. *Acidum silicicum*) D30 gegeben. Nach 2 Wochen trat eine Besserung ein, und die Absonderungen wurden weniger. Mehrere Monate danach kam es immer noch zu gelegentlichen Absonderungen, das Bein konnte jedoch wieder benutzt werden. Seit dieser Zeit wurde dem Tier in unregelmäßigen Abständen *Silicea* verabreicht, und allmählich konnte die Hündin ihre Beine wieder besser benutzen. Die Absonderungen traten nicht mehr auf.

Behandlung nach Gemütssymptomen

Beispiel 5

Ein 8jähriger Cockerspaniel-Rüde mit folgenden, (seit Februar) nacheinander auftretenden Krankheitssymptomen: Hautjucken, Nasenbluten, Schmerzen in den Hinterläufen und (ab Oktober) äußerste Lethargie, Übergewicht, Hautprobleme und Lebensunlust.

Der Hund wurde während der ganzen Zeit auf herkömmliche Weise behandelt, wobei er alles andere als von seinen Symptomen geheilt wurde. Eine Schilddrüsenbehandlung hatte noch am besten und erfolgreichsten angeschlagen. Im Dezember desselben Jahres wurde mit der homöopathischen Behandlung begonnen. Ein wichtiger Punkt war, daß seine »Lebensgefährtin«, eine 10 Jahre alte Cocker-Hündin, im Dezember des Vorjahres eingeschläfert worden war und daß er nach Meinung seines Halters immer noch trauerte. Diesem Hund gab ich 1 Woche lang *Ignatia* D30 2mal täglich. Nach 1 Monat hatte sich seine Gesundheit in allen Aspekten deutlich gebessert, danach folgte ein (durchaus im Rahmen bleibender) Rückschlag. Vor allem hatte sich sein Wohlbefinden verbessert. *Ignatia* D30 wurde für weitere 3 Tage verschrieben. Wiederum erfolgte eine deutliche Reaktion mit einer noch stärkeren Verbesserung, aber auch jetzt trat bald wieder ein Rückschlag ein. Nach 2 weiteren Verbesserungen und Rückschlägen meinte der Halter, daß es dem Hund insgesamt wohl nicht besser ginge. Diesmal habe ich *Ignatia* D200 1mal täglich an 3 aufeinanderfolgenden Tagen verschrieben, die im Bedarfsfall wiederholt gegeben werden sollte. Daraufhin wurde kein *Ignatia* mehr benötigt. Die Genesung verlief ohne weitere Zwischenfälle. Am meisten freute sich der Halter darüber, daß das Tier wieder seine alte Lebensfreude zeigte.

Beispiel 6

Eine 2jährige Golden-Retriever-Hündin saß in einem Auto, das in einen Verkehrsunfall verwickelt worden war.

Der Unfall ereignete sich auf dem Weg in das Büro des Tierhalters. Seit diesem Unfall (vor mehreren Monaten) fürchtete sich das Tier, in das Büro zu gehen, und saß den ganzen Tag zitternd unter dem Schreibtisch. Da der Halter die Hündin nicht den ganzen Tag allein zu Hause lassen wollte, versuchte er es mit einer homöopathischen Behandlung. Nach einer Einzeldosis *Aconitum napellus* M1 wurde 1 Woche lang *Gelsemium* D30 1mal täglich verabreicht. In diesem Fall wurden sowohl die ursächlichen Gründe (Unfall) als auch die vorliegenden Gemütssymptome berücksichtigt. Der Hündin ging es auch sofort besser, eine weitere Behandlung war überflüssig.

Beispiel 7

Ein 8jähriger, kastrierter Collie-Mischlingsrüde mit chronischem Durchfall.

Der Hund war lebhaft, nervös, hatte ein stumpfes Fell und Angst vor Geräuschen. Der wäßrige Durchfall ging ohne Pressen oder Schmerzen ab. 3 Tage lang wurde 2mal täglich *Mercurius solubilis* D30 gegeben. Der Durchfall hörte auf, aber die Nervosität wurde schlimmer. Der Hund hatte Angst, das Haus zu verlassen. Da der chronische Durchfall gleichzeitig mit der Behandlung aufgehört hatte, erhielt der Hund weiterhin *Mercurius solubilis* D200, um eine tiefere Wirkung zu erzielen, obwohl die sich jetzt klarer abzeichnenden Gemütssymptome nicht recht dazu passen wollten. Die Behandlung verlief ohne Ergebnis. Danach habe ich *Argentum nitricum* D30 2mal täglich verschrieben, worauf es dem Hund sofort besser ging. Der Durchfall trat nicht mehr auf, und die Nervosität stellte auch kein Problem mehr dar. Dies zeigt, daß es notwendig ist, bei der Verschreibung eines Mittels auf das eigentliche »Grundübel« zurückzukommen.

Beispiel 8

Ein 6½jähriger Gordon-Setter-Rüde mit epileptischen Anfällen, die im Mai begonnen hatten, wurde im November behandelt.

Äußerlich betrachtet, war er ein nervöser Hund mit einem ebensolchen Herzen. Bei genauer Nachfrage kam heraus, daß die Anfälle meist dann auftraten, wenn ein Familienmitglied nicht da war. Diesem Hund habe ich *Ignatia* D30 2mal täglich 1 Woche lang verschrieben. 2 Monate später waren keine Anfälle mehr aufgetreten, aber das Tier biß sich nun in die Pfoten. Dieses Verhalten hatte er offenbar immer kurz vor einem epileptischen Anfall gezeigt, was bei der Anamnese jedoch übersehen wurde. Dieses »Verbeißen« deutet wohl auf einen Rückfall hin, weswegen ich *Ignatia* D200 verschrieben habe. Sollte diese Dosierung anschlagen, so war eine Dosis M10 vorgesehen, um eine tiefe und anhaltende Wirkung zu erzielen. Das Krankheitsbild löste sich tatsächlich auf.

Manchmal gibt es jedoch auch warnende Gegenbeispiele, wie das folgende zeigt.

Beispiel 9

Kürzlich wurde mir ein Cockerspaniel mit sehr ähnlichen Symptomen vorgestellt, die nach dem Umzug der Familie aufgetreten waren.

Der Hund war von seinem früheren Besitzer ausgesetzt worden. Wir gingen davon aus, daß der Umzug die frühere psychische Belastung wiederaufleben ließ. Die epileptischen Anfälle, die auf herkömmliche Weise nicht zu behandeln waren, traten alle 10 Tage auf. In diesem Fall habe ich *Ignatia* D30 verschrieben. Darauf trat jedoch eine Verschlechterung ein. Die gewählte Dosis (2mal täglich 4 Tage lang) war offenbar zu stark, und 2 Tage später erlitt der Hund an einem Tag plötzlich 9 Anfälle. Diese wurden von einem Kollegen durch eine starke herkömmliche Therapie gestoppt. Wir wollen jedoch die homöopathische Behandlung wieder vorsichtig aufnehmen, sobald sicher ist, daß die Wirkung dieser Therapie überwunden ist. Wenn die Anfälle jetzt weniger oft auftreten (seit Aufzeichnung dieses Falls hatte der Hund 9 Wochen lang keine Anfälle mehr), so ist sicherlich *Ignatia* das richtige Mittel.

Behandlung nach ersichtlichen Symptomen

Beispiel 10

Ein 8 Jahre alter kastrierter Kater mit einer Bißwunde an der rechten Vorderpfote.

Eine Infektion hatte sich am Bein entlang bis zum Ellbogen hinauf ausgebreitet. Das Tier war sehr krank, es bekam Fieber und hatte starke Schmerzen. Ich gab ihm *Hepar sulfuris* D30 4mal täglich. 2 Tage später war der Kater gesund und hatte nur noch ein leicht schmerzendes Bein. Nach 1 Woche waren alle Symptome verschwunden.

Beispiel 11

Ende Mai wurde mir auf Empfehlung eine 2jährige Bulldoggenhündin gebracht.

Der Halter wollte nicht, daß ihr aufgrund einer Pyometra (Eiteransammlung in der Gebärmutter) Eierstöcke und Uterus entfernt würden. Krankhafter Durst, Fieber, geschwollene Lymphknoten und Appetitlosigkeit, zusammen mit rosafarbenem, eitrigem Ausfluß aus der Scheide bestätigten die Diagnose. Die Hündin erhielt 2mal täglich *Sabina* D12 und *Sepia* D30. Ende Mai konnte der Halter glücklich berichten, daß sie vollständig genesen war. Die Behandlung wurde daraufhin beendet. Eine Nachuntersuchung Ende Juni bestätigte den Eindruck des Halters.

Beispiel 12

Eine 4jährige sterilisierte Katze mit einem Hornhautbruch im rechten Auge (mit zahlreichen kleinen Blutgefäßen und Pigmenten als Begleitsymptome) wurde nach Monaten erfolgloser Behandlung zu mir gebracht.

Diesem Tier habe ich *Mercurius solubilis* D30 verschrieben, da keine Lichtscheu und offensichtlich keine Schmerzen vorlagen. Die Behandlung mit diesem Arzneimittel erfolgte in Abständen und rief eine allmähliche, jedoch deutliche Reaktion hervor. Nach 2 Monaten war nur noch ein kleiner weißer Punkt auf der Hornhaut zu sehen. Als erstes heilte der Hornhautbruch, anschließend verschwand die rosa Färbung, dann bildeten sich die Gefäße (von innen nach außen) zurück, und als letztes schien die Pigmentierung zu schwinden, vermutlich weil sich die Hornhaut schuppte.

Beispiel 13

Eine 3jährige Wolfshündin mit angeborenen Herzproblemen.

Das Tier konnte sich kaum bewegen, zeigte Blausucht, Atemnot und Appetitlosigkeit. Sein Zustand hatte sich in den letzten 3 Monaten sehr verschlechtert, aber schon als Welpe war es nie richtig gesund gewesen. Die Herztöne waren abgerundet und diffus, der Herzrhythmus war unregelmäßig und die Herzfrequenz gesteigert (Tachykardie). Der Hündin wurde ein »Cocktail« aus *Digitalis* D12, *Crataegus* ø und *Viscum album* D2 verabreicht. Bei einer Untersuchung nach 1 Woche war die Zunge rosa, das Tier konnte sich mühelos anstrengen, die Herztöne waren klarer, der Herzrhythmus war jedoch noch nicht normal. Die Hündin erhielt nun *Spartium scoparium* D30 (als Tabletten) und *Convallaria* ø, jedoch zeigte eine Untersuchung nach 1 Woche, daß sich das Herz der Hündin nicht weiter verbessert hat. Anschließend erhielt das Tier 1 Monat lang täglich abwechselnd *Spartium scoparium* und *Digitalis-Crataegus-Viscum album*, danach weniger häufig. Der Hündin schien es gut zu gehen, und die Herztöne waren gut. Ich sah sie erst 8 Monate später wieder, ihre Atmung war zwar schnell, jedoch war sie immer noch munter. Die Untersuchung ergab, daß sie unter Verstopfung litt, weil sie einen Knochen gefressen hatte. Zur Entlastung des Herzens wurde *Alumina* D30 4mal täglich und eine häufigere Verwendung der Tinktur aus *Digitalis-Crataegus-Viscum album* verschrieben. 2 Tage später war wieder alles in Ordnung. 6 Monate später wurde die Dosis auf 1 Tropfen der *Digitalis-Crataegus-Viscum album*-Tinktur 3mal wöchentlich reduziert und *Spartium scoparium* völlig weggelassen. 6 Monate später litt sie unter bräunlichem Ausfluß, nachdem sie zuvor läufig geworden war. Die Hündin war zum ersten Mal reizbar; sie erhielt *Sepia* D30 und war nach 2 Tagen wieder in Ordnung.

Beispiel 14

Eine 18 Monate alte West-Highland-White-Terrier-Hündin mit Keratitis sicca (Hornhautentzündung wegen Tränenflüssigkeitsmangel).

4 Monate zuvor war das andere Auge entzündet gewesen, 1 Monat lang auf herkömmliche Weise behandelt und anschließend operiert worden (Transplantat aus dem Ausführungsgang der Ohrspeicheldrüse). Dadurch war die Erkrankung besser geworden, die ursprüngliche Hornhautschädigung blieb jedoch bestehen. Als das andere Auge erkrankte, waren gerade die Osterfeiertage und keine Operation möglich. Als Sofortmaßnahme wurden »künstliche Tränenflüssigkeit« und homöopathische

Mittel eingesetzt, gleichzeitig wurde ein Termin für den Eingriff ausgemacht. Die Hündin wurde mit *Zincum metallicum* D30 2mal täglich sowie mit »künstlichen Tränen« behandelt (soweit dies erforderlich war). Sehr rasch stellte sich heraus, daß die »künstliche Tränenflüssigkeit« immer seltener benötigt, schließlich sogar völlig abgesetzt wurde. Auch die bevorstehende Operation konnte abgesagt werden. Das Auge hatte keinen Schaden erlitten und ist bis zum heutigen Tag (1 Jahr später) ohne Behandlung noch vollkommen gesund.

Beispiel 15

Ein 3jähriger kastrierter British-Blue-Rüde mit einem hartnäckigen scharfrandigen Geschwür (Ulcus rodens).

Das Krankheitsbild hatte sich trotz konventioneller Therapie im Verlauf von mehr als 6 Monaten verschlechtert. Das Gesicht war stark verunstaltet. Ich verschrieb dem Hund *Acidum nitricum* D30 und *Conium maculatum* D30. Innerhalb 1 Woche brachen die Pfoten auf, und aus den Rissen floß weißlicher, dickflüssiger Eiter. Die Haut brach ebenfalls auf, jedoch erinnerten die Läsionen eher an Frieselausschlag (Ekzema miliare). Diese beiden Erkrankungen hatte der Hund schon im Sommer gehabt, bevor das Geschwür entstanden war. Der Krankheitsverlauf kann als Rückfall interpretiert werden, und somit als Hinweis, daß die Wahl der Mittel richtig war. Nach einer

anfänglichen Besserung des Geschwürs im 1. Monat fand offenbar jedoch keine weitere Entwicklung statt. Daher wurde die Behandlung verändert, und ich verordnete *Mercurius solubilis* D30 zusammen mit *Galium* ø und *Calendula*-Lösung (gegen das Geschwür). Wiederum verschlechterte sich der Zustand von Füßen und Haut. *Acidum nitricum* und *Mercurius solubilis* wurden 1 Jahr lang zu verschiedenen Gelegenheiten gegeben. Schließlich verschwand die Verletzung im Gesicht, und das Gesicht sieht nun allmählich wieder normal aussieht. In den letzten 6 Behandlungsmonaten wurde 1 Tablette *Mercurius solubilis* D200 (je nach Reaktion 1mal wöchentlich oder alle 14 Tage) verabreicht.

Beispiel 16

Eine Katzenmutter, deren Milch nicht versiegte.

Dieser Katze gab der Halter *Cyclamen* D30, da dies früher einem anderen Tier in ähnlicher Sitaution geholfen hatte. Da sie darauf nicht sofort ansprach, wurde das Mittel an 3 aufeinanderfolgenden Tagen 3mal täglich verabreicht. Die Katze wurde krank, sehr langsam, fiebrig und verlor die Milch. Daraufhin wurde sie zum Tierarzt gebracht, der weder eine Brustdrüsenentzündung noch eine andere Krankheit feststellen konnte. Die Katze erhielt kein *Cyclamen* mehr, und die Krankheitszeichen verschwanden fast augenblicklich. Dies war der Beweis, welche Symptome *Cyclamen* hervorrufen kann, wenn es zu häufig und zu lange gegeben wird oder das falsche Mittel ist. Mit *Urtica* D1 wurde die Milchbildung schließlich unterbunden.

In einem Wurf von Shelty-Welpen traten Durchfall und Erbrechen auf.

Der erste Welpe, der erkrankte, zeigte die Symptome für *Mercurius solubilis* (das heißt nasses Maul, Durst, gelb-schaumiges Erbrochenes, schmerzfreier Durchfall, Appetitlosigkeit und fauliger Atem). Er zeigte innerhalb weniger Stunden eine Reaktion auf das Mittel. Nacheinander zeigten sich bei allen Welpen des Wurfs ähnliche Symptome. Ihnen wurde ebenfalls *Mercurius solubilis* gegeben, und alle bis auf einen sprachen darauf an. Als der Halter wegen dieses einen Mißerfolgs nachhakte,

Bei empfindlichen Patienten können sehr schnell Verschlechterungen und Rückfälle auftreten, selbst wenn die Dosis nur sehr gering erscheint. Jeder Patient ist nun einmal anders, und das kann man nur berücksichtigen, wenn man die Behandlung – unter permanenter Beobachtung – an den Reaktionen des Patienten abmißt und ausrichtet. Eine starre Anwendung von Dosierungsanleitungen ohne Berücksichtigung der Reaktion kann ansonsten gravierende Probleme mit sich bringen.

stellte sich heraus, daß der Welpe unter schmerzhaftem Durchfall litt und klaren, schleimigen Mageninhalt erbrach. Er erhielt daraufhin *Mercurius corrosivus* und sprach rasch auf dieses Mittel an. Dies verdeutlicht nochmals die Notwendigkeit, alle Symtome und Begleiterscheinungen genau zu beobachten.

Behandlung zurückliegender Leiden

Ein 9jähriger Rottweiler-Rüde, der schon länger Probleme mit den oberen Atemwege hatte.

Man konnte zwar Atemgeräusche hören, jedoch war kein Auswurf, Niesen oder andere Anzeichen einer Erkrankung zu erkennen. Laut Krankengeschichte gab es keine Zahnprobleme, und auch die Untersuchung des Gebisses blieb ohne Befund. Die Atemgeräusche waren 5 Monate zuvor zum ersten Mal aufgetreten. Bei Befragung des Halters ergab sich, daß zum selben Zeitpunkt eine Operation am rechten Knie durchgeführt wurde. Hier hakte die Behandlung ein, da Gaumen oder Rachen des Hundes möglicherweise während oder nach der Betäubung gequetscht wurde. Das Knie war noch immer lahm, so daß beiden Symptomen vielleicht dieselbe Erkrankung zugrundelag. Daher habe ich *Rhus toxicodendron*, *Ruta graveolens* und *Arnica* (alle in der Potenz D30) verschrieben, und innerhalb von 2 Wochen waren sowohl die Atmung in Ordnung als auch das Bein viel besser. Ein leichter Rückfall nach 3 Wochen führte zu einem weiteren kurzfristigen Ausbruch der Symptome. Momentan lahmt nur das Bein noch gelegentlich.

Beispiel 19

Ein als Hütehund eingesetzter Collie, der seine Sehkraft eingebüßt hatte.

Die Erkrankung führte der Halter auf eine kleinere Kopfverletzung vor etwa 1 Jahr zurück. Er gab an, daß das Sehvermögen seitdem allmählich schlechter wurde, so daß der Collie im Alter von 2 Jahren nicht mehr als Hütehund zu gebrauchen war. Die Augenuntersuchung war ohne Befund, der Hund wurde dennoch an einen Spezialisten überwiesen. Dieser konnte auch keine anomalen Veränderungen feststellen. Da der Halter felsenfest an die Heilwirkung von *Arnica* glaubte, wurde dem Hund das Mittel (als D200; 1 Tablette wöchentlich) verschrieben. Nach 1 Monat konnte er wieder zum Schafehüten eingesetzt werden, und bisher hatte er keinen Rückfall.

Konstitutionelle Behandlung

Beispiel 20

Eine 3jährige Chihuaha-Hündin mit Hormonstörungen.

Das Tier hatte bisher immer eine der Norm entsprechende »Hitze« mit normaler Blutung gehabt. Sie wurde dreimal erfolglos gedeckt. Vom Typus her war sie schüchtern und hatte wenig Durst. Dieser Hündin verschrieb ich *Pulsatilla* D30, und 8 Monate später hieß es, sie habe seither einen Wurf Welpen aufgezogen.

Beispiel 21

Eine 7jährige Chihuaha-Hündin mit sehr schmutzigem Fell.

Das Fell des Tieres war fettig, dünn und roch unangenehm, ein Zustand, der unverändert seit 3 Jahren bestand. Die Hündin wirkte traurig. Da sie sich zu diesem Zeitpunkt am liebsten an warmen Plätzen niederlegen wollte, wurde bevorzugt zu *Psorinum* D30 als zu *Sulfur* gegriffen. Innerhalb von 2 Wochen besserte sich der Zustand des Felles erheblich, und das Tier wurde lebendiger. Nach 1 Monat gab es keine Probleme mehr.

Diese Fälle sind nicht als »Beweise« vorgestellt worden, daß die Homöopathie wirkt, sondern sollen exemplarisch ihre Einsatzmöglichkeiten verdeutlichen. Bei diesen wenigen Fällen traten viele denkbare Folgen einer Behandlung auf. Berichte von Haltern, deren erkrankten Tieren die richtige Medizin verschrieben wurde, sagen tendenziell fast immer (übereinstimmend) aus, daß sich der Gesamtzustand verbesserte und die Tiere gesund wurden. Sehr oft wird auch der erhöhte Schlafbedarf in den ersten 24 Stunden erwähnt. Möglicherweise läßt sich dies damit erklären, daß das Tier während seiner Krankheit keine Ruhe finden konnte und den zusätzlichen Schlaf brauchte, um sich zu erholen.

Kapitel 17
Materia medica
(Ausgewählte Beispiele)

Leider läßt es sich wohl nicht vermeiden, daß dieses Kapitel nicht alle homöopathischen Mittel, ja selbst nicht einmal alle wichtigsten enthält. Andernfalls wäre es ein eigenes Buch. Es soll sich wirklich nur auf die allerwichtigsten beschränken (aber auch auf ein paar weniger wichtige, damit Sie dieses Buch, insbesondere Kapitel 8, besser benutzen können). Wenn Sie weitere, ausführlichere Materia medica suchen, können Sie einige Standardwerke im Literaturverzeichnis (Anhang 5) finden.

Acidum nitricum

Ein gutes Mittel gegen (leicht blutende) Warzen, wirkt aber auch stark auf die Übergangszonen zwischen Schleimhaut und normaler Haut. Daher sprechen Hautschäden in diesem Bereich (z.B. Ulcus rodens) besonders gut auf *Acidum nitricum* an. Alle Läsionen, die leicht bluten, sollten ebenfalls mit diesem Mittel behandelt werden. Schlimmer: bei feuchtem Wetter, nachts.

Acidum phosphoricum

Ist nur eines unter mehreren Mitteln, die bei Entkräftung (insbesondere zusammen mit Durchfall) gegeben werden. Weitere Symptome sind Apathie, starker Flüssigkeitsverlust (Dehydrierung) und Konditionsabfall. Möglich ist eine Querverbindung zu Trauer. Der meist gelbe Durchfallkot wird ohne Schmerzen abgesetzt. *Acidum phosphoricum* kann auch das Knochenwachstum steuern.
Schlimmer: nach Belastung. Besserung: durch Wärme.

Acidum picrinicum

Ist gekennzeichnet durch Nervenschwäche, vor allem bei Männchen mit übermäßigem Geschlechtstrieb, sowie generell durch Schwäche, insbesondere bei älteren Hunden mit Prostataproblemen. Junge Hunde können leicht in ein Stadium geraten, in dem sie fast gelähmt sind und Schaum vorm Maul haben. Ein weiteres Symptom ist der ausgefahrene Penis.
Schlimmer: nach Belastung, bei nassem oder heißem Wetter. Besserung: bei Kälte.

Aconitum napellus

Gilt als eines der besten Fiebermittel. *Aconitum* wird fast immer bei Angstzuständen gegeben, wenn diese Symptome schlagartig auftauchen. Die geröteten, entzündeten Augen sondern einen wäßrigen Ausfluß ab. Das Tier ist meist lichtscheu. Die Ohrmuschel wird rot, heiß und schwillt an. Gelegentlich leidet das Tier an Nasenbluten (hellrotes Blut), wobei es zumeist niesen muß. Oft ist auch der Hals wund, das Tier muß sich erbrechen und hat Durst, und sein Bauch tut weh. Sein Urin ist meist sehr heiß und von roter Farbe. Typisch für *Aconitum* sind ein rauher Husten, eine beschleunigte Herzfrequenz (Tachykardie) und ein voller, hüpfender Puls. Schlimmer: bei kalten, trockenen Winden (lösen auch die Symptome aus).

Allium cepa

Wird gerne bei Schnupfen mit wäßrigem Ausfluß genommen, der zwar in der Nase, nicht jedoch in den Augen reizt. Das Tier ist häufig lichtscheu und leidet an einem rauhen Husten. Schlimmer: gegen Abend, in beheizten Räumen. Besserung: im Freien und in kühlen Zimmern.

Aloe soccotrina

Sehr oft sind es Durchfallsymptome, die zur Wahl dieses Mittels führen. Der Bauch ist aufgetrieben, der (meist schaumige) Kot geht oft unwillkürlich unter starken Winden ab, und der After ist wund. *Aloe soccotrina* bietet sich auch an, um den Gesundheitszustand nach langer Behandlung einer Krankheit, deren Symptome recht undeutlich waren, wiederherzustellen.

Alumina

Charakteristisch sind in erster Linie sichtbare Muskelschwäche und Verstopfung bei älteren erkrankten Tieren. Haut und Schleimhäute sind recht oft trocken und entzündet. Daher beobachtet man häufig Bindehautentzündung (Konjunktivitis), Gehörgangsentzündung (Otitis externa) und trockenen, harten Kot, der unter starkem Pressen abgesetzt wird. Manchmal will das Tier offenbar nicht koten, was vermutlich auf einer teilweisen Lähmung beruht. Die Krallen brechen oft sehr leicht. Schlimmer: am Morgen, in warmen Räumen. Besserung: im Freien und gegen Abend.

Ammonium carbonicum

Wird vornehmlich bei keuchender, mühsamer Atmung gegeben, wie sie bei übergewichtigen Tieren mit Herzschwäche vorkommt. Der Husten ist meist rauh, die Nase ist nachts öfters verstopft und blutet gelegentlich. Während der Nacht kommt es auch vor, daß das Tier seinen Urin nicht bei sich behält (Inkontinenz). Schlimmer: abends, um Mitternacht, bei naßkalter Witterung. Besserung: bei trockenem Wetter.

Antimonium tartaricum

Charakteristisch ist ein lockerer, rasselnder Husten ohne Auswurf, wie man ihn bei Katzen oft antrifft. Die Atmung fällt sichtlich schwer, und das Tier muß oft nach Luft schnappen. Fast immer will es nur kleine Wassermengen saufen, dafür aber in häufigen Abständen. Schlimmer: abends, beim Hinlegen, bei naß-kalter Witterung, in warmen Räumen.

164

Apis mellifica

Hilft besonders bei glänzendem ödemartigen Anschwellungen, die bei Druck mit dem Nagel einen Abruck hinterlassen. Die erkrankten Tiere halten sich mit Vorliebe im Freien auf, besonders, wenn eine Atemwegserkrankung (z.B. Lungenödem) vorliegt. *Apis* eignet sich bei einer Bindehautentzündung (Konjunktivitis), bei der die Bindehaut (Konjunktiva) ringförmig angeschwollen ist und fast aus dem Auge hervortritt (Chemosis). Ferner hilft das Mittel bei akutem und chronischem Lungenödem, bei angeschwollenen, glänzenden Gelenken und manchmal auch bei einer Nierenentzündung, bei der Harn zurückgehalten wird. *Apis* ist auch bei sämtlichen Verletzungen im Schambereich nützlich, bei denen ein Ödem die Harnabgabe behindern könnte. Schlimmer: bei Hitze, Berührung. Besserung: durch Frischluft, kalte Bäder.

Argentum nitricum

Symptome dieses Mittels sind u.a. eitrige Augenentzündung mit starkem Ausfluß, Hornhautgeschwüre und Hornhauttrübung. Sehr gut spricht auch Nervosität mit Zittern auf *Argentum nitricum* an – insbesondere, wenn diese zu Magenverstimmungen und Durchfall führt. Schlimmer: nachts, bei Wärme. Besserung: im Freien, bei Kälte.

Arnica montana

Gilt als das homöopathische Mittel gegen Wunden schlechthin, weswegen *Arnica* bei Verletzungen und Operationen aller Art eingesetzt wird, besonders aber, wenn ein Zahn gezogen wurde. Charakteristische Symptome sind Quetschungen und Hautblutungen; die Tiere fürchten sich auch davor, berührt zu werden. Sehr häufig werden auch die starken antiseptischen Eigenschaften dieses Mittels übersehen. Man kann es einnehmen oder äußerlich (als Lösung oder Salbe) verwenden. *Arnica* spricht auch sehr gut auf Beschwerden nach Überanstrengung an.

Arsenicum album (syn. Acidum arsenicosum)

Gibt man häufig, wenn das Tier ängstlich oder rastlos ist. Der sehr wäßrige Ausfluß aus Augen und Nase ist oft aggressiv und kann in diesen Bereichen Geschwüre verursachen. Das Maul ist extrem trocken, das Tier leidet häufig an Durst. Sehr heftiges Erbrechen und Durchfall – vielfach gleichzeitig – weisen auf *Arsenicum album* hin, falls die Begleiterscheinungen zutreffen. Weiterhin können eine keuchende Atmung, aber auch ein allergisch bedingtes Asthma vorkommen. Die Haut kann trocken, schuppig und dreckig sein. Die Haut- und Atemsymptome wechseln miteinander ab. Ein wichtiges konstitutionelles Mittel. Schlimmer: bei Kälte, Nässe. Besserung: durch Wärme.

Belladonna

Dieses sehr bedeutende homöopathische Fiebermittel wird immer dann eingesetzt, wenn ein fiebriger Anfall plötzlich und sehr heftig einsetzt. Charakteristisch sind Hitze, Röte, Schmerzen und Schwellungen. Neben anderen Mitteln wird diese Arznei vielfach auch bei Krämpfen verabreicht. Meist sind die Pupillen geweitet – dies erklärt, warum *Belladonna* ein so bekanntes Mittel (jedoch nicht nur ausschließlich) gegen die Dysautonomie bei Katzen ist. Eine akute Ohrentzündung, die von Hitze, Schmerzen und Schwellungen begleitet wird, spricht ebenfalls gut darauf an. Das Tier hat für gewöhnlich ein trockenes Maul und starken Durst.

Schlimmer: bei Lärm, Berührung, erschreckenden Gesten. Besserung: durch Stille, Dunkelheit, Ruhe.

Bellis perennis

Hilft wie *Arnica* bei Verletzungen, wirkt jedoch eher auf tiefliegende Muskelquetschungen und Beckenverletzungen. Daher sollte es vor einer Geburt und bei tiefliegenden orthopädischen Eingriffen verwendet werden. Straucheln und Schwäche während der späten Schangerschaft verweisen ebenfalls auf *Bellis*.

Bryonia alba

Weist als Symptome sowohl Durchfall als auch Verstopfung auf, letztere für gewöhnlich bei chronischen Erkrankungen. Das Tier hat meist ein trockenes Maul und starken Durst, und die Zunge ist oft gelb belegt. Wenn die Symptomatik stimmt, kann *Bryonia* gut bei rheumatischen Beschwerden und Arthritis eingesetzt werden. Symptome im Atemwegsbereich werden oft durch einen rauhen, abgehackten Husten gekennzeichnet. Auch eine Entzündung des Gesäuges (Mastitis) kann auf *Bryonia* ansprechen. Schlimmer: ausgesprochen stark nach körperlicher Bewegung. Besserung: bei Ruhe (siehe auch Seite 108).

Calcium carbonicum Hahnemanni

Dieses besonders bedeutende konstitutionelle Mittel wird klassischerweise übergewichtigen, leicht trägen Kranken gegeben, deren Knochenwachstum gestört ist oder deren Zähne verspätet wachsen. Am Auge kann man Symptome wie geweitete Pupillen, verstopften Tränengang oder sogar Grauen Star ablesen. Gelegentlich findet man auch einen chronischen Katarrh. Die Tiere haben oft einen vermehrten, zügellosen Appetit. Häufig sind die Lymphknoten im Halsbereich vergrößert, und bei Jungtieren kann es, abgesehen von Knochenwachstumsstörungen, auch zu Nabelbrüchen (Hernien) kommen. Die Haut sieht sehr ungesund aus und ist oft voller Warzen. Schlimmer: nach körperlich Überanstrengung, durch Kälte, Wasser. Besserung: bei trockener Witterung.

Calcium fluoricum

Erweist sich als besonders hilfreich, wenn als Symptom das Gesäuge an Größe zunimmt oder bestimmte Drüsen anschwellen und hart werden. Unterernährten Welpen kann durch *Calcium fluoricum* geholfen werden. Ferner gilt es als gutes Mittel, das die Organe nach einer Bauchoperation wieder zusammenwachsen läßt. Schlimmer: bei Ruhe, Feuchtigkeit. Besserung: durch Training, Wärme.

Calcium phosphoricum

Wirkt ähnlich wie *Calcium carbonicum*, sollte jedoch eher bei mageren Tieren verwendet werden. Typische »*Calcium-phosphoricum*-Patienten«

sind knochige, unproportioniert wirkende Welpen mit zügellosem Appetit, verspätetem »Zahnen«, Mißbildungen an den Gelenkenden und arthritischen Veränderungen. Sie sind meist lebhafter als »*Calcium-carbonicum*-Hunde«. Schlimmer: bei Kälte, Feuchtigkeit. Besserung: unter warm-trockenen Bedingungen (siehe Seite 108).

Calcium sulfuricum

Schlecht verheilende, »suppende«, eitrige Läsionen sprechen gut auf dieses Mittel an. Der Ausfluß ist meist gelb. *Calcium sulfuricum* hilft bei chronischem Katarrh, Zystenwachstum und dickem gelben Eiter. Im Gegensatz zu *Silicea* wirkt es besonders dann gut, wenn der Eiter nach außen abfließen kann.

Calendula officinalis

Wird in erster Linie zur äußerlichen Behandlung von Wunden und Abschürfungen eingesetzt (als Lösung oder Salbe). *Calendula* fördert eine rasche Heilung und wirkt einer Blutvergiftung (Sepsis) entgegen, was besonders bei Wunden und eitrigen Geschwüren von Vorteil ist.

Cantharis (= Lytta vesicatoria)

Ein stark reizendes Gift, das primär auf die Haut und den Urogenitaltrakt (Geschlechtsorgane und Harnwege) wirkt. In der Homöopathie wird es daher vor allem bei Blasenentzündungen (Zystitis) verwendet, die durch starkes Pressen (beim Harnlassen) und blutigen Urin charakterisiert sind. Das Tier setzt mehrfach hintereinander winzige Harnmengen ab, gelegentlich »kommt beim Pressen auch gar

nichts«. Auf der Haut kann man einen Ausschlag mit Bläschen erkennen. Verbrennungen und Verbrühungen reagieren ebenfalls positiv auf *Cantharis*. Schlimmer: bei Berührung. Besserung: durch Reiben.

Caulophyllum

In erster Linie wirkt dieses Mittel bei allen Leiden, die vor, während oder nach einer Geburt entstehen können. *Caulophyllum* steuert und unterstützt die Lockerung des Gewebes vor der Geburt sowie die Gebärmutterkontraktionen, treibt den Fötus und die Fruchtblase aus und sorgt dafür, daß die Gebärmutter anschließend wieder in ihre normale Position zurückkehrt. Dies sind rein vorbeugende Verwendungsmöglichkeiten. Auch wenn dies nicht der Fall gewesen sein sollte, kann *Caulophyllum* zu jedem anderen Zeitpunkt verabreicht werden und evtl. sogar einer Gebärmutterentzündung (Metritis) nach der Geburt entgegenwirken. Das Mittel ist auch mit Schmerzen in kleinen Gelenken (Knöcheln) assoziiert, vor allem, wenn diese während oder nach einer Schwangerschaft auftreten (siehe Seite 108).

Causticum Hahnemanni

Wirkt primär auf Nerven und Muskeln (wobei es zu partieller Lähmung kommen kann) sowie auf die Haut. Harte, flache Warzen sprechen auch gut auf dieses Mittel an. Rheumatische Beschwerden, die nach Wärme abklingen, und eine allgemeine Steifheit sind ebenfalls Symptome, die auf *Causticum* verweisen. Dies gilt auch für eine chronische Blasenentzündung und Wundsein. <u>Schlimmer</u>: bei trocken-kühler Witterung. <u>Besserung</u>: im feucht-warmen Milieu (siehe Seite 109).

Chamomilla

Obwohl die Kamille in erster Linie als ein gutes Mittel gegen Probleme beim »Zahnen« gilt, wirkt sie auch bei vielen anderen Gesundheitsstörungen im Säuglingsalter und in der frühen Kindheit. In dieser Phase treten beispielsweise Hautleiden, Epilepsie, Durchfall, angeschwollene Lymphknoten und Abdominalschall häufiger auf. In fast allen Fällen reagieren die Jungtiere empfindlich auf Schmerz oder Berührung. Selbst Scheinschwangerschaft oder Ernährungsprobleme der Mutter (z.B. schmerzendes Gesäuge) können auf *Chamomilla* ansprechen.

Chelidonium

Ist ein sehr wichtiges Lebermittel, zu dessen Symptomen Gelbsucht (Ikterus), Stauungsleber sowie Durchfall im Wechsel mit Kolik zählen. Der Kot ist gelblich oder lehmfarben, je nachdem, ob die die Gallengänge verstopft sind oder nicht. <u>Schlimmer</u>: meist frühmorgens, nach Bewegung und Berührung. <u>Besserung</u>: nach dem Fressen.

China (syn. Cinchona succiruba)

Dies ist die berühmte Chinarinde, aus der Hahnemann seine erste homöopathische Erkenntnisse zog. *China* ruft Beschwerden wie periodische Fieberschübe, Schweißausbruch, kalte Haut und große Mattigkeit hervor. Der Puls ist schwach und fadenförmig; wenn es zu Blutungen kommt, sind diese meist dunkel und geronnen. Das kranke Tier reagiert sehr empfindlich auf jegliche Berührung. *China* sollte immer gegeben werden, wenn Tiere nach einer Krankheit sehr viel Flüssigkeit verloren haben (Dehydrierung). <u>Schlimmer</u>: bei Berührung, Zugluft und nach dem Fressen. <u>Besserung</u>: durch Wärme, Frischluft.

Cimicifuga (syn. Actaea racemosa)

Besitzt ein breites Wirkspektrum auf den Bewegungsapparat (Muskeln, Knochen, Gelenke), das Nervensystem und den weiblichen Genitaltrakt. In diesen Bereichen wird *Cimicifuga* auch zumeist verwendet. Charakteristische Symptome sind »zappelnde« Gliedmaßen, Versteifungen und Krämpfe in Nacken und Rücken, gelegentlich auch »Veitstanz«, Zuckungen sowie Schmerzen im Lendenwirbel- und Kreuzbeinbereich. Vielfach ergeben sich im Zusammenhang mit Erkrankungen am Bewegungsapparat auch Probleme mit Gebärmutter (Uterus) und Eierstöcken (Ovar). <u>Schlimmer</u>: am Morgen. <u>Besserung</u>: durch Wärme.

Cistus canadensis

Typische Beschwerden sind harte, geschwollene Drüsen, speziell im Hals- und Nackenbereich sowie am Gesäuge. Das Maul ist meist kalt und übelriechend, das Zahnfleisch aufgedunsen. *Cistus* kann helfen, wenn ein Tumor ulzeriert oder wenn das Tier sehr kälteempfindlich ist. Häufig tropft ein wäßriger, eitriger Ausfluß aus den Ohren.

Cocculus

Wenn ein Tier sein Maul nicht öffnen oder nicht schlucken kann, wobei es womöglich noch sabbert und sich erbricht, spricht dies für *Cocculus*. Da es auf das zentrale Nervensystem zielt, wirkt *Cocculus* als Mittel gegen Epilepsie. Schlimmer: nach sehr ausgedehnten Bewegungen, deswegen hilft das Mittel auch bei Reisekrankheiten.

Coffea (= Coffea arabica)

Wirkt auf das Nervensystem und ruft Unrast, Reizzustände und Schlaflosigkeit hervor, besonders in den frühen Morgenstunden. Klassische »*Coffea*-Symptome« sind eine Überempfindlichkeit der Haut und Unwohlsein (mit aufgeblähtem Bauch) nach dem Fressen; ferner gehört dazu, daß das kranke Tier keine Schmerzen aushält. Schlimmer: bei Lärm. Besserung: durch Wärme.

Colchicum autumnale

Typische Beschwerden sind kalte Gliedmaßen, Kraftlosigkeit und ein von Gasen aufgetriebener Bauch. Das erkrankte Tier will partout nicht seine Läufe ausstrecken. Meist ist es durstig und begierig zu fressen, das angebotene Futter wird jedoch verweigert. Diese Symptome passen oft auf das Bild einer Jagdkatze mit Blähbauch, Appetitlosigkeit, Lustlosigkeit und kalten Gliedern. *Colchicum* hilft auch bei einigen arthritischen Leiden, insbesondere, wenn die Gelenke gerötet und geschwollen sind und sich heiß anfühlen. Die Symptome werden ausnahmslos schlimmer, sobald sich das Tier bewegt (siehe Seite 109).

Colocynthis

Ist ein Mittel bei kolikartigen Krämpfen. Ähnlich wie bei *Colchicum* sind die Läufe jedoch noch stärker an den Bauch gepreßt. Gelegentlich ist der Bauch stark aufgetrieben, und meist leidet das Tier dann an Durchfall mit zahlreichen Winden, was ihm vorübergehend Erleichterung verschafft. Das Tier knirscht mit den Zähnen. Schlimmer: bei Lärm.

Conium maculatum

Wird durch Schwäche und Zittern charakterisiert. Besonders bei alten Tieren beginnen zuerst die Hinterläufe zu zittern. *Conium* hilft nicht nur bei Altersbeschwerden an Augen und Gliedmaßen, sondern auch bei vielen Tumoren (vor allem an Lymphdrüsen und am Gesäuge). Gelegentlich kann es zu chronischer Geschwürsbildung kommen. Das auffälligste Symptom im Augenbereich sind Schmerzen. *Conium* ist das Mittel der Wahl, um eine chronische degenerative Erkrankung des Rückenmarks beim Deutschen Schäferhund oder ähnliche Beschwerden bei anderen Rassen zu behandeln. Schlimmer: beim Aufstehen und Niederlassen, nach körperlicher Belastung. Besserung: bei Bewegung.

Crataegus

Ist ein herzstärkendes Mittel, das Unregelmäßigkeiten im Herzrhythmus ausgleicht und bei Herzschwäche, Lungenödem und Herzwassersucht hilft. Weitere Symptome sind Atemnot nach geringer Belastung, ein zu großes Herz, schwache Herztöne oder Herzklappengeräusche.

Digitalis

Auch hier handelt es sich (wie bei *Crataegus*) um ein Herzmittel. Man gibt es, wenn der Puls schwach, unregelmäßig und langsam ist, jedoch nach geringer Belastung beschleunigt, wenn das Herz träge arbeitet und vergrößert ist, bei Herzwassersucht oder bei Herzflimmern. Häufig verfärbt sich die Zunge blau; dem Tier kann jedoch sogar noch bei akutem Herzversagen geholfen werden.

Drosera

Ein guter Hinweis auf dieses Mittel ist ein Husten, der von Würgreiz und Erbrechen begleitet wird. Ganz typisch sind krampfartige, trockene Hustenanfälle, die direkt aufeinander folgen und die Stimme des Tiers verändern. Man hat den Eindruck, dem Tier stecke etwas im Hals. Schlimmer: beim Hinlegen, bei Wärme, nach Mitternacht, beim Schlucken oder bei Aufregung.

Euphrasia

Findet primär bei Augenbindehautentzündung (Konjunktivitis) Verwendung, wenn Symptome wie Lichtscheue, starker, beißender Augenausfluß, klebriger Schleim auf der Hornhaut und häufiges Augenzwinkern auftauchen. *Euphrasia* kann von innen oder äußerlich als Augentropfen verabreicht werden. Schlimmer: bei warmer Zugluft, am Abend und durch direktes Licht. Besserung: im Dunkeln.

Gelsemium sempervirens

Zu den Gemütssymptomen dieses Mittels gehören Erwartungsängste, offene Furcht, Angst vor Donner, einige Epilepsieformen sowie Erregbarkeit bei Rüden. Vor lauter Furcht oder Nervosität lassen die Tiere ihren Harn ab und stehen wie festgewurzelt am Boden. Für gewöhnlich kann man Flankenzittern und leichte Schwäche an den Gliedmaßen beobachten. Sehr erfolgreich konnte *Gelsemium* gegen Augenzittern (Nystagmus) eingesetzt werden, das im Anschluß an einen Katzenschnupfen entstand. Schlimmer: bei Feuchtigkeit, aufziehendem Sturm, Aufregung. Besserung: im Freien und nach kontinuierlicher Belastung.

Graphites (syn. Carbo mineralis)

Dieses konstitutionelle Mittel eignet sich besonders für Hunde mit riechendem Fell, die ganz gerne am Kamin liegen. Die Haut ist meist trocken und juckt, die Haare fallen aus, und aus Augen und Ohren rinnt ein wäßriger, eitriger Ausfluß. In den Gelenkfalten kann die Haut rissig sein und eitern. Schlimmer: bei Wärme, während der Nacht.

Hamamelis virginica

Hilft bei Austritt von Blut ins Gewebe, Hautblutungen, venösen Stauungsblutungen, die nicht gerinnen wollen (dunkelrote Sickerblutungen), bei Schwäche nach starkem Blutverlust, stark schmerzende großflächigen Wunden oder bei postoperativen Schmerzen. *Hamamelis* unterstützt die Auflösung von Blutgerinnseln.

Hepar sulfuris

Ist bei Vereiterungen das Mittel schlechthin. Ganz typisch ist, daß die Verletzungen sehr empfindlich auf

Berührung reagieren. *Hepar sulfuris* sollte verwendet werden, um die Vereiterung einer besonderen Verletzung (z.B. Biß durch eine Katze) zu verhindern, und wird verabreicht, sobald die ersten Anzeichen sichtbar sind. Das Mittel unterstützt die Auflösung von Eiter, z.B. eine Eiteransammlung im Auge (Hypopyon). Außerdem heilt oder unterbindet es Zellgewebsentzündung. Schlimmer: bei Berührung, Kälte. Besserung: durch Wärme.

Hypericum perforatum

Lindert die Schmerzen offener Rißwunden und bei geschlossenen Verletzungen in Bereichen, wo es viele Nervenendigungen gibt (z.B. an den Zehen oder im Schwanz). Desgleichen wirkt das Mittel gut bei postoperativen Schmerzen sowie bei Rückgratsverletzungen. Zusammen mit *Ledum* kann *Hypericum* einem Starrkrampf (Tetanus) entgegenwirken, der in einer Stichwunde entsteht. Schlimmer: bei Kälte, Berührung.

Ignatia

Ist angezeigt bei Anzeichen von Unsicherheit oder Unruhe, die ihre Ursache darin haben, daß das Tier einsam ist, ausgesetzt wurde oder einen schmerzlichen Verlust (z.B. Tod einer Bezugsperson oder eines Spielgefährten) erlitten hat. Als Folge dieser Stimmungslage kann es zu Hysterie, Selbstverstümmelung, Hautleiden, Epilepsie oder zunehmender Schwäche kommen. Erst eine genaue Anamnese kann dem wahren Grund auf die Spur kommen. *Ignatia* wurde auch bei Entwöhnungskomplikationen der Mutter und ihren Jungen eingesetzt.

Ipecacuanha

Wiederholtes Erbrechen zusammen mit Beschwerden beim Atmen verweisen auf *Ipecacuanha*. Nach einem solchen Anfall kann das Tier zusammenbrechen. Weitere sichere Hinweise für dieses Mittel sind Blutungen aus Nase und Gebärmutter (hellrotes Blut), Blutspuren in der Muttermilch sowie Erbrechen im Anschluß an eine Operation. Schlimmer: beim Hinlegen, die Symptome tauchen in regelmäßigen Abständen wieder auf.

Kalium bichromicum

Typisch ist eine gelbliche, zähe Fäden ziehende Absonderung. Das Mittel wirkt hauptsächlich auf die Schleimhäute der Augen, des Magen-Darm-Trakts und der Atemwege. An den Augen sind die Lider verquollen, man kann den charakteristischen Ausfluß sowie manchmal auch Hornhautgeschwüre sehen. Die Schmerzen sind meist nicht sehr stark. Bei einem chronischen Nasenkatarrh findet man wieder den gelben, zähen Ausfluß, wunde Nasenlöcher und eine verstopfte Nase. Bei Husten wird ein gelblichzäher Schleim ausgehustet. Auch der Harn sieht ähnlich aus wie die typische Absonderung. Wenn sich das Tier übergibt, wird meist eine hellgelbe, wäßrige Flüssigkeit erbrochen, und der schaumige Kot ist von brauner Farbe. Schlimmer: am Morgen, bei warmem Wetter. Besserung: durch örtliche Erwärmung.

Kalium carbonicum

Typisch für dieses Mittel ist die allgemeine Schwäche des Körpers, das Tier reagiert sehr empfindlich auf kaltes

Wetter, ist sehr reizbar und überempfindlich. Die oberen Augenlider können sackartig verquellen, gelegentlich sind die Lider morgens verklebt, und nach Aufenthalt in warmen Räumen ist die Nase »zu«. Der Nasenausfluß ist gelblich und dick, jedoch nicht zähklebrig, und greift die Nasenlöcher an, die gelegentlich ulzerieren. Weibliche Tiere sind oft sehr schwach, besonders nach der Geburt, während die Männchen nach dem Geschlechtsakt entkräftet sind. Manchmal leidet das Tier an keuchendem Husten, der von Brustwassersucht (Hydrothorax) begleitet sein kann. <u>Schlimmer</u>: bei kaltem Wetter, in den frühen Morgenstunden. <u>Besserung</u>: bei warmer Witterung, Bewegung.

Kalium chloricum

Charakteristisch sind Nierenstörungen und – abbauprozesse, ferner chronische Nierenentzündung mit fauligem Atem, beißendem Speichel und einem Maul voller Geschwüre. Bei eventuellem Durchfall ist der Kot von grünlicher Farbe. Der Urin hat einen hohen Gehalt an Albumin und Phosphaten und enthält oft Blut.

Ledum

Bei diesem Mittel sollten Sie immer an Stichwunden denken (gilt auch für *Hypericum*). Es gilt als gutes Mittel gegen Starrkrampf (Tetanus) und unterstützt die Wundheilung. <u>Schlimmer</u>: nachts, bei Hitze. <u>Besserung</u>: bei Kälte.

Lilium tigrinum

Ist ein großartiges »Frauenheilmittel«. Die Tiere sind eher depressiv und »hibbelig«. Typisch sind Stauungen in Organen der Beckenregion. Dabei strömt, wenn sich das Tier bewegt, ein sehr abstoßender, blutiger Gebärmutterausfluß aus der Scheide; dieser versiegt, wenn das Tier stillhält. Häufig verspürt es einen starken Drang, Kot abzusetzen, und ist außerdem extrem durstig. *Lilium* eignet sich hervorragend, wenn eine Hündin an Eiteransammlung in der Gebärmutter (Pyometra) leidet; siehe auch Seite 96.

Lycopodium clavatum

Beschränkt seine Wirkung vornehmlich auf Verdauungsorgane, Leber, Nieren und Atemwegsorgane. Das Tier will partout nicht allein gelassen werden und wirkt ängstlich. Die Nase ist häufig verstopft, und auf der Zunge bilden sich Bläschen. Der Appetit ist zwar sehr ausgeprägt, jedoch mag das Tier oft nach wenigen Bissen nicht mehr fressen und ist satt. Der Bauch ist meist aufgetrieben. Unter großer Anstrengung werden kleine, harte Kotbällchen ausgeschieden, wobei das Tier meist erfolglos preßt. Das Urinieren erfolgt ebenfalls recht langsam, wobei der Harn ein rötliches Sediment bildet. Ein weiteres häufiges Symptom ist Reizhusten. <u>Schlimmer:</u> bei Hitze. <u>Besserung</u>: durch Kälte. Ein konstitutionelles Mittel.

Mercurius corrosivus

Wie der Name schon verrät, wirkt dieses konstitutionelle Mittel bei zersetzenden (= korrodierenden) Vorgängen. Aus den Ohren rinnt grünlicher Eiter. Aus den Augen fließen beißende Tränen, und oft finden hier Hornhautgeschwüre und starke Lichtscheue. Die geröteten Lider sind häufig wund gerieben. Im Maul bilden sich Geschwüre, und der Atem ist übelriechend. Das Tier sabbert stark, wobei der Speichel recht beißend ist. Auch der Verdauungstrakt ist stark in Mitleidenschaft gezogen: Das Tier ist sehr durstig und erbricht vermehrt eine klare, schaumige Flüssigkeit. Durchfall kann sehr schmerzhaft sein und einen starken, ebenfalls schmerzenden »Stuhldrang« hervorrufen. Da auch die Nieren stark betroffen sind, kommt es zu ähnlichen Zersetzungsprozessen, wie beispielsweise Blut im Harn (Hämaturie) und Eiweißausscheidung im Urin (Albuminurie). Das Tier verspürt auch einen schmerzhaften Harndrang. Auf *Mercurius corrosivus* reagieren nässende, eitrige Ekzeme. Schlimmer: gegen Abend und zur Nacht. Besserung: in Ruhe.

Mercurius solubilis

Ähnelt sehr stark *Mercurius corrosivus*, seine Symptome sind jedoch nicht so extrem. Für gewöhnlich ist das Tier nicht lichtscheu, das Erbrochene ist meist gelb, und der Durchfall wird nicht von schmerzhaftem Drang begleitet. Chronische vaskularisierte Geschwürsbildungen am Auge sprechen meist gut auf das Mittel an. Eiterbildung kann durch Hochpotenzen verhindert werden.

Natrium carbonicum

Das sog. »Donnermittel« hilft bei Erschöpfung durch Hitze, Durchfall nach Milchgenuß, chronischem Katarrh sowie Tieren, die sich leicht ihre Gelenke verstauchen. Schlimmer: Sommerhitze, Gewitter, Dürre. Besserung: Bewegung.

Natrium sulfuricum

Sehr wirksam bei Kopfverletzungen (vor allem, wenn es zu Hirnschäden kommen kann), aber auch bei Hirnhautentzündung (Meningitis). Das Tier ist meist lichtscheu. Der Bauch ist aufgebläht, und Durchfall wird unwillkürlich unter starken Winden abgegeben (vor allem morgens). Schlimmer: bei feuchter Witterung. Besserung: bei trockenem Wetter.

Nux vomica

Wird vor allem im Verdauungstrakt eingesetzt, um Beschwerden zu beseitigen, die nach Genuß von ungeeignetem Futter eingetreten sind. Der »Stuhl« ist meist hart; wenn sich das Tier überfressen hat, kann jedoch auch Durchfall eintreten. Weitere Symptome sind Bauchgrimmen, Blähungen, Reizbarkeit und Geräuschempfindlichkeit. Die Arznei wird auch bei Nabelbrüchen (Hernien) junger Tiere verabreicht. *Nux vomica* gilt als ein beachtliches homöopathisches »Purgiermittel«, jedoch auch als konstitutionelles Mittel. Schlimmer: bei Lärm. Besserung: bei Ruhe, feuchter Witterung.

Petroleum

Beugt Reisekrankheiten vor. Typische Hautbeschwerden sind eine trockene, rissige Haut, die gerötet und wund sein kann und leicht blutet. Auch um die Augen und Ohren herum können trockene Läsionen zu sehen sein. Schlimmer: bei feuchtem Wetter, beim Reisen. Besserung: bei warmem Wind, trockenem Wetter.

Phosphorus

Ist ein sehr »plötzliches« Mittel. Das kranke Tier reagiert sehr heftig auf plötzliche, laute Geräusche (z.B. Gewitter, Feuerwerk). Auf *Phosphorus* sprechen Abbauprozesse und Knochenschwund recht gut an. Soeben gefressenes Futter kann, nachdem es im Magen erwärmt wurde, ganz überraschend erbrochen werden. Das Zahnfleisch ist blutig und voller Geschwüre. Weitere Beschwerden, die in den Einflußbereich dieses Mittels fallen, sind Hepatitis, Gelbsucht, Erkrankungen der Bauchspeicheldrüse sowie Nierenentzündung. Der Urin kann Blut enthalten. Typisches »Ganzkörpersymptom« ist ein sehr schmerzvoller Husten. *Phosphorus* hilft auch gut bei Wunden, die ständig bluten. Die gesamte körperliche Verfassung des Tieres ist schlecht. Es ist ein wichtiges konstitutionelles Mittel. Schlimmer: bei Berührung, Belastung, abends und während eines Gewitters. Besserung: durch Kälte und während des Schlafens.

Phytolacca

Wirkt primär auf geschwollene Drüsen im Zusammenhang mit Kraftlosigkeit und Unrast. Lymphknoten und Milchdrüsen sind gerötet, verhärtet und sehr empfindlich. Auch die Drüsen im Hals sind betroffen, so daß es zu Schluckbeschwerden und rötlicher Verfärbung kommt. Gelegentlich bilden sich Eiterbeulen, oder es kommt zu stark schwankenden rheumatischen Beschwerden. Schlimmer: bei Aufenthalt in feucht-kaltem Wetter, Bewegung, nachts. Besserung: durch Wärme, Trockenheit, Ruhe.

Platinum metallicum

Ist überwiegend ein »Frauenheilmittel«, das auf eine zurückhaltende, sehr verfressene »Patientin« mit unregelmäßigem und anomalem Hormonzyklus paßt. Die Anomalie äußert sich eher als verstärkter Paarungswille (Nymphomanie) denn als mangelnder Geschlechtstrieb (siehe Seite 96).

Podophyllum

Wirkt in erster Linie als Mittel gegen Durchfall. Typisch sind kolikartige Schmerzen, gelegentlich Erbrechen von Gallenflüssigkeit sowie ein widerlich riechender »Stuhl«, der Schaum enthält und – meist schmerzlos – aus dem After herausschießt. Dieser wäßrige Kot kann öfters grünlich verfärbt sein, und häufig fällt auch der Mastdarm nach außen vor (Rektalprolaps). Schlimmer: am frühen Morgen und bei heißem Wetter.

Psorinum

Ist neben *Sulfur* das beste Mittel gegen Räude. Diese Nosode wird aus Krätzebläschen gewonnen. Fell und Haut riechen streng und erscheinen schmutzig. Das Tier schuppt und friert und strebt daher an einen sehr warmen Ort. Schlimmer: bei Wetterwechsel, Kälte und Sonnenhitze. Besserung: durch Wärme.

Pulsatilla

Ist in der Homöopathie ein großartiges »Frauenheilmittel«. Typische »*Pulsatilla*-Patientinnen« sind eher scheu und fügsam, und bei ihnen wirkt das Mittel auch gut (vor allem bei Störungen im weiblichen Hormonhaushalt). Sämtlicher Ausfluß (ganz gleich, ob aus Nase, Augen, Scheide usw.) ist rahmartig. Ein anderes Charakteristikum sind Symptome, die auftauchen und wieder verschwinden, beispielsweise Appetit, Durchfall, juckende Augen. Die Tiere haben meist nur wenig Durst; sie sind von eher munterem Typ, lassen sich jedoch leicht entmutigen. Ein häufig verwendetes konstitutionelles Mittel. <u>Schlimmer</u>: bei Hitze, gegen Abend. <u>Besserung</u>: im Freien, bei Bewegung, Kühle.

Pyrogenium

Ein unschätzbares Mittel, um eine fibrige Blutvergiftung (Toxikämie) zu behandeln, vor allem bei schwachem Puls. *Pyrogenium* sollte bei »Kindsbettfieber« verwendet werden. Auch *Echinacea* kann gegeben werden.

Rhus toxicodendron

Ist wohl das bekannteste Mittel gegen Rheuma, es zielt seine Wirkung hauptsächlich auf Haut, Muskeln und Knochen. Auf der Haut erscheinen rote Knötchen, manchmal auch Bläschen, die allesamt stark jucken. Das Zellgewebe kann sich entzünden. *Rhus* kommt bei allen Muskelschädigungen in Betracht. Das Mittel kann aber auch bei arthritischen und rheumatischen Beschwerden gegeben werden, wenn diese nach einer Ruhepause, der wiederum eine intensive Belastung vorausgegangen ist, schlimmer werden. Die Symptome klingen ab, wenn die Tiere sich auflockern, und nehmen nach starker körperlicher Bewegung zu. Charakteristischerweise sind die Schmerzen am stärksten, wenn sich das Tier von seinem Lager erhebt (siehe auch Seite 108).

Ruta graveolens

Ein sehr kräftig wirkendes Mittel bei Verstauchungen und Verrenkungen. Bei Verletzungen an fibrösem Gewebe, wie beispielsweise Sehnen, Bänder und Knochenhaut (Periost), sollte man daher immer *Ruta* verwenden. <u>Schlimmer</u>: nach Ruhe (wie bei *Rhus*).

Sabadilla

Eine große Hilfe bei Schnupfen, der durch häufiges Niesen und gerötete Augen gekennzeichnet ist. Auch der Hals kann entzündet sein, das Tier macht dann häufig Schluckbewegungen und ist sehr kälteempfindlich. <u>Schlimmer</u>: bei Kälte. <u>Besserung</u>: durch Wärme.

Sabal serrulata

Genießt einen exzellenten Ruf als Mittel gegen Beschwerden der Vorsteherdrüse (Prostata). *Sabal* wird bei Verlust der Zeugungskraft und bei offensichtlicher Reizbarkeit des Urogenitaltrakt (Geschlechtsorgane und Harnwege) verabreicht. Das Mittel hilft auch, wenn Weibchen ein unterentwickeltes Gesäuge haben.

Sanicula europaea

Wird gegeben, wenn der sehr abstoßende Ausfluß nach Fisch riecht. Es half besonders bei wiederkehrenden Beschwerden an der Analdrüse. Das Tier leidet an sehr schmerzhafter Verstopfung und verspürt erst dann einen Stuhldrang, wenn sich große Mengen im Darm angesammelt haben. Der Kot wird unter großen Mühen abgesetzt, weicht oft wieder in den After zurück und zerbröselt. Auch die Absonderungen aus der Scheide riechen nach Fisch. *Sanicula* hilft auch bei Reisekrankheiten, insbesondere, wenn die kranken Tiere Furcht vor Abwärtsbewegungen haben.

Sarsaparilla

Wirkt in erster Linie auf die Harnwege, besonders, wenn die Harnröhre blockiert ist. Größere Harngrießkörner oder kleine Harnsteine (Urolithe) können durch dieses Mittel beseitigt werden. Das Urinieren ist meist schmerzhaft, der Harn kann blutig sein.

Sepia

Gleichfalls ein bedeutendes konstitutionelles »Frauenheilmittel«, das eher auf die »düsteren« Gemütsprobleme im Zusammenhang mit Störungen im weiblichen Hormonhaushalt zielt. Ganz typisch für *Sepia* ist eine Hündin, die scheinträchtig ist und dabei unberechenbare, mißlaunige Anfälle bekommt. Die Organe im Beckenbereich sind erschlafft und rutschen leicht aus ihrer normalen Lage. Die Schleimhäute können etwas gelblich verfärbt sein, und die Tiere sind sehr kälteempfindlich (siehe Seite 96). Schlimmer: bei kalter Zugluft, aufziehendem Gewitter. Besserung: nach körperlichem Training, durch Wärme und nach dem Schlafen.

Silicea (syn. Acidum silicicum)

Paßt auf scheue, fröstelnde Tiere, die nur ungern die Praxis betreten wollen. Gut lassen sich chronische Erkrankungen behandeln, wie etwa Abszesse und Granulome (geschwulstähnliche Knötchen). Wenn die Ursache für die Entzündung ein Fremdkörper war, sollte unbedingt *Silicea* gegeben werden. Erstaunlicherweise können viele Fremdkörper wie Graskörner, Splitter, Disteln, Dornen oder gar Knochensplitter (aus einer Verletzung) eine schwache Entzündung hervorrufen, die den Fremdkörper nicht beseitigen kann. Wenn sich dann Abszesse und Eiter bilden, kommt es oft vor, daß die Verletzungen verheilen, aber immer wieder aufbrechen. Beim Gebrauch von *Silicea* müssen Sie mit einer Langzeitbehandlung rechnen (manchmal bis zu 3 Wochen).

Spongia tosta

Hilft besonders, wenn das Tier an Husten und verstopfter Lunge leidet, körperlich nur gering belastbar ist und längere Zeit auf dem Brustbein liegt. Nachdem das Tier gefressen hat, werden die Hustenbeschwerden besser.

Staphisagria

Hauptsächlich wirkt dieses Mittel auf eine ablehnende Gemütshaltung, was man bei Tieren nur schlecht erkennen kann. *Staphisagria* gibt man auch bei Beschwerden nach einer Operation; ferner hilft es jungen Hündinnen, die zum ersten Mal gedeckt wurden.

Stramonium

Wird als Mittel gegen Krämpfe verabreicht, aber auch bei einigen Formen der Epilepsie. Die Pupillen sind geweitet, das Tier will sich lieber im Hellen als im Dunklen aufhalten. Charakteristisch sind auch Veitstanzbewegungen der Gliedmaßen, die jedoch eher grazil-rhythmisch als sprunghaft verlaufen. Schlimmer: bei Alleinsein, im Dunklen. Besserung: im Hellen, in Gesellschaft.

Sulfur

Wird klassischerweise gegen Räude eingesetzt. Von seiner Konstitution ist der »*Sulfur*-Typ« übergewichtig, stur, riecht stark und besitzt ein trockenes, verschmutztes Fell. Er verabscheut Hitze und liegt nach Möglichkeit auf dem kalten Fußboden. Typischerweise ist die Haut am ganzen Körper gerötet, was ausnahmslos auch für ihre Übergangsstellen zu den Schleimhäuten gilt. Das Tier hat Schwierigkeiten beim Atmen und will am liebsten im Freien sein. Durchfall und Verstopfung sprechen gut auf *Sulfur* an, sofern die Begleiterscheinungen zutreffen. Das Mittel wird in der Homöopathie gerne benutzt, um den Organismus von Giftstoffen oder nach Gabe zu vieler Medikamente zu reinigen. Schlimmer: bei Hitze, in Ruhe.

Symphytum

Wie der umgangssprachliche Name dieser Heilpflanze (Beinwell = »Beinwohl«) schon verrät, regt *Symphytum* das Zusammenwachsen gebrochener Knochen an. Das Mittel kann daher bei allen Brüchen zusammen mit *Arnica* verwendet werden, so daß Kallusbildung (Kallus ist quasi das Narbengewebe der Knochen) und ein optimales Verheilen gewährleistet sind. Es hilft auch bei Verletzungen im Auge, wie beispielsweise der Lederhaut (Sklera), sowie in und um die Augenhöhle herum.

Thuja

Ist das Warzenmittel schlechthin, besonders, wenn es sich um gestielte Warzen handelt. Auch Analadenome reagieren gut auf *Thuja*. Bei ungünstigen Reaktionen auf eine Impfung (z.B. Allergie) kann das Mittel sofort Linderung verschaffen. Ein konstitutionelles Mittel.

Urtica urens

Besonders gut spricht Nesselsucht auf dieses Mittel an, wobei die Haut stark gereizt und voll kleiner roter Quaddeln ist. Das Tier ist äußerst unruhig. Auch Verbrennungen und Verbrühungen sprechen auf das Mittel an (siehe auch *Cantharis*). In tiefen Potenzen läßt *Urtica* die Milch in den vergrößerten Brustdrüsen (Zitzen) versiegen, während es als Hochpotenz die Milchbildung anregt. Auch das Ausbleiben der Milch (Agalaktie) beim säugenden Tier spricht auf *Urtica* an, und eine gehemmte Urinbildung weist ebenfalls auf dieses Mittel hin. Die Beschwerden klingen nach kalten Bädern nicht etwa ab (wie bei *Apis*), sondern nehmen im Gegenteil sogar noch zu.

Veratrum album

Charakteristisch sind Durchfallbeschwerden, wobei die Tiere eiskalte Gliedmaßen haben, blau anlaufen und völlig zusammenbrechen (Kollaps). Der Puls ist für gewöhnlich rasch und schwach. Das Mittel wirkt einem starken Flüssigkeitsverlust (Dehydrieren) entgegen.

Viscum album

Typische Symptome sind ein niedriger Blutdruck mit verlangsamtem Puls, Atembeschwerden, ein zu großes Herz und Herzklappenschwäche (Mitralinsuffizienz). *Veratrum* wird bei manchen Krebsformen verabreicht. Das

Tier liegt am liebsten auf dem Brustbein. <u>Schlimmer</u>: im Winter, bei Bewegung.

Zincum metallicum

Dies ist ein Mittel gegen Krämpfe; es hilft bei Tieren, die zwischen den einzelnen Anfällen stark »deprimiert« sind. Das kranke Tier ist sehr geräuschempfindlich, jedoch lethargisch, und rollt mit den Augen. Gelegentlich beobachtet man Bindehautentzündung, besonders am inneren Lidwinkel. *Zincum* bietet sich auch zur Behandlung eines sog. »Trockenauges« an. Nach dem Fressen treten Koliken auf. <u>Schlimmer</u>: bei Berührung, nach dem Fressen.

Anhang 1

Wichtige homöopathische und andere medizinische Fachbegriffe

Adjuvans (Pl. Adjuvantia) Ein Arzneimittel, das meist gegeben wird, um die Wirkung eines anderen Mittels zu unterstützen oder dessen Nebenwirkungen abzuschwächen. Adjuvantia von Impfstoffen sollen insbesondere die körpereigenen Abwehrkräfte »ankurbeln«.

Ähnlichkeitsprinzip Wird definiert durch die Formulierung Hahnemanns: »Similia similibus curentur« oder »Ähnliches kann durch ähnliches geheilt werden«. Dieser Grundpfeiler der Homöopathie postuliert also, daß man zur raschen und dauerhaften Heilung einer Krankheit am besten diejenige Arznei wählt, die ein den Symptomen nach vergleichbares (ähnliches) Leiden verursacht.

Akupunktur Eine alte chinesische Behandlungsmethode, um Schmerzen und funktionelle Störungen mit Hilfe bestimmter Nadelstiche zu lindern bzw. zu heilen. Die Chinesen hatten den gesamten Körper quasi auf eine Karte gezeichnet, auf der sie 14 Meridiane und gut 700 Hauptakupunkturpunkte festhielten, denen jeweils eine bestimmte therapeutische Bedeutung zukam. Die Akupressur verläuft ähnlich, verwendet jedoch keine Nadeln und ist daher eher als eine Massagetechnik anzusehen. Eine besondere Form der Akupunktur ist die Elektroakupunktur, bei der unterschiedliche Stromstärken (im Schwachstrombereich) Hinweise auf bestimmte Funktionsstörungen liefern.

Akut Eine Krankheit wird dann als akut bezeichnet, wenn ihre Symptome urplötzlich und sehr intensiv auftauchen. Diese Phase dauert meist nicht sehr lange, da der Körper in der Regel mit einer Alarmierung seines Abwehrsystems antwortet und so den Heilungsprozeß einleitet. Falls der Organismus in irgendeiner Weise stark geschwächt ist (z.B. immunschwache, zu alte oder zu junge Tiere), so kann eine akute Krankheit zum Tode führen.

Alkaloide Überwiegend pflanzliche Wirkstoffe, die – chemisch gesehen – alkalisch (Name!) reagieren und einen hohen Stickstoffanteil besitzen. In der Pharmakologie finden Alkaloide aufgrund ihrer stimulierenden Eigenschaften als Rausch- und Betäubungsmittel breite Verwendung. Aber auch Giftpflanzen enthalten Alkaloide, z.B. Schierling und Pfeilgiftliane. Bekannte Beispiele sind Atropin, Kokain, Nikotin, Strychnin und Piperin, der Wirkstoff des Schwarzen Pfeffers.

Allergie Eine meist heftige Reaktion des Körpers (d.h., des Immunsystems) auf den Kontakt mit einer reizauslösenden Substanz, dem Allergens, z.B. synthetische Stoffe, Bienengift, Pollen, körpereigene Substanzen. Diese Überempfindlichkeit kann sich relativ schnell, aber auch erst nach Stunden und Tagen äußern. Die Symptome reichen – je nach Allergietyp – von leichten Rötungen, Hautjucken, laufender Nase, Augentränen bis hin zu Asthma und Schock. Eine einmal erworbene Allergie ist in der Regel nicht heilbar, und die Reaktion läuft nach erneutem Kontakt mit dem Allergen meist noch heftiger ab.

Allopathie Das Gegenteil der Homöopathie, oft synonym mit <u>Schulmedizin</u> verwendet. In der Allopathie werden definitionsgemäß Krankheiten mit Mitteln behandelt, die den Symptomen entgegengesetzt sind (z.B. Fieber wird mit fiebersenkenden Arzneien behandelt).

Anämie Eine Blutarmut infolge Zerstörung (z.B. durch Blutparasiten) oder durch Abbau der roten Blutkörperchen (Erythrozyten). Da diese Zellen für den Sauerstofftransport innerhalb des Körpers verantwortlich sind, kann eine Anämie zu ernsthaften »inneren Atemproblemen« führen.

Anamnese Ist die medizinische Bezeichnung für die Krankengeschichte, d.h. alle Daten und Ereignisse, die – zeitlich geordnet – in irgendeiner Weise mit der Krankheit, die behandelt werden soll, in Verbindung stehen. Der genauen Erhebung der Anamnese kommt in der Homöopathie besondere Bedeutung zu.

Anaphylaxie Eine besondere Form der Allergie, die über einen bestimmten Antikörpertyp vermittelt und meist durch bestimmte körperfremde Substanzen (Antigene, z.B. Insektengifte, Penizillin) ausgelöst wird. Durch eine übermäßig starke Reaktion der Körperabwehr kann es innerhalb von Minuten zu einem sog. <u>anaphylaktischen Schock</u> kommen, der bei fehlender ärztlicher Hilfe zum Tode führt.

Anästhesie natürliche oder künstliche Schmerzausschaltung eines bestimmten Körperteils oder eines gesamten Organismus mit Hilfe eines Betäubungsmittels (Anästhetikum), um einen chirurgischen Eingriff schmerzlos durchführen zu können. Da die Wahl und Dosierung eines Betäubungsmittels genaue Kenntnisse verlangt, sollte eine Anästhesie nur durch einen ausgebildeten Arzt durchgeführt werden. Ein anderer Ausdruck für die zentrale = vollständige Anästhesie ist Narkose.

Anthroposophische Medizin Ist im Gegensatz zur Homöopathie eher eine Weltanschauung, die auf der Philosphie RUDOLF STEINERS (1861–1925) beruht. Die Art und Weise, wie die geeigneten Arzneien gefunden und hergestellt werden, unterscheidet sich ebenfalls von der homöopathischen Methode.

Antibiotikum Ist ursprünglich ein natürliches, antibakterielles (d.h. gegen Bakterien wirkendes) Stoffwechselprodukt, das in Pilzen vorkommt. Die heute in der Medizin gebräuchlichen Antibiotika werden meist synthetisch hergestellt und bei bakteriellen Infektionen verabreicht. Trotz großer Heilerfolge haben Antibiotika bei zu häufiger Verwendung zwei gravierende Nachteile: Zum einen können viele Erreger gegen sie resistent werden, zum anderen reagieren immer mehr Menschen auf Antibiotika allergisch. Das erste bekannte Antibiotikum, das Penizillin, stammt aus einem Schimmelpilz und wurde 1928 von ALEXANDER FLEMING entdeckt.

Apathisch Apathische Menschen zeigen kein Interesse daran, was um sie herum passiert, sie wirken in sich zurückgezogen und ohne Gefühle (Emotionen). Gerade solche emotionalen Störungen kann man natürlich bei Tieren nur schwer ausmachen; daher äußert sich bei ihnen eine Apathie eher an Bewegungsunlust, verstärkter Schläfrigkeit (Lethargie) und mangelndem Appetit.

Arzneimittellehre Siehe *Materia Medica*.

Arzneimittelprüfung Um die einzelnen Symptome, die ein homöopathisches Mittel hervorruft, möglichst exakt beschreiben zu können, muß jede Substanz, die in der Homöopathie verwendet wird, in unterschiedlichen Potenzen an gesunden Menschen (oder Tieren) getestet werden. Die erste Prüfung wurde von HAHNEMANN im Selbstversuch durchgeführt: Er nahm Chinarinde ein und beobachtete anschließend, wie sein Körper Anzeichen des Wechselfiebers (Malaria) aufwies.

Bach-Blüten Eine durch den englischen Arzt EDWARD BACH in den 30er Jahren entwickelte ganzheitliche Heilmethode, die in vielen Zügen der Homöopathie ähnelt. Die insgesamt 38 Bach-Blüten sollen dazu dienen, den Organismus durch Reharmonisierung des Bewußtseins zu heilen. Bach war aber auch als Bakteriologe und Homöopath tätig, und seine Notfall-Medizin (Rescue) wie auch die nach ihm benannten Bach-Nosoden (z.B. *Bazillus Proteus, Morgan* oder *Sycoccus*) haben einen festen Platz im homöopathischen Repertoire.

Bakterien Biologisch gesehen sehr urtümliche Lebewesen, spielen Bakterien für Mensch und Tier eine wichtige Rolle. Während sie als Symbionten im Darm (z.B. das Darmbakterium *Escherichia coli* oder die zelluloseabbauenden Bakterien bei Pflanzenfressern) wichtige Funktionen bei der Verdauung übernehmen, gibt es auch unzählige Bakterien, die Erreger vieler Krankheiten und Leiden sind, wie beispielsweise die eiterbildenden Streptokokken und Staphylokokken.

Biochemie Im Gegensatz zum biochemischen Zweig der Naturwissenschaft ist mit dieser Methode die Biochemie nach WILHELM HEINRICH SCHÜßLER (1821-1898) gemeint, der ein von der Homöopathie abgeleitetes Heilverfahren entwickelte. Hierbei setzte er nur Mineralien ein, die sog. Schüßler-Salze, die seinerzeit im Blut nachgewiesen werden konnten.

Blut Innerhalb des Körpers kommen dem Blut und seinen Bestandteilen verschiedene wichtige Aufgaben zu, z.B. der Gastransport (Sauerstoff und Kohlendioxid), der durch die roten Blutkörperchen (Erythrozyten) erfolgt, die Blutgerinnung und der Wundverschluß, die durch die Blutplättchen (Thrombozyten) erledigt werden, sowie die Körperabwehr, die von den weißen Blutkörperchen (Leukozyten) wahrgenommen wird. Das Blut versorgt alle Organe und Körperbereiche über ein geschlossenes Gefäßsystem, das durch eine zentrale Pumpe (Herz) in Bewegung gehalten und innerhalb eines separaten Kreislaufs (Lungenkreislauf) »belüftet« wird. Die vom Herzen wegführenden Gefäße werden als Arterien und die zuleitenden als Venen bezeichnet, während man bei den dünnen Gefäßen in der »Peripherie« von Kapillaren spricht. Zusätzlich werden die große Sammelvenen als Pfortadern bezeichnet und die Hauptarterie als Aorta. Beim Erwachsenen findet die Blutbildung (Hämopoese) im Knochenmark und im Lymphsystem statt.

Causa In der Homöopathie versteht man unter der Causa (lat.: Grund) nicht nur die äußere Ursache einer Krankheit (z.B. Bakterien), sondern besonders auch ihren inneren Grund (Krankheitsanfälligkeit usw.). Wenn der Homöopath diesen Grund erkannt hat, gelangt er auch zum richtigen Mittel.

Centesimalpotenz (C) Potenzierung homöopathischer Mittel nach der Centesimalskala (1+99); siehe Potenzierung.

Chronisch Eine chronische Krankheit ist ein Leiden, das über einen längeren Zeitraum andauert; sie ergibt sich meist als Folge einer nicht oder falsch behandelten akuten Krankheit. Je länger das Leiden dauert, desto schlechter sind meist auch die Heilungschancen.

Darreichungsform Homöopathische Arzneimittel werden aus tierischen, pflanzliche und mineralischen Substanzen hergestellt. Die Darreichungsform unterscheidet nun in flüssige und feste Arzneimittel. Zu den flüssigen zählen die Urtinkturen (ø), die aus frischen Pflanzensäften oder sehr feinen Verreibungen von Mineralien bzw. getrocknetem Pflanzen- und Tiermaterial gewonnen werden, aber auch alkoholhaltige Einreibungen, die nur äußerlich verwendet werden. Feste Formen werden durch Verreibung (Trituration) fester Stoffe mit Milchzucker (Laktose) gewonnen. Zu den »Endprodukten« zählen Verreibungen, Tabletten, Streukügelchen (Globuli) und Salben. Allen homöopathischen Mitteln ist jedoch die Herstellungsweise gemeinsam, d.h. Verdünnungsschritte und anschließende Vermischung (Potenzierung durch Schüttelschläge oder intensive Verreibung).

Degenerativ Bei degenerativen Vorgängen werden Organe oder Organbestandteile nach und nach zerstört. Diese Prozesse können durch äußere Faktoren (Krankheitserreger), aber beispielsweise auch durch das eigene Immunsystem ausgelöst bzw. verursacht werden.

Dezimalpotenz (D) Potenzierung homöopathischer Mittel nach der Dezimalskala (1+9); siehe *Potenzierung.*

Dosis In der Pharmakologie versteht man hierunter die Menge eines Arzneimittels oder pharmakologischen Wirkstoffs, die einem Patienten zur Behandlung verabreicht werden. Als Maßeinheit verwendet man im allgemeinen Gewichtseinheiten oder die sog. Internationalen Einheiten (international units oder I.U.) des Wirkstoffs.

Endemisch Wenn eine (meist ansteckende) Krankheit die Bevölkerung innerhalb eines bestimmten Gebietes befallen hat, dann spricht man von einer für dieses Gebiet endemischen Krankheit. So war beispielsweise bis zur Jahrhundertwende die Malaria in einigen Gebieten Ostfrieslands endemisch.

Epidemie Eine Krankheit wird dann als Epidemie bezeichnet, wenn sie sich nicht lokal oder regional auf eine bestimmte Bevölkerung oder Bevölkerungsgruppe beschränkt, sondern rasch über ganze Landstriche ausbreitet und zahlreiche Menschen erkranken läßt. Typische Beispiele sind Pest, Cholera, Typhus oder in neueren Zeiten Grippe und AIDS.

Epithel Epithelgewebe ist ein geschlossener Zellverband, der äußere oder innere Körperoberflächen in einer oder mehreren Schichten bedeckt. Diese Zellschicht schützt nicht nur die darunterliegenden Strukturen, sondern dient auch zum Austausch von Stoffen (Resorption) und Information (Reizleitung).

Eugenische Kur Diese von Vannier entwickelte Behandlung wird in der Schwangerschaft angewandt und dient dazu, die Konstitution des Ungeborenen zu stärken. Der angehenden Mutter wird einmal jeden Monat eine Dosis Luesinum, Medorrhinum, Sulfur und Tuberkulinum (jeweils als D200) gegeben, sowie zusätzliche konstitutionelle Mittel.

Hahnemann, Samuel (1755–1843) Begründer der Homöopathie. Erste homöopathische Veröffentlichung in Hufeland's »Journal der Praktischen Arzneikunde« (1796), Verfasser u.a. des »Organons der Heilkunst« (1810), der »Reinen Arzneimittellehre« (1811–1821) und der »Chronischen Krankheiten« (1828–1839).

Holistisch Holistische oder Ganzheits-Heilmethoden (griech. holos = ganz) basieren auf der Vorstellung, daß körperliche, geistige und seelische Symptome einer Person sowie ihre Verhaltensweisen eine Einheit bilden, die in ihrer Gesamtheit einzigartig ist, und den jeweiligen Lebensabschnitt dieses Individuums genau markiert.

Homöopathie Von SAMUEL HAHNEMANN verfaßte medizinische Heilmethode, bei der möglichst nur ein einziges Mittel (das »ähnlichste«, von griech. homoios = ähnlich) im Krankheitsfall eingesetzt werden soll. Homöopathie gilt als angewandte Pharmakodynamik.

Hormon Hormone sind vom Körper in speziellen sog. endokrinen Organen gebildete Substanzen, die über die Blutgefäße zu speziellen Zielorganen transportiert werden, wo sie den Stoffwechsel beeinflussen. Hormone werden zwar nur in sehr geringen Mengen gebildet, diese reichen jedoch aufgrund der hohen Spezifität aus, um die entsprechenden Prozesse in Gang zu setzen. Bekannte Hormone sind beispielsweise Insulin (Kontrolle des Blutzuckers), Adrenalin (Beschleunigung des Gesamtstoffwechsels) und die Sexualhormone Östrogen und Testosteron.

Hyper Diese aus dem Griechischen stammende Vorsilbe (in medizinischen Fachausdrücken) bezeichnet Zustände, die »zu groß« oder »zu viel« sind. Beispiel: Hypertonie ist ein zu hoher Blutdruck, und von Hypertrophie spricht man, wenn beispielsweise ein Organ zu stark gewachsen (trophein = wachsen) ist.

Hypo Diese ebenfalls aus dem Griechischen stammende Vorsilbe bezeichnet das Gegenteil von »hyper«, also alles, was »zu klein« oder »zu wenig vorhanden« ist. Hypotonie ist also ein zu niedriger Blutdruck, und bei Hypoglykämie hat man zu wenig Zucker (Glukose) im Blut (= griech. haima).

Immunsystem Hierzu gehören alle Bereiche der körperlichen Abwehr: die Organe des lymphatischen Systems, verschiedene Typen weißer Blutkörperchen (Leukozyten, Monozyten) sowie bestimmte, vom Körper gebildete »Abwehrmoleküle«, die sog. Antikörper. Antikörper entstehen als gezielte Reaktion auf den Kontakt mit dem sog. Antigen (einer körperfremden Substanz, z.B. einem Krankheitserreger). Die einmal gebildeten Antikörper stellen quasi einen »lebendigen Informationsspeicher« für das Immunsystem dar und werden immer dann neu gebildet, wenn ihr spezielles Antigen im Körper erkannt wird.

Impfung Methode, um einen Organismus gegen bestimmte Infektionskrankheiten immun zu machen. Der Impfstoff (z.B. abgetötete oder sehr stark verdünnte Erreger) wird durch die Haut in den Organismus injiziert. Dort wirkt der Impfstoff als Antigen, gegen den das körpereigene Abwehrsystem Antikörper bildet und auf diese Weise den Organismus vorübergehend oder dauerhaft vor diesem Erreger schützt. Die älteste bekannte (und auch homöopathisch anerkannte) Impfung ist die durch den britischen Arzt EDWARD JENNER entwickelte Pockenschutzimpfung, wobei ein »ähnlicher« Stoff, nämlich Kuhpockenserum, injiziert wird.

Infektion Wenn Krankheitserreger in einen Organsimus eindringen, sich dort festsetzen und vermehren, spricht man von einer Infektion. Die Stärke einer solchen Infektionskrankheit hängt von der jeweils vorhandenen individuellen Immunität, der Erregerart, der Anzahl der Erreger und den Begleitumständen ab.

Isopathic In Anlehnung an die Homöopathie vom Tierarzt J.J.W. LUX entwickeltes Heilverfahren, nach dem Grundsatz: »Aequalia aequalibus curentur (Gleiches kann durch Gleiches geheilt werden)«. Hierunter versteht man eine Behandlung mit demselben Stoff oder Erreger, der die Krankheit ausgelöst hat: Sämtliche Desensibilisierungstherapien basieren auf dieser Methode.

Konstitution In der Homöopathie werden die besondere Veranlagung eines Individuums zu bestimmten Krankheiten und Leiden, aber auch bestimmte genetische oder erworbene Verhaltensmuster auf Umweltreize, unter dem Begriff Konstitution zusammengefaßt. Eine einheitliche Einteilung gibt es nicht, hauptsächlich wird in folgende Typen unterteilt: asthenisch (ohne Kraft und Schwung), karbonisch (Drüsenunterfunktion, gestörter Wasserhaushalt, verlangsamter Metabolismus), skrophulös (chronischer Schnupfen, Lymphdrüsenschwellung, Hautbeschwerden), sthenisch (Vollkraft) und tuberkulin (Tbc-anfällig). Nach VON GRAUVOGL (1811 - 1877) gibt es nur drei Konstitutionen, nämlich hydrogenoid (starker Einfluß durch Feuchtigkeit), karbonitrogen (verlangsamter Metabolismus) und oxygenoid (beschleunigter Metabolismus).

Konstitutionelles Mittel Arzneimittel, die den gesamten Organismus, besonders die Körperabwehr, kräftigen sollen. Als konstitutionelle Mittel gelten beispielsweise *Arsenicum album, Calcium carbonicum, Hepar sulfuris, Mercurius corrosivus* und *Sulfur* (selbstverständlich abhängig von der Symptomatik).

Korsakoff-Potenz Sind Potenzen, die nach dem Homöopathen VON KORSAKOFF im sog. Einglas-Verfahren hergestellt wurden. Dabei wird der am Boden des Mischgefäßes verbleibende Rest als Grundlage für den nächsten Verdünnungsschritt verwendet. Da dieser Resttropfen nicht exakt quantitativ erfaßt werden kann, ist die Potenzierung bei diesem Verfahren ungenauer als beim Mehrglas-Verfahren. Siehe auch *Potenzierung.*

Kortison Siehe *Steroid.*

Krankheit Die Homöopathie versteht unter Krankheit einen Zustand, wo das dynamische Gleichgewicht eines Organismus aus dem Lot geraten ist. Dabei geht man von einer Störung der Harmonie zwischen der Vitalkraft des Körpers und dem eigentlichen »Körper« aus.

Läsion Medizinischer Ausdruck für eine Verletzung oder Schädigung, aber auch für eine Störung.

Leitsymptome auch Schlüsselsymptome oder Key-Notes genannt. Siehe *Symptom.*

M Eine ältere Bezeichnung für eine sehr hohe Potenz. M steht für lat. mille = tausend; korrekterweise müßte es eigentlich CM (also C1000) lauten.

Materia Medica (= Materia medica homoeopathica) oder Arzneimittellehren (AML) sind Nachschlagewerke, in denen homöopathische Mittel (mit ihren entsprechenden Symptomen) alphabetisch geordnet aufgelistet sind.

Metabolismus Wissenschaftliche Bezeichnung für den Stoffwechsel. Beim Stoffwechselprozeß werden bestimmte Substanzen (z.B. Zucker, Fette) in Form eines Kreislaufs umgesetzt (im Beispiel zu Kohlendioxid und Wasser), wobei Energie oder energiereiche Reservestoffe (z.B. Glykogen) erzeugt werden. Diese Reaktion läuft über zahlreiche Enzyme ab, die den Stoffumsatz steuern oder beschleunigen (katalysieren). Die Umwandlungsprodukte körpereigener oder fremder Stoffe, die hierbei anfallen, werden Metaboliten genannt.

Miasma Schon zu Hahnemanns Zeiten, als man noch nicht um Bakterien oder Viren wußte, glaubte man an sog. »ansteckende Materie« (faulige Ausdünstung = Miasma). Im homöopathischen Sinne kann das Miasma als ein konstitutionell krankhafter Zustand verstanden werden, der aus einer willkürlichen oder unnatürlichen Unterdrückung von spezifischen Erstinfektionen resultiert. Die Miasmen-Lehre unterscheidet klassischerweise drei, heute vier spezifische Typen: psorisch, sykotisch und luesinisch sowie als vierte tuberkulinisch.

Modalitäten Hierunter versteht man sämtliche Umweltfaktoren, die das allgemeine Befinden oder den Krankheitsverlauf verschlimmern oder verbessern. Hierzu zählen Klima, Temperatur, Zeit, Ruhe, körperliche Bewegung, soziale Faktoren usw.

Narkose Bewußtlosigkeit, die durch ein Betäubungsmittel (z.B. Äther) herbeigeführt wird, um schmerzhafte Eingriffe durchführen zu können (siehe auch *Anästhesie*).

Nebenwirkungen Meist unbeabsichtige Wirkungen einer Heilsubstanz, die zusätzlich zum gewünschten Effekt eintreten. Nebenwirkungen können auch nach Überdosierung auftauchen (heute wird stattdessen von »unerwünschten Begleitwirkungen« gesprochen).

Nosode Nosoden werden aus menschlichen und tierisehen Krankheitsprodukten (z.B. Eiter, Auswurf), aus Erregern (z.B. aus Tuberkel-Bazillen) oder aus zersetzten Tierorganen (z.B. *Pyrogenium* aus verfaultem Rindfleisch) gewonnen. Eine besondere Form sind Auto-Nosoden (Eigenblut- bzw. Eigenharn-Nosoden), die aus Material stammen, das einem Patienten entnommen wurde, und im Anschluß an die Potenzierung demselben Patienten wieder verabreicht werden.

Ödem Früher auch Wassersucht genannt. Hierunter versteht man krankhafte Schwellungen, die durch begrenzte Ansammlung von Körperflüssigkeit entstehen. Ödeme entstehen z.B. durch Infektion (z.B. Gehirnhautentzündung) oder infolge einer allergischen Reaktion (z.B. Bienenstich).

Organon In seinem »Organon der Heilkunst« hat HAHNEMANN die Grundlagen der Homöopathie niedergeschrieben. Sein Werk gliedert sich in einen theoretischen (§§ 1 bis 70) und in einen praktischen Teil (§§ 71 bis 291). Nach dem Motto »Macht's nach, aber macht's genau nach« beschreibt Hahnemann darin detailliert das Vorgehen, um in und mit der Homöopathie erfolgreich behandeln zu können.

Östrus Wissenschaftlicher Ausdruck für Brunst oder Hitze (bei Hunden) oder Rolligkeit (bei Katzen), mit anderen Worte die paarungsbereite Phase des Weibchens, wo der Eisprung erfolgt und somit die Fortpflanzung gewährleistet ist.

Palliativ Eine palliative Behandlung erreicht lediglich, daß die Symptome gelindert werden, im Gegensatz zu einer Behandlung die sich an der eigentlich Causa orientiert und schließlich zur Heilung führt.

Parasit Hierunter versteht man alle Lebewesen, die auf Kosten eines anderen Organismus (Wirt-Organismus) leben und ihren Wirt dabei schädigen. Je nach Lebensweise unterscheidet man in Ektoparasiten (die außen am Wirt leben) oder Endoparasiten (z.B. im Blut, in Körperhöhlen und anderen Organen), oder in obligate (wenn sie unbedingt einen Wirt brauchen, um überleben zu können) oder fakultative (die nur gelegentlich einen Wirt aufsuchen). Sehr viele Wesen leben parasitisch, z.B. unzählige Einzeller (wie der Erreger der Malaria), Leberegel, Spul- und Bandwürmer, Läuse, Zecken, und nicht zu vergessen, Pilze, Bakterien und Viren.

Parenteral Die Verabreichung eines Mittels wird dann als parenteral bezeichnet, wenn es nicht über den Verdauungstrakt aufgenommen wird, sondern mittels einer Spritze in den Muskel, unter die Haut oder ins Blut verabreicht wird.

Pathogen (griech. pathos = Krankheit) Pathogen ist sozusagen alles, was krank macht: Dies können Mikroorganismen (Bakterien, Viren, Pilze), schädliche Chemikalien, aber auch Umwelteinflüsse sein.

Pathologisch Krankhafte Zustände werden als pathologisch bezeichnet. Das

Fachgebiet der Pathologie beschäftigt sich daher mit allen krankhaften und anormalen Zuständen des Organismus; sie untersucht die Ursachen (Ätiologie), die Erreger und Krankheitsentwicklung (Pathogenese) sowie krankhafte anatomische und physiologische Veränderungen (Histopathologie und Pathophysiologie).

Periodisch Periodische Symptome sind Krankheitszeichen, die in regelmäßigen Abständen (beispielsweise zu bestimmten Tageszeiten, in einer gewissen Stunde, Woche oder Jahreszeit) immer wieder auftauchen.

Pharmakodynamik Hierunter versteht man die Lehre darüber, auf welche Weise und wie stark Arzneimittel und Gifte auf den menschlichen Organismus wirken.

Pharmakologie Dieser Wissenschaftszweig befaßt sich mit den Wechselwirkungen zwischen Organismus und Arzneistoffen, z.B. Aufnahme (Resorption), stofflicher Umsatz (Metabolismus), Verteilung im Körper und Ausscheidung. Die Pharmakodynamik stellt einen Teilaspekt der Pharmakologie dar.

Physiologie (griech. physis = Natur) Lehre von allen natürlich Lebensprozessen, insbesondere vom natürlichen Stoffwechsel.

Placebo Ein Placebo (lat. ich werde gefallen) enthält keinerlei medizinisch relevanten Wirkstoffe und wird eigentlich nur verabreicht, um den Patienten, der nicht weiß, daß seine »Pillen« beispielsweise nur Zucker enthalten, psychologisch aufzumuntern. Manchmal reicht die Vorstellungskraft des Patienten aus, um anschließend die Symptome tatsächlich verschwinden zu lassen. In diesem Fall spricht man vom sog. Placebo-Effekt.

Polychrest Hierunter versteht man ein homöopathisches Mittel, das mit einer sehr ausgeprägten Bandbreite wirkt, indem es eine große Anzahl sowohl körperlicher als auch psychischer Symptome beschreibt bzw. umfaßt. (Man könnte fast von einem homöopathischen »Allheilmittel« spechen.)

Potenz Man unterscheidet je nach Verdünnungsmethode in Dezimalpotenzen (D-Potenzen; 1+9) und Centesimalpotenzen (C- Potenzen; 1+99); außerdem gibt es noch LM-Potenzen (oder QM- Potenzen; 1:50000), Korsakoff-Potenzen sowie (besonders in der englischen Literatur) M-Potenzen (M1 = 1:1.000; M10 = 1:10.000). Weiterhin unterscheidet man (je nach Verdünnungsgrad) in Tiefpotenzen (ø bis D8), mittlere Potenzen (D10 bis D15) und Hochpotenzen (ab D30). Ab einer D23 ist – chemisch gesehen – kein Molekül einer Substanz mehr nachweisbar.

Potenzierung Hierunter versteht man die vorschriftsmäßige Zubereitung homöopathischer Arzneimittel. Bei der in Deutschland üblichen Herstellung (Potenzierung oder Dynamisierung) geht man von einer 1:10-Verdünnung (Dezimalverdünnung) aus. Alle Vorschriften finden sich im Homöopathischen Arzneibuch (HAB). Ein abgemessener Teil einer Lösung (der sog. Urtinktur oder ø) wird zu 9 Teilen Wasser-Ethanol-Mischung gegeben. Die so entstande Lösung wird anschließend durch 10 kräftig abwärts geführte Schüttelschläge durchmischt. Dieser sehr wesentliche Vorgang soll so dem Trägerstoff eine stabilisierende Kraft verleihen. Man bezeichnet die so entstandene Lösung als 1. Potenz oder D1. Hiervon wird wiederum 1 Teil entnommen und in einem neuen Gefäß mit 9 gleichen Teilen Wasser-Ethanol vermischt und geschüttelt; so entsteht die 2. Potenz oder D2 usw. Da bei dieser Methode bei jedem Schritt ein neues Gefäß verwendet wird, spricht man auch vom Mehrglas- Verfahren. Feste Arzneimittel werden auf ähnliche Weise hergestellt, als Trägerstoff dient jedoch

Milchzucker, der mit der jeweiligen Ursubstanz intensiv verrieben wird. Ein anderes Herstellungsverfahren verwendet Centesimalpotenzen (üblich in den USA, Großbritannien und Frankreich, aber auch in Deutschland), wobei 1 Teil ø mit 99 Teilen Trägerstoff verdünnt und potenziert wird.

Prophylaxe Vorbeugende Maßnahmen, um das Auftreten einer Krankheit zu verhindern oder die Intensität ihrer Symptome zu mildern. Impfungen oder die Verabreichung von Nosoden werden als Prophylaxe bezeichnet.

Psora Psora bedeutete im Alten Testament ansteckende Hautkrankheiten, insbesondere Aussatz, wurde in der Vulgata mit Scabies übersetzt und von HAHNEMANN als »nach innen geschlagene« Krätze aufgefaßt. Sie ist eine der (und für HAHNEMANN die) Hauptursache chronischer Krankheiten.

Q-Potenz Siehe *Potenz.*

Repertorium In einem Repertorium werden die Einzelsymptome homöopathischer Mittel in sog. Rubriken aufgelistet, bzw. die Arzneimittel, die ein bestimmtes Symptom aufweisen unter diesem aufgeführt. Da aber nicht alle Symptome genannt sind, jedoch evtl. Querverweise bestehen, kann das Repertorium nur bedingt zur Wahl des richtigen Mittels führen. Das bekannteste Werk ist »Kents Repertorium«. (Hierin sind z.B. unter »Einschlafen beim Reden« die Arzneimittel *Causticum, Chelidonium, Magnesium carbonicum, Morphinum* und *Acidum phosphoricum* aufgeführt.)

Resorption Aufnahme eines Stoffes (z.B. Nährstoffe, Vitamine, Medikamente) ins Blutgefäß- und Lymphsystem. Stoffe können über Schleimhäute (z.B. im Magen-Darm-Trakt) und Epithel der Lungenbläschen (Alveolen), aber auch über Unterhautgewebe (subcutane Gewebe) und Muskulatur (nach Injektion) resorbiert werden.

Schock Ein Zustand, der meist unmittelbar nach Unfall, Operation oder einem aufwühlendem Erlebnis eintritt. Diese Phase kann – besonders nach Unfällen oder starkem Blutverlust – lebensbedrohlich werden, da viele Vitalfunktionen (Blutversorgung, Atmung) plötzlich zusammenbrechen können. Typische Symptome sind blasse Haut, Frösteln, Schwindel, Schwäche, zunehmende Teilnahmslosigkeit bis Bewußtlosigkeit.

Schüttelschläge Siehe Potenzierung.

Sepsis (= griech. Fäulnis) Ist auch unter der Bezeichnung Blutvergiftung bekannt. Eine Sepsis ist eine allgemeine Infektion im Körper, die meist durch einen Infektionsherd, wie Bakterien oder Pilze, ausgelöst wird, indem die Erreger in die Blutbahn gelangen. Typisches Kennzeichen ist ein hohes, in Schüben auftretendes Fieber.

Similia similibus curentur Siehe *Ähnlichkeitsprinzip.*

Simillimum Wenn man nach Abklärung aller Symptome einer Krankheit das »ähnlichste« Mittel (Simillimum) gefunden hat, dürfte sie aller Wahrscheinlichkeit nach geheilt werden.

Steroid Eine chemische Stoffgruppe mit einem charakteristischen Kohlenstoff-Ringgerüst. Bedingt durch diese Struktur haben Steroide zahlreiche biologische Eigenschaften und Effekte, so z.B. die gesamte Klasse der Steroidhormone, zu denen die Sexualhormone (Östrogen, Testosteron), aber auch das adreno-corticotrophe Hormon (ACTH) gehören. In der Pharmazie spielen neben anderen Steroidhormonen wie beispielsweise dem Nebennierenrindenhormon Kortison auch die natürlich vorkommenden Steroidglykoside eine Rolle, wie z.B. Herzglykoside (*Digitalis*), Saponine und einige Krötengifte.

Symptom Anzeichen einer Krankheit oder eines Leidens. Um eine erfolgreiche homöopathische Behandlung zu gewährleisten, müssen alle Symptome sehr genau erkannt und sehr detailliert beschrieben werden; beispielsweise, wo genau ein Schmerz lokalisiert ist, ob er brennt, klopft, reißt oder sticht. Man unterscheidet zum einen in körperliche oder Leibsymptome (wie etwa Schmerzen) und in psychische oder Gemütssymptome, z.B. Angst vor dem Alleinsein, vor Gewittern, vor Prüfungen und vor Tieren usw. Alle charakteristischen Symptome, die sofort an ein bestimmtes Mittels denken lassen, werden Leitsymptome genannt.

Synonym Wenn für ein bestimmtes Wort noch ein weiterer gleichbedeutender Begriff existiert, spricht man von einem Synonym. In der Homöopathie wird beispielsweise *Silicea* synonym mit *Acidum silicicum* verwendet.

Therapie Anderer Ausdruck für Behandlungsmethode oder Behandlung. Die Wahl einer geeigneten Therapie wird durch Abklärung der Symptome und der daraus resultierenden Diagnose entschieden.

Toxisch Andere Bezeichnung für giftig. Für einen Organismus können nicht nur natürliche Gifte (Schlangengift) und Umweltgifte (Schwermetalle, bestimmte Säuren und organische Verbindungen) toxisch wirken, sondern auch die Ansammlung bestimmter körpereigener Abfallprodukte (Harnstoff, Eiter usw.). Vergiftungen (Intoxikationen) können für den Organismus eine lebensbedrohliche Situation darstellen, die sofortige ärztliche Hilfe verlangt.

Trägerstoff In der Homöopathie werden zur Verdünnung der ø und zur Herstellung der Potenzen sog. Arzneimittelträger benötigt. Bei flüssigen Arzneimitteln nimmt man Wasser oder Alkohol (Ethanol), bei festen Milchzucker.

Trauma Jegliche gewaltsame Einwirkung auf einen Körper wird als Trauma bezeichnet. Diese Einwirkungen brauchen nicht unbedingt rein physisch zu sein, wie etwa Schläge oder Verletzungen, ein »traumatisches Erlebnis« kann auch durch Schock oder starke psychische Schädigungen hervorgerufen werden.

Trituration (= Verreibung); siehe *Darreichungsform*.

Tumor Medizinische Bezeichnung für eine Geschwulst; diese kann infolge einer lokalen Anschwellung (Ödem), eines entzündlichen Vorgangs oder infolge von neugebildetem Gewebe (Neoplasie) entstanden sein.

Ulzeration Hierunter versteht man die Entstehung von Geschwüren (Ulzera).

Urtinktur Unter Urtinktur, symbolisiert durch den griechischen Buchstaben Phi (ø), versteht man in der Homöopathie eine nicht verdünnte, flüssige Ursubstanz, die beispielsweise aus frischem oder getrocknetem Pflanzen- oder Tiermaterial stammen kann. Aus der ø werden durch Potenzierung (schrittweises Verdünnen und Schütteln) die homöopathischen Arzneimittel gewonnen.

Virus Ein Virus (man sagt übrigens das Virus) ist eine besondere biologische Form, da es keine richtige Zelle darstellt, sondern eigentlich nur aus Erbgut besteht. Es muß erst in andere Zellen eindringen, um sich dort zu vermehren, da es keine eigenen Mittel zur Reproduktion besitzt. Durch das abrupte Freiwerden der neuen »Virengeneration« können die befallenen Zellen absterben oder stark geschädigt werden. Bei massenhaftem Virenbefall kommt es daher zu Krankheiten, wie beispielsweise Grippe, Herpes oder Windpocken. Viren sind wesentlich kleiner als Bakterien. Heute klassifiziert man Viren danach, wie sie sich bezüglich ihrer Erbsubstanz unterscheiden (DNS-Viren oder RNS-Viren), manchmal auch danach, welche Krankheiten sie auslösen, z.B. Hepatitis-Viren.

Vitamin Lebensnotwendige (stickstoffhaltige) Substanzen, die ein Organismus nicht selbständig produzieren kann. Vitamine können z.B. am Aufbau bestimmter Körperstrukturen beteiligt sein (z.B. Vitamin D beim Knochenwachstum oder Vitamin A bei der Bildung des Sehpurpurs). Da sich manche Vitamine aufgrund ihrer chemischen Eigenschaften (fettlöslich) im Körper (meist in der Leber) anreichern können, kann es bei zu starker Aufnahme zu einer Überdosierung (Hypervitaminose) kommen. Bei Fehl- bzw. Mangelernährung kann es zur Vitaminunterversorgung kommen (Hypovitaminosen), die zu ernsthaften Schäden des Organismus führen können (z.B. Skorbut).

Anhang 2

Lateinisch-deutsches Verzeichnis der zitierten Materia medica

In der folgende Liste finden Sie die üblichen Namen der homöopathischen Mittel, die in diesem Buch genannt wurden, gefolgt von der deutschen Bezeichnung. Bei einigen Mitteln sind auch beispielsweise die Pflanzen angegeben, aus denen sie gewonnen wurden, sowie synonyme Begriffe.

Abrotanum (= *Arthemisia abrotanum*) – Eberraute

Abrus precatorius – siehe Jequirity

Acidum aceticum – Essigsäure

Acidum arsenicosum – siehe Arsenicum album

Acidum benzoicum – Benzoesäure

Acidum fluoratum – siehe Acidum fluoricum

Acidum fluoricum (syn. *Acidum fluoratum*) – Flußsäure

Acidum hydrochloricum – siehe Acidum muriaticum

Acidum hydrocyanicum (syn. *Acidum zooticum*) – Blausäure

Acidum muriaticum (syn. *Acidum hydrochloricum*) – Salzsäure

Acidum nitricum – Salpetersäure

Acidum phosphoricum – Phosphorsäure

Acidum picrinicum – Pikrinsäure

Acidum silicicum – siehe Silicea

Acidum sulfuricum – Schwefelsäure

Acidum zooticum – siehe Acidum hydrocyanicum

Aconitum napellus – Blauer Eisenhut, Sturmhut

Actaea racemosa – siehe Cimicifuga

ACTH (= Adrenocorticotropes Hormon, Corticotropin) – Hormon des Hypophysenvorderlappens (Adenohypophyse)

Adonis vernalis – Frühlingsadonisröschen

Aesculus (= *Aesculus hippocastanum*) – Roßkastanie

Aethusa (= *Aethusa cynapium*) – Hundspetersilie, Hundsdolde, Gartenschierling

Agaricus (= *Agaricus muscarius*; syn. *Amanita muscaria*) – Fliegenpilz

Agnus castus (= *Vitex agnus-castus*) – Keuschlamm, Mönchspfeffer

Agraphis nutans (= *Scilla nutans*) – Sternhyazinthe

Aletris farinosa – Sternwurzel

Allium cepa – Küchenzwiebel

Allium sativum – Knoblauch

Aloe (= *Aloe socotrina*) – Aloe

Alumen – Alaun, Aluminium-Kalium-Sulfat

Alumina (= *Aluminium oxydatum*) – Tonerde

Amanita muscaria – siehe Agaricus

Ammonium carbonicum – Hirschhornsalz, Ammoniumkarbonat

Anacardium (= *Anacardium occidentale*) – Kaschunuß, Malakanuß, Elefantenlaus

Angustura vera (syn. *Galipea officinalis*) – Angustura
Antimonium crudum – Schwarzer Spießglanz, Grauspießglanzerz
Antimonium tartaricum – Brechweinstein
Apis mellifica – Honigbiene
Apocynum cannabinum – Kanadischer Hanf, Indianerhanf
Apomorphinum hydrochloricum – Apomorphin
Aranea avicularis (syn. *Mygale*) – Vogelspinne, Riesenspinne, Buschspinne
Araroba (= *Chrysarobinum*) – Araroba oder Goapulver (Wirkstoff Chrysarobin)
Argentum metallicum – Metallisches Silber
Argentum nitricum – Höllenstein, Silbernitrat
Arnica (= *Arnica montana*) – Arnika, Bergwohlverleih
Arsenicum album (syn. *Acidum arsenicosum*) – Arsenige Säure, Weißes Arsenik
Arsenum jodatum – Arsenjodid
Arum triphyllum – Zehrwurzel
Aspidosperminum – Aspidospermin, ein Wirkstoff des Quebrachobaums (*Aspidosperma quebracho-blanco*)
Asterias rubens – Roter Seestern
Atropinum (syn. *Atropinum purum*) – Atropin, ein Alkaloid aus der Tollkirsche (*Atropa bella-donna*)
Aurum metallicum – Metallisches Gold

Bacillinum (syn. *Tuberculinum*) – Nosode aus Gewebe von Tuberkulosekranken
Baptisia (= *Baptisia tinctoria*) – Wilder Indigo
Barium carbonicum – Bariumkarbonat
Barium jodatum – Bariumjodid
Belladonna (= *Atropa bella-donna*) – Tollkirsche

Bellis perennis – Gänseblümchen
Berberis vulgaris – Berberitze, Sauerdorn
Blatta americana (syn. *Periplaneta americana*) – Amerikanische Schabe
Borax (syn. *Natrium boracicum*) – Borax
Bounafa (syn. *Ferula glauka*) – Bounafa (getrocknete Wurzel des Riesenfenchels, *Ferula glauca*)
Bovista (= *Lycoperdon bovista*) – Weißer Bovist, Riesenbovist, Stäubling
Bryonia (= *Bryonia alba*) – Zaunrübe

Cactus (syn. *Cereus grandiflorus*) Königin der Nacht
Caladium seguinum – Schweigrohr
Calcium carbonicum (syn. *Calcium carbonicum Hahnemanni*) – Austernschalenkalk
Calcium fluoricum (= *Calcium fluoratum*) – Flußspat
Calcium jodatum – Kalziumjodid
Calcium phosphoricum – Kalziumphosphat
Calcium sulfuricum – Kalziumsulfat
Calendula (= *Calendula officinalis*) – Ringelblume
Cancer astacus (syn. *Astacus fluviatilis*) – Flußkrebs
Cantharis (= *Lytta vesicatoria*) – Spanische Fliege
Capsella bursa-pastoris (syn. *Thlaspi bursa pastoris*) – Hirtentäschel
Capsicum (= *Capsicum annuum*) Spanischer Pfeffer
Carbo mineralis – *siehe* Graphites
Carbo vegetabilis – Holzkohle
Carduus marianus (syn. *Silybium marianum*) – Mariendistel
Caulophyllum (= *Caulophyllum thalictroides*) – Blauer Hahnenfuß, Frauenwurz
Causticum Hahnemanni – Ätzstoff, Ätzkalk
Cedron (= *Simaruba cedron*) – Schlangenbohne

Cerasius virginiana (syn. *Prunus virginiana*) – Virginianische Traubenkirsche

Chamomilla (= *Matricaria chamomilla*) – Echte Kamille

Chelidonium (= *Chelidonium majus*) – Schöllkraut

Chenopodium (= *Chenopodium ambrosioides*) – Wohlriechender Gänsefuß

Chimaphila umbellata (syn. *Pyrola umbellata*) – Walddolde, Winterlieb, Wintergrün

China (syn. *Cinchona succiruba*) – Chinarinde

Chininum sulfuricum – Chininsulfat

Chionanthus virginica – Schneeflokkenbaum, Giftesche

Cicuta virosa – Wasserschierling

Cimicifuga (= *Cimicifuga racemosa*; syn. *Actaea racemosa*) – Wanzenkraut, Frauenkraut, Traubensilberkraut

Cina (= *Artemisia cina*) – Zitwer, Wurmkraut

Cinchona succiruba – siehe China

Cineraria (= *Cineraria maritima*) – Aschenpflanze

Cinnabaris – Roter Zinnober

Cistus canadensis (syn. *Helianthemum canadense*) – Sonnenröschen

Clematis (= *Clematis recta*) – Waldrebe

Cobaltum metallicum – Metallisches Kobalt

Cobaltum nitricum – Kobaltnitrat

Cocculus (= *Anamirta cocculus*) – Scheinmirte, Kockelskörner

Coccus cacti (syn. *Dactylopius coccus*) – Cochenille-Schildlaus, Kaktusschildlaus

Coffea (= *Coffea arabica*) – Kaffee

Colchicum (= *Colchicum autumnale*) – Herbstzeitlose

Collinsonia canadensis – Grießwurzel

Colocynthis (= *Citrullus colocynthis*) – Koloquinte, Bittergurke

Condurango (= *Marsdenia condurango*) – Kondurangobaum

Conium maculatum – Gefleckter Schierling

Convallaria (= *Convallaria majalis*) – Maiglöckchen

Crataegus (= *Crataegus oxyacantha*) – Gemeiner Weißdorn

Crocus (= *Crocus sativus*) – Safran

Crotalus horridus – Nordamerikanische Klapperschlange

Croton tiglium – Purgierbaum

Cuprum aceticum – Kupferacetat

Cuprum metallicum – Metallisches Kupfer

Cyclamen (= *Cyclamen europaeum*) – Alpenveilchen

Cytisus scoparius – siehe Spartium scoparium

Damiana (= *Turnera aphrodisiaca*) – Damiana

Digitalis (= *Digitalis purpurea*) – Roter Fingerhut

Dolichos pruriens (syn. *Mucuna pruriens*) – Juckbohne

Drosera (= *Drosera rotundifolia*) – Rundblättriger Sonnentau

Dulcamara (= *Solanum dulcamara*) – Bittersüßer Nachtschatten, Bittersüß

Echinacea (syn. *Rudbeckia angustifolia*) – Sonnenhut, Igelkopf, Kegelblume

Elaps corallinus (syn. *Micrurus corallinus*) – Korallenotter, Korallenschlange

Equisetum arvense – Ackerschachtelhalm, Zinnkraut

Eupatorium perfoliatum – Wasserhanf

Euphrasia (= *Euphrasia officinalis*) – Augentrost

Ferrum arsenicosum – Ferriarsenit

Ferrum metallicum – Metallisches Eisen

Ferrum phosphoricum – Phosphorsaures Eisen, Eisenoxidphosphat

Ferrum picrinicum – Eisenpikrat

Ferula glauka – siehe Bounafa

Filix (= *Dryopterix filix-mas*) – Wurmfarn

Folliculinum – Follikelhormon (Östron)
Fragaria (= *Fragaria vesca*) – Walderdbeere
FVR-Nosode (= *Katzenschnupfen-Nosode*) – Nosode aus Katzenschnupfenvirus (FVR = Abkürzung für *Feline Viral Rhinotracheitis* = *virusbedingter Katzenschnupfen*)

Galium aparine – Klebkraut, Kletterndes Labkraut
Galphimia glauca (syn. *Thryallis glauca*) – mexikanische Heilpflanze
Gelsemium (= *Gelsemium sempervirens*) – Gelber Jasmin
Glonoinum – Nitroglyzerin, Dynamit
Gossypium herbaceum – Baumwollstaude
Granatum (= *Punica granatum*) – Granatbaum
Graphites (syn. *Carbo mineralis*) – Reißblei, Graphit
Gratiola (= *Gratiola officinalis*) – Gottesgnadenkraut

Hamamelis (= *Hamamelis virginica*) Virginischer Zauberstrauch, Zaubernuß
Hekla lava – Lava vom Vulcan Hekla (auf Island)
Helianthemum canadense – siehe Cistus canadensis
Helleborus (– *Helleborus niger*) – Schwarze Nieswurz, Christrose
Hepar sulfuris – Kalkschwefelleber
Hydrastis (= *Hydrastis canadensis*) – Kanadische Gelbwurzel
Hydrocotyle asiatica (syn. *Centella asiatica*) – Asiatischer Wassernabel
Hydrophobinum (syn. Lyssinum) – Speichel von einem tollwütigen Hund
Hyoscyamus (= *Hyoscyamus niger*) Bilsenkraut
Hypericum (= *Hypericum perforatum*) – Johanniskraut
Hypophysinum – Extrakt des Hypophysenhinterlappens

Ichthyolum – Öl aus Ölschiefer
Ignatia (= *Strychnos ignatii*) – Ignatiusbohne
Insulinum – Insulin
Ipecacuanha (= *Cephalis ipecacuanha*) – Brechwurzel
Iris versicolor – Buntfarbige Schwertlilie

Jaborandi (= *Pilocarpus jaborandi*) – Jaborandi (Wirkstoff: Pilocarpin)
Jacaranda (= *Jacaranda caroba*) – Jacaranda
Jequirity (syn. *Abrus precatorius*) – Paternostererbsen
Jodum – Jod

Kalium arsenicosum – Fowlersche Lösung
Kalium bichromicum – Kaliumdichromat
Kalium carbonicum – Kaliumkarbonat
Kalium chloratum (syn. *Kalium muriaticum*) – Kaliumchlorid
Kalium jodatum – Kaliumjodid
Kalium muriaticum – siehe Kalium chloratum
Kalium phosphoricum – Kaliumphosphat
Kalium sulfuricum – Kaliumsulfat
Katzenschnupfen-Nosode – siehe FVR-Nosode
Kreosotum – Kreosot, Buchenholzteerdestillat

Lachesis (= *Lachesis muta*) Buschmeister, Buschotter, Sucurú
Lapis albus – Gneis (Kalzium-Silicofluorat)
Lathyrus sativus – Gemeine Platterbse, Kichererbse
Laurocerasus (syn. *Prunus laurocerasus*) – Kirschlorbeer
Lecithinum – Lezithin
Ledum (= *Ledum palustre*) – Sumpfporst
Lemna minor – Entengrütze, Kleine Wasserlinse

Leptandra (= *Leptandra virginica*) –
Virginischer Ehrenpreis
Lilium tigrinum – Tigerlilie
Lithium carbonicum – Lithium-
karbonat
Lobelia inflata – Indischer Tabak,
Aufgeblasene Lobelie
Luteinum (syn. *Progestosteronum*) –
Gelbkörperhormon (Progesteron)
Lycopodium (= *Lycopodium clavatum*)
– Kolbenbärlapp, Schlangenmoos,
Bärlappsporen
Lycopus virginicus – Wolfstrapp,
Virginischer Wolfsfuß
Lyssinum – siehe Hydrophobinum

Magnesium phosphoricum –
Magnesiumphosphat
Manganum metallicum – Metallisches
Mangan
Marum verum – siehe Teucrium
Medusa (= *Aurelia aurita*) – Ohren-
qualle, Lappenqualle
Mercurius corrosivus – Quecksilber-
chlorid
Mercurius cyanatus – Quecksilber-
cyanid
Mercurius solubilis – Quecksilber
Mezereum (= *Daphne mezereum*) –
Seidelbast
Micrurus corallinus – siehe Elaps
corallinus
Mucuna pruriens – siehe Dolichos
pruriens
Murex (= *Murex purpurea*; syn.
Murex cornutus) – Purpurschnecke
Mygale – siehe Aranea avicularis
Myristica sebifera – Talgmuskatnuß-
baum

Naja (= *Naja tripudians*; syn. *Naja
naja*) – Brillenschlange, Kobra
Naphthalinum – Naphthalin (aus
Steinkohlenteer)
Natrium boracicum – siehe Borax
Natrium carbonicum – Natrium-
karbonat

Natrium chloratum – siehe Natrium
muriaticum
Natrium muriaticum (syn. *Natrium
chloratum*) – Kochsalz
Natrium sulfuricum – Natriumsulfat,
Glaubersalz
Nicotinum – Nikotin (Wirkstoff der
Tabakpflanze *Nicotiana tabacum*)
Nux moschata (= *Myristica fragrans*) –
Muskatnuß
Nux vomica (= *Strychnos nux-vomica*)
– Brechnuß, Krähenauge

Opium (= *Papaver somnifera*) –
Schlafmohn
Origanum (= *Origanum vulgare*) –
Dost
Ornithogalum (= *Ornithogalum
umbellatum*) – Dolden-Milchstern

Palladium (= *Palladium metallicum*) –
Palladium
Pareira (= *Pareira brava*) – Grießwurz
Passiflora incarnata – Passionsblume
Periplaneta americana – siehe Blatta
americana
Pertussinum – Keuchhusten-Nosode
Petroleum – Petroleum, Steinöl
Phosphorus – Phosphor
Physostigma (= *Physostigma
venenosum*) – Calabar-Bohne, Gottes-
urteilsbohne
Phytolacca (= *Phytolacca decandra*) –
Kermesbeere
Pix liquida – Buchenholzteer
Platinum metallicum – Metallisches
Platin, Platinmohr
Plumbum metallicum – Metallisches
Blei
Podophyllum (= *Podophyllum pelta-
tum*) – Maiapfel, Fußblatt
Pollens – (syn. *Pollantinum*) – Nosode
aus Gräserpollen
Primula obconica – Giftprimel
Progestosteronum – siehe Luteinum
Prunus virginiana – siehe Cerasius
virginiana

Psorinum – *Krätze*-Nosode
Pulex irritans – Floh
Pulsatilla (= *Pulsatilla pratensis*; syn. *Anemone pratensis*) – Küchenschelle, Kuhschelle
Pyrogenium – Nosode aus faulem Rindfleisch

Ranunculus bulbosus – Knolliger Hahnenfuß
Raphanus sativus – Rettich
Rhododendron (= *Rhododendron aureum*) – Alpenrose
Rhus toxicodendron (syn. *Toxicodendron quercifolium*) – Giftsumach
Ruta graveolens – Edelraute, Weinraute, Gartenraute

Sabadilla (syn. *Schoenocaulon officinale*) – Läusesamen, Läusegerste
Sabal serrulata (syn. *Serenoa serrulata*) – Zwergpalme, Sägepalme
Sabina (= *Juniperus sabina*) – Sadebaum
Sanicula (= *Sanicula europaea*) – Sanikel
Santoninum – Santonin, Wirkstoff im Zitwer (*Artemisia cina*)
Sarsaparilla (= *Smilax utilis*) – Stechwinde, Sarsaparille
Scutellaria lateriflora – Helmkraut
Secale cornutum – Mutterkorn, Schwarzkorn (aus *Claviceps purpurea*, Roter Keulenkopf)
Selenium – Selen
Senecio aureus – Goldenes Kreuzkraut
Senega (= *Polygala senega*) – Klapperschlangenwurzel, Senegawurzel
Sepia (= *Sepia officinalis*) – Tintenfisch, Sepia
Silicea (syn. *Acidum silicicum*) – Kieselsäure
Spartium scoparium (syn. *Cytisus scoparius*) – Besenginster
Spigelia (= *Spigelia anthelmia*) – Wurmgras, Wurmkraut
Spongia tosta (= *Euspongia officinalis*) – Gerösteter Meerschwamm
Stannum metallicum – Metallisches Zinn

Staphisagria (= *Delphinium staphisagria*) – Giftiger Rittersporn, Stephanskraut, Stephanskörner
Staphyloccocinum – Nosode aus dem Bakterium *Staphyloccocus aureus*
Staupe-Nosode – Nosode aus dem Staupe-Virus
Sticta (= *Lobaria pulmonaria*) – Lungenflechte
Stilböstrol – künstliches Hormon (dem Östrogen verwandt)
Stramonium (= *Datura stramonium*) Stechapfel
Streptococcinum – Nosode aus Streptokokken
Strontium (= *Strontium carbonicum*) – Strontiumkarbonat
Strophanthus (= *Strophanthus gratus*) – Westafrikanische Pfeilgiftliane, Strophanthus
Strychninum – Strychnin (Alkaloid aus *Strychnos nux-vomica*)
Sulfur – Schwefel
Sulfur jodatum – Jodschwefel
Symphytum (= *Symphytum officinale*) – Beinwell, Beinwurz
Syzigium jambolanum (syn. *Syzygium cumini*) – Jambulbaum

Tabacum (= *Nicotiana tabacum*) – Virginischer Tabak
Tarantula cubensis (= *Eurypelma spinicrus*) – Kuba-Spinne
Tarantula hispanica (= *Lycosa tarantula*) – Spanische Tarantel
Tellurum (= *Tellurum metallicum*) – Tellur
Testosteronum basicum – Testosteron (männliches Hormon)
Teucrium (= *Teucrium marum*; syn. *Marum verum*) – Katzengamander
Thallium aceticum – Thalliumacetat
Thallium metallicum – Metallisches Thallium
Theridion curassavicum (= *Latrodectus curacariensis*) – Schwarze Witwe, Orangenspinne

Thiosinaminum – Schwefelharnstoff (Thioharnstoff)
Thryallis glauca – siehe Galphimia glauca
Thuja (= *Thuja occidentalis*) – Lebensbaum
Thyreoidinum – Thyreoidin (Hormon aus der Schilddrüse)
Trinitrotoluol – Trinitrotoluol, TNT
Tuberculinum – Tuberkulose-Nosode

Upas tieuté – Javanisches Pfeilgift aus *Strychnos tieuté*
Uranium nitricum – Urannitrat
Urtica urens – Brennessel
Ustilago maydis – Maisbrand

Valeriana (= *Valeriana officinalis*) – Baldrian

Veratrum album – Weiße Nieswurz, Weißer Germer
Viburnum (= *Viburnum opulis*) – Schneeball
Viscum album – Mistel

Wyethia helenoides – Wyethia-Wurzel, ein Korbblütengewächs aus dem westlichen Nordamerika

Yohimbinum hydrochloricum – Quebrachin (oder Yohimbin), ein Wirkstoff des Quebrachobaums (*Aspidosperma quebracho-blanco*)

Zincum metallicum – Metallisches Zink

Anhang 3

Die häufigsten Potenzen

Bei der in Deutschland üblichen Potenzierung, der vorschriftsmäßigen Zubereitung homöopathischer Arzneimittel, geht man von einer 1:10-Verdünnung (Dezimalskala) aus. Alle Vorschriften stehen im »Homöopathischen Arzneibuch« (HAB). 1 abgemessener Teil der sog. Urtinktur (ø) wird zu 9 Teilen Trägerstoff (Wasser, Alkohol) gegeben. Diese Lösung wird anschließend von Hand durch zehn abwärts geführte, kräftige Schüttelschläge durchmischt. Dieser Vorgang ist sehr wichtig und garantiert die Dynamisierung des Gemischs. Diese D-Potenz wird nun als 1. Potenz (D1) bezeichnet. Anschließend wird wiederum 1 Teil entnommen und in einem neuen Gefäß (Mehrglas-Verfahren!) mit 9 Volumenteilen Trägerstoff in gleicher Weise verdünnt und geschüttelt; so entsteht die 2. Potenz (D2) usw. Feste Arzneimittel werden auf ähnliche Weise hergestellt, als Trägerstoff dient jedoch Milchzucker, der mit der jeweiligen Ursubstanz verrieben wird.

Ein anderes Verdünnungsverfahren verwendet die Centesimalskala (eher verbreitet in den USA, Großbritannien und Frankreich als in Deutschland), wobei 1 Teil ø mit 99 Teilen Trägerstoff verdünnt und potenziert wird. Die Herstellungsweise dieser C-Potenzen ist jedoch prinzipiell identisch. Außerdem gibt es noch Korsakoff-Potenzen, die mittels des sog. Einglas-Verfahrens hergestellt werden. Neben den QM-Potenzen gibt es manchmal Potenzen wie M (römische Zahl = 1000) oder 10M (= 10000). Hierbei handelt es sich um sehr hohe Potenzen, um eine ältere Bezeichnung für eine sehr hohe Potenz. M steht für C1000 und 10M für C10000. Diese Hochpotenzen finden in der homöopathischen Behandlung von Tieren nicht so häufig Verwendung.

Gängige Dezimalpotenzen sind ø, D1, D2, D3, D4, D6, D8 (als Tiefpotenzen), D10, D12, D15 (als Mittelpotenzen) und D30, D200 (als Hochpotenzen).

Centesimalpotenzen werden in der Regel seltener verwendet und in Deutschland kaum hergestellt: Ausnahme sind beispielsweise die sog. Mittel der französischen Liste (nach VOISIN), die in Form von Dilutionen in den Potenzen C3, C6, C12 und C30 zu haben sind.

Anhang 4

Adressen und Zeitschriften

Adressen

In Deutschland sind Veterinärmediziner in den unten aufgelisteten Verbänden organisiert bzw. werden interessensmäßig durch diese vertreten. Wenn Sie als Tierarzt oder Homöopath Fragen haben, können Sie sich an Ihren Verband wenden. Tierhalter und Laien sollten bedenken, daß diese Verbände nicht dazu da sind, die Wehwehchen ihrer Lieblinge homöopathisch zu behandeln, sondern im Prinzip nur für grundsätzliche Fragen zur Verfügung stehen, z.B. ob es in Ihrer Nähe einen Tierarzt gibt, der homöopathisch praktiziert.

Deutsche Veterinärmedizinische Gesellschaft

■ Arbeitsgebiet Klinische Veterinärmedizin, Fachgruppe Naturheilverfahren (Leitung: Dr. W. Greiff, Memmingen)
Geschäftsstelle:
Frankfurter Str. 89
W-6300 Gießen

Deutscher Zentralverein homöopathischer Ärzte e.V.

Verbandszeitungen: »Allgemeine Homöopathische Zeitung« und »Zeitschrift für Klassische Homöopathie«

■ Bundesvorstand:
1. Vorsitzender
Dr. Karl-Heinz Gebhardt
Bahnhofsplatz 8
W-7500 Karlsruhe 1
Tel.: (07 21) 38 58 78
Geschäftsstelle:
Linkenheimer Landstr. 113
W-7500 Karlsruhe 31
Tel.: (07 21) 88 62 77.
■ Landesverband
Baden-Württemberg:
Dr. Christa-Maria
Bahnhofsplatz 8
W-7500 Karlsruhe 1
Tel.: (07 21) 38 58 78
■ Landesverband Bayern:
Ulrich Kolkhorst
Lerchenauer Str. 183 d
W-8000 München 45
Tel.: (089) 3 54 34 70
■ Landesverband
Berlin- Brandenburg:
Frau Reinwarth
Tel.: (030) 87 25 93
■ Landesverband
Hessen, Rheinland-Pfalz und Saar:
Dr. med. Hein Reuter
Bottenhorner Weg 1
W-6000 Frankfurt/Main 90
Tel.: (069) 78 58 17

- Landesverband Niedersachsen:
Dr. Veronika Nachtwey
Odenwaldstr. 6
W-3000 Hannover 51
Tel.: (0511) 60 25 51
- Landesverband
Nordrhein-Westfalen:
Dr. Jutta Draeger
Am Brückerbach 37
W-5060 Bergisch Gladbach 1
Tel.: (0 22 04) 6 91 18
- Landesverband Sachsen-Anhalt:
Dr. Doris Madzek
Dürerstr. 6
O-3014 Magdeburg
Tel.: (03 91) 4 89 55
- Landesverband Schleswig-Holstein
und Hansestädte:
Dr. Anneli Albrecht
Eppendorfer Baum 3
W-2000 Hamburg 20
Tel.: (040) 47 21 26
- Landesverband Thüringen:
Dr. Martin Schreiber
Hauptstr. 17
O-6081 Roßdorf
Tel.: (03 69 68) 227

Gesellschaft für Biologische Veterinärmedizin

Verbandszeitung: »Zeitschrift für
Ganzheitliche Tiermedizin« (s.u.)
Geschäftsstelle:
Falltorstr. 16
W-6000 Frankfurt 60

International Association for Veterinary Homoeopathy (IAVH)

Präsident und Nationaler Sekretär:
Dr. E.-P. Andresen
Geschäftsstelle:
Laerstr. 1
W-4804 Versmold
Tel.: (0 54 23) 4 23 66

Zeitschriften

In folgenden Zeitschriften, die mit einer Ausnahme alle in deutscher Sprache erscheinen, findet man Artikel über Probleme in der homöopathischen Behandlung von Tieren. Diese Zeitschriften sind eher für Homöopathen, Mediziner, Tierärzte und fachlich interessierte Wissenschaftler geeignet, nicht so sehr für den (wenn auch noch so sehr) interessierten Laien, da die veröffentlichten Artikel wohl doch zu speziell sind.

**Allgemeine
homöopathische Zeitung**

**Deutsches Journal
für Homöopathie**

**International Journal
for Veterinary Homoeopathy**

**Zeitschrift für
Ganzheitliche Tiermedizin**

**Zeitschrift für
klassische Homöopathie**

Anhang 5

Literatur

Braun, Arthur: *Methodik der Homöopathie.* 3. Auflage, Johannes Sonntag, Regensburg (1985)

Braun, Hans und Frohne, Dietrich: *Heilpflanzenlexikon für Ärzte und Apotheker.* 5. Auflage, Gustav Fischer, Stuttgart (1987)

Dorcsi, Mathias: *Homöopathie. Band 5 – Arzneimittellehre.* 3., verbesserte Auflage, Haug, Heidelberg (1991)

Haehl, Richard: *Samuel Hahnemann, sein Leben und Schaffen.* Nachdruck T & W Verlags GmbH, Dreieich (1988)

Hahnemann, Samuel: *Apotheker-Lexikon.* Haug, Heidelberg (1986) – Faksimile-Nachdruck in 2 Bänden

Hahnemann, Samuel: *Organon der Heilkunst.* Haug, Heidelberg (1987) – Nachdruck der 5. Auflage

Illing, Kurt-Hermann: *Homöopathische Taschenbücher.* Haug, Heidelberg (1984-1988) – 4 Bände

Julian, Othon-André: *Materia medica der Nosoden.* 7. Auflage, Haug, Heidelberg (1991)

Kent, James Tyler: *Repertorium der homöopathischen Arzneimittellehre.* 4. Auflage, Hippokrates, Stuttgart (1986) – Nachdruck

Köhler, Gerhard: *Lehrbuch der Homöopathie.* 5. Auflage, Hippokrates, Stuttgart (1988) – 2 Bände

Macleod, George: *Homöopathischer Ratgeber Hunde: Erprobte Rezepturen.* BLV, München (1992)

Macleod, George: *Homöopathischer Ratgeber Katzen: Erprobte Rezepturen.* BLV, München (1992)

Mandl, Elisabeth. *Arzneipflanzen in der Homöopathie.* Wilhelm Maudrich, Wien (1985)

Mezger, Julius: *Gesichtete homöopathische Arzneimittellehre.* 8. Auflage, Haug, Heidelberg (1988) – Nachdruck

Rakow, Barbara Rakow, Michael: *Bewährte Indikationen der Homöopathie in der Veterinärmedizin.* Johannes Sonntag, Regensburg (1988)

Rakow, Barbara: *Der homöopathische Hundedoktor.* Franck-Kosmos, Stuttgart (1986)

Rakow, Barbara: *Der homöopathische Katzendoktor.* Franck-Kosmos, Stuttgart (1986)

Ritter, Hans: *Samuel Hahnemann. Sein Leben und Werk in neuer Sicht.* 2. Auflage, Haug, Heidelberg (1986)

Spielberger, Ulrich und Schaette, Roland: *Die biologische Stallapotheke.* Verlag Freies Geistesleben, Stuttgart (1989)

Voisin, Henri: *Materia medica des homöopathischen Praktikers.* 2. Auflage, Haug, Heidelberg (1985)

Wiesenauer, Markus: *Homöopathie.*
2. Auflage, Hippokrates,
Stuttgart (1983)
Wiesenauer, Markus: *Homöopathische
Heilmittel.* 2. Auflage, Hippokrates,
Stuttgart (1984)
Wolff, Hans Günther: *Unsere Hunde –
gesund durch Homöopathie.*
4. Auflage, Johannes Sonntag,
Regensburg (1984)

Wolff, Hans Günther: *Unsere Katze –
gesund durch Homöopathie.*
Johannes Sonntag, Regensburg (1984)
Wolter, Hans: *Klinische Homöopathie in
der Veterinärmedizin.* 4. Auflage,
Haug, Heidelberg (1988)

Anhang 6

Homöopathie in der Forschung

In Deutschland benötigen Veterinärmediziner erst dann eine Zusatzqualifikation als Homöopathen, wenn sie diese Bezeichnung auf ihrem Praxisschild führen wollen. Auch gibt es an den Universitäten leider keine eigenen homöopathischen Lehrstühle, vergleichbar der britischen Homöopathischen Fakultät (Faculty of Homoeopathy) am Royal London Homoeopathic Hospital in London. Dies mag an den internen Widerständen liegen, welche die Lehrkörper der Schulveterinärmedizin gegenüber homöopathischen Behandlungsmethoden hegen. Möglicherweise wird es in Zukunft Lehrstühle geben, an denen alternative Therapiemöglichkeiten entwickelt werden, zu denen dann auch die Homöopathie zählt. In dieser Beziehung sind die Briten den Deutschen voraus, jedoch werden bereits in einer Außenstelle der Freien Universität Berlin (siehe Anhang 4) derartige Forschungsarbeiten durchgeführt. Was könnten nun die Schwerpunkte dieser Arbeiten sein?

1 Untersuchungen homöopathisch zubereiteter Mittel versuchen, die Grundlagen der Herstellung aufzuzeigen. Dabei interessiert besonders, inwiefern sich eine potenzierte Verdünnung von einer »normalen« Verdünnung der (chemisch) gleichen Konzentration unterscheidet.

Die bereits veröffentlichten Arbeiten schildern beispielsweise Kristallisationseffekte im Lösungsmittel, Viskositätseigenschaften, Untersuchungen zur molekularen Struktur des Lösungsmittels usw.

2 Im Rahmen von klinischen Studien untersuchen Tierärzte und Humanmediziner, welche Wirksamkeit homöopathische Mittel im Einzelfall bei einer speziellen Krankheit zeigen. Solche Studien beschäftigten sich beispielsweise mit Heuschnupfen, Rheuma und Reisekrankheiten.

3 Auch in der Großviehmedizin gibt es klinische Studien, in denen die Wirksamkeit homöopathischer Arzneimittel bei speziellen Krankheiten untersucht wurden, z.B. bei erschwerten Geburtsvorgängen (Dystokie), bei Entzündungen des Gesäuges (Mastitis) oder bei Milchfieber. Siehe auch »Veterinary Record« (1984), Band 114, Seite 216.

4 Klinische Studien wurden auch in Großzwingern, Hundepensionen und Tierheimen durchgeführt, um die prophylaktische Wirkung von Nosoden bei epidemischen Erkrankungen zu beweisen, für die Hunde besonders anfällig sind, wie beispielsweise Zwingerhusten (vgl. IJVH, Band 2 (1), Seite 45 sowie Nachtrag IJVH, Band 2 (2), Seite 57 f.) und Staupe (Veröffentlichung in Druck).

5 Noch intensivere Versuche, Arzneimittelprüfungen mit potenzierten Medikamenten an gesunden Probanden durchzuführen, können dazu führen, weitere (statistisch abgesicherte) Informationen dafür zu liefern, daß potenzierte Mittel tatsächlich wirken. Bisher gibt es jedoch nur wenig vergleichbare Studien bei Tieren.

Die Ergebnisse dieser Forschungsarbeiten werden national in Organen wie »Allgemeine Homöopathische Zeitung«, »Deutsches Journal für Homöopathie«, »Zeitschrift für Ganzheitliche Tiermedizin« und »Zeitschrift für Klassische Homöopathie« abgedruckt. Weltweit werden Resultate aus dem Forschungsbereich der homöopathischen Veterinärmedizin im 1986 gegründeten »International Journal for Veterinary Homoeopathy« (IJVH) veröffentlicht (in englischer Sprache); darüber hinaus kann sich der englischkundige Fachmann in (ebenfalls englischen) Zeitschriften wie »British Homoeopathic Journal«, »Homoeopathy«, »Homoeopathy Today«, »The Veterinary Record« oder »The Journal of the British Homoeopathic Research Group« über neuste Entwicklungen kundig machen.

Nur die kontinuierliche Forschungsarbeit kann es ermöglichen, die Homöopathie und ihre Wirksamkeit besser zu verstehen. Je größer der homöopathische Wissensstand, desto breiter und bereitwilliger wird die Anerkennung durch Schulmedizin und Allgemeinheit sein, desto häufiger Homöopathie angewandt werden. Möge der Tag bald kommen, an dem die letzten Zweifel fallen.

Anhang 7

Homöopathie in der Schulmedizin

Interessanterweise scheint sich die Schulmedizin nicht bewußt zu sein, daß sie viele homöopathische Methoden anwendet. Das beweist wieder einmal, wie gering der Abstand zwischen Homöopathie und Schulmedizin tatsächlich ist. Gleichzeitig kann man wieder Hoffnung für die medizinische Zukunft schöpfen, weil sich dadurch für die Homöopathie möglicherweise neue Akzeptierungschancen öffnen. Dies soll durch einige Beispiele verdeutlicht werden.

Digitalis Die toxische Wirkung des Fingerhuts äußert sich in Herzkammerflimmern und einer Verlängerung der Systole. In der Schulmedizin werden die Herzglykoside des *Digitalis* eingesetzt, um die Systole zu verkürzen oder Herzkammerflimmern zu unterdrücken – Ein typischer Fall von *Similia similibus curentur*!

Schwefel Zahlreiche Salben, die gegen Hautkrankheiten verwendet werden, enthalten Schwefel. Zu den toxischen Erscheinungen, die sich nach Oberflächenkontakt mit *Sulfur* einstellen, gehören Hautreizungen.

Arsen Heutzutage werden Arsenverbindungen – im Gegensatz zu früher – nur noch selten gegen Schweineruhr (Schweinedysenterie, eine Infektion mit dem Stäbchenbakterium *Treponema hyodysenteriae*) eingesetzt. Bei einer akuten Arsenvergiftung kommt es zu Erbrechen, wäßrigem, oft blutdurchsetztem Durchfall, völliger Erschöpfung, Kollaps und Tod, während das Tier bei chronischer Arsenvergiftung stark verfällt und sichtlich nicht gesund wird, wobei sein Puls schwach und unregelmäßig ist. Genauso sehen die Symptome einer akuten bzw. chronischen Schweinedysenterie aus.

Kupfer Mittlerweile wird in breiten Kreisen die heilende Wirkung kupferner Halsketten (bei Hunden als Kupferhalsband) bei rheumatischen und arthritischen Beschwerden anerkannt. In diesen Fällen könnte man behaupten, es handle sich – homöopathisch gesehen – um *Cuprum*-Patienten, die auch auf potenziertes Kupfer angesprochen hätten. (Die magnetischen und elektrischen Feldkräfte dieser Metallbänder sollte man auch nicht vernachlässigen.)

Gold Eine ähnliche Argumentation könnte man auch für Patienten aufstellen, die positiv auf Gold-Injektionen reagieren.

Fluor Dies gilt nur für die Humanmedizin. In einigen Gebieten Europas, so auf den Britischen Inseln, versetzt man das Trinkwasser mit Fluor, um einem allgemeinen Zahnverfall (Karies) der Bevölkerung entgegenzuwirken. Typisches Symptom einer Fluorvergiftung ist aber gerade ein solcher Zahnverfall!

Chinin Chinin und seine Derivate werden immer noch zur Bekämpfung der Malaria eingesetzt. In seinen ersten homöopathischen Studien konnte Hahnemann 1790 nachweisen, daß genau diese Substanz malariaähnliche Symptome hervorruft.

Nux vomica Noch heute wird gemahlene Brechnuß verwendet, um die Verdauung zu fördern und Koliken bei Rindern zu behandeln. Zu den Vergiftungserscheinungen von *Nux vomica* gehören u.a. Verdauungsbeschwerden und Bauchgrimmen.

Ipecacuanha In jeder Apotheke gibt es ein konventionelles Mittel gegen Husten, das *Ipecacuanha* enthält, eine Substanz, die starken Husten auslöst.

Anhang 8

Akute und chronische Krankheiten und die Miasmen-Lehre

Dieses Buch reicht leider nicht dazu aus, die Theorien zu akuten und chronischen Krankheiten sowie Hahnemanns Miasmen-Theorie in allen Einzelheiten zu beschreiben. Jedoch wird es bestimmt eine willkommene Abwechlung sein, seine Gedanken – wenn auch nur für einen Augenblick – auf dieses Thema zu richten. Außerdem wird man bei einem intensiveren Studium der Homöopathie ohnehin irgendwann auf die Miasmen-Theorie der chronischen Krankheiten stoßen. Da es sich hierbei um einen philosophischen Exkurs handelt, der für das weitere Studium der Homöopathie eher belanglos ist, habe ich ihn in diesem gesonderten Anhang untergebracht.

Akute Krankheiten

Setzen unverhofft und sehr rasch ein, sind jedoch meist nicht von langer Dauer. Wenn der Krankheitsschub auf den Organismus nicht zu heftig ist, wird sich ein grundsätzlich gesunder Körper recht bald der Krankheit entledigen und schnell wieder erholen. Bei zu starkem Einsetzen der Krankheit kann der Körper jedoch sterben.

Chronische Krankheiten

Dauern lange an. Kranker und Krankheit erreichen ein gewisses Gleichgewicht. Allerdings erfolgt keine Heilung.

Gelegentlich werden beide Ausdrücke dazu verwendet, den Schweregrad einer Krankheit zu charakterisieren. Dies ist jedoch irreführend, weil die Begriffe keinen qualitativen Aussagewert haben.

Laut Hahnemann sollte man bei der Behandlung einer Krankheit bedenken:

1 Wählen Sie ein homöopathisches Mittel, das heißt, ein Arzneimittel, das in einem gesunden Körper ähnliche Symptome hervorrufen kann.
2 Lassen Sie sich nicht zu einer allopathischen Behandlung verleiten, da diese die Symptome bei einer chronischen Krankheit noch verschlimmern kann und aus einer akuten Erkrankung (sofern diese vorliegt) leicht ein chronisches Leiden macht.
3 Lassen Sie dem Mittel Zeit, seine Wirkung zu entfalten. Chronische Krankheiten sitzen meist so tief, daß sie nicht sofort verschwinden. Häufig zeigt die Heilung folgenden Verlauf:

■ Heilung von innen nach außen (bei Hautleiden kann es vorübergehend zu einer Verschlechterung kommen, ehe die Heilung ganz abgeschlossen ist).
■ Heilung von der Körpermitte ausgehend in die äußeren Gliedmaßen.
■ Jüngere Symptome verschwinden vor den älteren, schon länger bestehenden.

Die Miasmen-Lehre

Hahnemann glaubte, alle chronischen Krankheiten des Menschen stammten von drei (ansteckenden) Miasmen ab: der psorischen (Krätze), der sykotischen (Gonorrhö) und der luesinischen (Syphilis) Form. Seiner Meinung nach seien die unterschiedlichen chronischen Erkrankungen darauf zurückzuführen, daß diese Infektionen über unzählige menschliche Generationen und ebensoviele individuelle Konstitutionen, die von zahlreichen äußeren Faktoren beeinflußt sind, weitergereicht wurden. Weiterhin glaubte er, das chronische Leiden richte sich infolge einer Unterdrückung der Symptome nach innen, wo es sich als Krebs, Asthma, Lähmung, Nervenschwäche, Epilepsie usw. äußere. In den meistens Individuen seien nun ein oder mehrere Miasmen latent vorhanden, so daß es nur eines äußeren Anlasses (z.B. Pubertät, Heirat, Schwangerschaft und Geburt, Todesfall) bedürfe, das Leiden aufflammen zu lassen. Daher kann jede Streßsituation im Leben eines einzelnen dazu beitragen, die angeborenen Widerstandskräfte gegen ein übermächtiges Miasma zusammenbrechen zu lassen. Hahnemann war voll und ganz davon überzeugt, daß es eine Narretei sei, in einzelnen Zellen nach potentiellen Krankheitsursachen zu suchen; statt dessen solle man lieber – getreu dem Ähnlichkeitsprinzip – das richtige homöopathische Arzneimittel finden. Für ebenso töricht hielt er es, all die unzähligen Modifikationen eines chronischen Leidens als eigenständige Krankheiten mit unterschiedlichen Namen zu belegen oder gar zu versuchen, sie mit einem bestimmten Universalmittel zu behandeln. Diese persönlichen Ansichten stehen sehr ausführlich im »Organon der Heilkunde«.

Ob man nun Hahnemanns archaisch anmutende, jedoch entschiedene Auffassung über den Ursprung chronischer Krankheiten akzeptiert oder nicht, bleibt jedem anheim gestellt. Falls jedoch nur ein Bruchteil seiner Hypothese stimmen sollte, dann muß sich die heutige Vorstellung von chronischen Krankheiten drastisch ändern. Auch wenn die zeitbedingte Unkenntnis moderner wissenschaftlicher Fakten (damals wußte man weder von Bakterien noch von Viren) wie auch der pedantische Stil Hahnemanns Theorien in ein ungünstiges Licht rücken, darf man sie nicht von vorneherein abtun. Die moderne Medizin fällt immer noch gerne in die (selbstgegrabene) Grube, allgemeine Bezeichnungen für eine Krankheit zu ersinnen und diese mit ebenso allgemeinen Mitteln zu behandeln. Falls jemand homöopathisch praktizieren will, muß er sich von dieser Haltung der Schulmedizin abkehren. Denn er kann nur dann die Vorteile der Homöopathie voll ausschöpfen, wenn er eine Krankheit nicht bloß ihrem Namen nach kennt, sondern an der Gesamtheit ihrer Symptome erkennt. Dies sollte jeder Leser bedenken, wenn er Kapitel 8 und die folgenden als Leitfaden zu Rate zieht, um das richtige Mittel zu finden. Denn wenn das erforderliche Arzneimittel beispielsweise nicht aufgelistet ist, kann man ohne die Berücksichtigung der gesamten Symptomatik leicht zu einer falschen Entscheidung kommen, und die Behandlung wird höchstwahrscheinlich erfolglos sein. Aber Irren ist ja bekanntlich menschlich!

Anhang 9

Die homöopathische Hausapotheke

Sobald man sich erst einmal kritisch mit der Homöopathie auseinandergesetzt hat, sollte man sich unter allen Umständen einige nützliche Mittel für den täglichen Gebrauch zulegen. Nachfolgend finden Sie eine Liste mit Medikamenten, die Sie meiner Meinung nach im Alltag benötigen werden. Diese Auflistung kann aber auch einem Tierarzt, der erstmalig homöopathisch praktizieren möchte, als Orientierungshilfe dienen. Schließlich erhält man nur wenig Tips, um innerhalb der abertausenden von homöopathischen Mitteln das richtige auszuwählen, und da kommt diese praktische Liste gerade recht!

Mittel zur inneren Anwendung

* *Aconitum napellus*
* *Apis mellifica*
  Argentum nitricum
* *Arnica montana*
* *Arsenicum album* (syn. *Acidum arsenicosum*)
  Belladonna
* *Bryonia alba*
  Cantharis
  Caulophyllum
  Chamomilla
  Colocynthis
  Gelsemium

* *Hepar sulfuris*
  Ledum
* *Mercurius corrosivus*
* *Mercurius solubilis*
  Petroleum
  Pulsatilla
* *Rhus toxicodendron*
* *Ruta*
  Sanicula
  Sepia
  Silcea (syn. *Acidum silicicum*)
  Symphytum
* *Urtica*

Salben oder Lösungen
* *Arnica*
* *Calendula*
  Euphrasia-Augentropfen
  Hamamelis
* *Hypericum*

ANMERKUNG: Alle mit einem Sternchen (∗) versehenen Mittel gehören unbedingt in den Grundstock einer homöopathischen Hausapotheke.

Wie diese Mittel im einzelnen eingesetzt werden, erfahren Sie in den Kapiteln 8 bis 14. Sie sollten daher diese Teile des Buches (und auch weitere homöopathische Bücher) lesen, um verstehen zu können, warum diese Mittel unbedingt in eine Hausapotheke gehören. Oft kommt es vor, daß eine Krankheit, bei der ein Tierhalter zu einem bestimmten homöopathischen Mittel greift, besser durch einen Tierarzt behandelt wird. Auf diese Weise geht man sicher, kein (dem Laien nicht sogleich ersichtliches) wichtiges Symptom übersehen zu haben. Ein Beispiel: Eine Katze scheint an einer Blasenentzündung zu leiden, so daß man evtl. zu Mitteln wie *Cantharis* greift. In Wirklichkeit jedoch handelt es sich aber um eine Urolithiasis, bei der die Harnröhre und somit auch der Urinfluß blockiert sind. Ein Besuch beim Tierarzt bringt das wahre Übel ans Licht, während ein Tierhalter dies vielleicht nicht erkennt und durch eigenes Herumdoktern die Sache nur schlimmer macht.

Andere Mittel können als nützliche Adjuvantia verwendet werden, um eine herkömmliche Behandlung zu unterstützen, beispielsweise *Arnica* und *Symphytum* bei gebrochenem Bein. Während *Arnica* die Blutungen und Schäden im Gewebe zurückgehen läßt und den daraus resultierenden Schmerz lindert, beschleunigt *Symphytum* die Heilung. Sie können sich darauf verlassen, daß diese Mittel keinen Schaden anrichten. Ihr Einsatz hat keinerlei Nebenwirkungen, gelegentlich jedoch können einige Mittel eine Rückwirkung zeigen, was dann als Nebenwirkung ausgelegt wird. Einzige Ausnahme von der Regel scheint *Silicea* zu sein, da dieses Mittel manchmal eine lang zurückliegende, verkapselte Tuberkulose wieder ausbrechen lassen kann. In der heutigen Zeit ist dies jedoch eher unwahrscheinlich.

Die gebräuchlichsten Potenzen (für die Mittel in Ihrer Hausapotheke) finden Sie in Anhang 3.

Anhang 10

Homöopathie für Eidechsen, Schlangen, Schildkröten und Fische

Tiere, die keine eigene konstante Körpertemperatur erzeugen, sondern völlig von der Außentemperatur ihrer Umwelt abhängen, nennt man wechselwarm (poikilotherm). Im Volksmund nennt man sie auch Kaltblüter, was jedoch nur eine sehr relative Bezeichnung ist, da ihre Körpertemperatur stark ansteigen kann, z.B., wenn sie sich in einer sehr heißen Umgebung aufhalten oder in der Sonne dösen.

Ein homöopathisch praktizierender Veterinär hat in erster Linie mit Reptilien, wie z.B. Schildkröten (die Winterschlaf halten), Schlangen und Eidechsen, sowie mit Fischen zu tun. Die homöopathische Behandlung solcher Tierarten ist im Krankheitsfall auf eine Verordnung beschränkt, die sich an örtlichen und pathologischen Kennzeichen orientiert. Hierbei geht man prinzipiell wie bei anderen Tierarten vor, in einigen Fällen kann man es auch mit einer konstitutionellen Behandlung versuchen.

Eidechsen

Wenn ich über solche Tier spreche, muß ich immer wieder an einen kleinen Waran (eine fleischfressende Eidechsenart) denken, der an Verstopfung litt, nicht fressen wollte, sehr bösartig war und leicht in Rage geriet. Zudem reagierte er sehr heftig auf Geräusche und Störungen. Ganz eindeutig war dies ein *Nux-vomica*-Typ, und so reichte bereits eine einzelne *Nux-vomica*-Injektion, um die Beschwerden verschwinden zu lassen.

Schlangen

Eine Netzpython namens Cleo wurde zu mir in die Praxis gebracht, weil sie Blut spuckte und sehr lethargisch war. In unregelmäßigen Abständen peitschte sie ihren Leib wild hin und her, weil sie offenbar Bauchschmerzen hatte. Auch hatte sie jegliches Interesse daran verloren, was um sie herum geschah. Vor zwei Wochen hatte sie zum letzten Mal gefressen. Im Gespräch mit dem Halter kam heraus, daß die Schlange, die normalerweise im tropischen Regenwald beheimatet ist, offenbar in einem zu kalten Terrarium gehalten wurde. Daher nahm ich an, die Python litte an Unterkühlung, so daß ihre Nahrung nicht richtig verdaut wurde und nun zu faulen begann. Ich verabreichte dem Tier (gemäß dieser konstitutionellen Erhebung) eine Injektion *Phosphorus* D30 sowie *Pyrogenium* (als tiefe Potenz). Bereits am nächsten Abend war Cleo wieder auf dem Wege der Besserung.

Schildkröten

Einmal wurde mir eine Schildkröte gebracht, die Atemprobleme hatte. Außerdem verweigerte sie ihr Futter, und ihre rechte Bindehaut war entzündet. Das Mittel der Wahl war *Lycopodium*, und es sollte eine gute Heilung garantieren. *Lycopodium* kommt, ähnlich wie *Causticum Hahnemanni*, dem äußeren Bild einer Schildkröte offenbar am nächsten. Schildkröten mit »Legenot« sprechen innerhalb der ersten 24 Stunden sehr gut auf *Caulophyllum* an.

Fische

Die meisten Fische, an denen ich es mit homöopathischen Mitteln versuchte, wurden »schwarmweise« behandelt, jedoch ist auch Einzelbehandlung möglich. Den Tieren wurden Nosoden verabreicht, oder sie wurden nur nach ihren örtlichen und pathologischen Symptomen behandelt. Es besteht kein gewaltiger Unterschied gegenüber homöopathischen Methoden bei Säugetieren, jedoch gewinnt hier der Ausdruck »auf wäßriger Grundlage« eine völlig neue Bedeutung.

Wie schnell ein Organismus also auf ein homöopathisches Mittel anspricht, scheint in der Praxis allgemein keine Frage der Warmblütigkeit zu sein, sondern hängt wohl eher davon ab, wie das Tier lebt und generell auf ein Mittel reagiert. Pferde wie Katzen reagieren sehr empfindlich auf Störungen und Reize in ihren Lebensgewohnheiten. Sie sprechen daher auch gut auf eine homöopathische Behandlung an. Schildkröten zeigen nur sehr träge Reaktionen, während der Waran rasch auf die Veränderung seiner Umgebung wie auch auf das Arzneimittel reagierte. Ein Tierarzt sollte daher nicht zögern, solche »Exoten« homöopathisch zu behandeln, auch wenn er nur selten welche in seiner Praxis zu Gesicht bekommt. Schließlich reagieren diese Tiere nach denselben Verhaltensmustern, die dem Arzt von Hunden und Katzen geläufig sind.

Register

Abdomen 131
Abdominalschall 168
Abkühlung 122
Abschürfungen 126, 167
Abszesse 122, 143, 176
Abszeßbildung 68
Acidum nitricum 163
Acidum phosporicum 163
Acidum picrinicum 163
Aconitum napellus 164
Actaea racemosa 168
ACTH 187
Adjuvans siehe Adjuvantia
Adjuvantia 67, 70, 129, 149, 152, 179, 208
Adrenalin 183
Afterklauen 142
Agalaktie 177
Aggression 139
Ähnlichkeitsprinzip 16, 71, 132, 179, 187
AIDS 182
Akupressur 179
Akupunktur 107, 148, 179
Akut 36, 122, 179, 206
Albumin 172
Albuminurie 173
Algenpräparate 81
Alkaloide 179
Alkohol 188, 197
Allergen 111
Allergie 67, 111, 112, 121, 151, 165, 177, 179, 180, 185
Allgemeine Homöopathische Zeitung 42, 199, 203
Allium cepa 164
Allopathie 18, 25, 180

Aloe soccotrina 164
Alopezie 110, 112
Alte Tiere 141, 143
Altern 144
Altes Testament 187
Alumina 164
Alveolen 187
Ammonium carbonicum 164
Anämie 103, 121, 131, 180
Anaerob 130
Anästhesie 39, 180, 185
Anästhetikum 180
Analadenom 112, 177
Analdrüsen 90, 112, 175
Analfurunkel 90
Analprolaps 90
Anamnese 44, 51, 123, 180
Anaphylaktischer Schock 180
Anaphylaxie 180
Angina pectoris 103
Angst 115, 118, 122, 125, 127, 139, 164, 170
Anthroposophische Medizin 148, 180
Antibiotikum 24, 149, 180
Antigen 180, 183
Antikörper 180, 183
Aorta 181
Apathisch 180
Apis mellifica 165
Appetit 121
Appetitlosigkeit 139, 169
Applikationsweg 54
Argentum nitricum 165
Ärger 118
Arnica 27, 34, 37, 165
Arsen 204
Arsenicum album 165

Arsenvergiftung 204
Arterien 181
Arthritis 106, 107, 108, 109, 144, 151,
  166, 167, 169, 175, 204
Arzneimittellehre 180, 184
Arzneimittelprüfung 17, 48, 61, 181
Ascorbinsäure 24
Asthenisch 184
Asthmatisch 102, 165, 207
Aszites 103
Atemwege 65, 101, 160
Äther 185
Ätiologie 186
Atropin 179
Aufenthalt im Freien 118, 120
Aufregung 118
Augapfel 76
Augen 65, 69, 112, 136, 142, 144, 165
Augendiagnose 148
Augenentzündung 75, 76
Augenhöhlenbereich 77
Augeninnendruck 76
Augenlider 70
Augenzittern 121, 170
Ausfluß 171
Auswurf 165
Außenohr 77
Auto-Nosoden 185
Avogadro, A. di 21

Bach, E. 181
Bach-Blüten 148, 181
Bakterien 20, 24, 180, 181, 185
Bandscheibenverletzung 114
Bandwürmer 85, 185
Basaliom 81, 113
Basset 89
Bassi, A. 22
Bauch 131
Bauchfellentzündung 103, 131
Bauchkrämpfe 85
Bauchspeicheldrüse 90, 91, 116
Bauchwassersucht 103
Bayliss, W.M. 24
Bazillus Proteus 181
Beerengeschwulst 74
Begleitsymptome 45
Behandlungsdauer 59
Beijerinck, M. 23
Beine 144
Belladonna 165
Bellis perennis 166
Beri-Beri-Krankheit 23

Bernard, C. 23
Berührung 118, 119
Beschwerden 45
Bewegung 118, 119
Bewegungsapparat 66, 104, 168
Bienengift 179
Bindehaut 69, 211
Bindehautentzündung 69, 74, 134, 164,
  165
Biochemie 181
Biß 121, 157
Black, J. 20
Blähungen 86, 88,
Blasenentzündung 92, 167, 168, 208
Blaufärbung der Hornhaut 72
Blausucht 100, 103
Bleivergiftung 76, 167
Blepharitis 71
Blepharospasmus 70
Blut 65, 103, 181, 183
Blutabbau 122
Blutarmut 103, 121, 131, 180
Blutbildung 181
Blutgefäß 181, 186
Blutgerinnung 122, 181
Blutohr 127
Blutparasiten 180
Blutplättchen 181
Blutungen 103, 122, 125, 146, 154,
  171
Blutvergiftung 37, 99, 122, 124, 175
Blutverlust 170
Boericke, W. 66
Bordetella 130
Brand 123
Brechnuß 206
British Blue 159
British Homoeopathic Journal 203
Bruch 86
Brunst 96, 185
Brustbein 176
Brustwassersucht 172
Bryonia alba 166
Buchner, E. 24
Buist, J.B. 23
Bulldogge 157

C-Potenzen 186, 196
Calcium carbonicum Hahnemanni 166
Calcium fluoricum 166
Calcium phosphoricum 166
Calcium sulfuricum 167
Calendula officinalis 167

Cantharis 167
Caulophyllum 167
Causa 181
Causticum Hanemanni 167
Cavendish, H. 20
Centesimalpotenz 55, 181, 187, 197
Centesimalskala 181, 197
Centesimalverdünnung 27
Cerumen 78
Chamomilla 168
Chelidonium 168
Chemosis 165
Chemotherapeutika 24
Chihuahua 154, 161
China 16, 168
Chinarinde 16, 20, 181
Chinin 205
Chlorpromazin 146
Cholera 17, 21, 23, 182
Chorea 114
Chronisch 36, 57, 59, 122, 206
Cimicifuga 168
Cinchona succiruba 168
Cistus canadensis 168
Clostridium tetani 114, 129
Cocculus 169
Cockerspaniel 155, 156
Coffea 169
Colchicum autumnale 169
Collie 156, 161
Colocynthis 169
Conium maculatum 169
Craniomandibuläre Osteopathie 67
Crataegus 169
Creme 55
Cullen, W. 16
Curie, P. 24

D-Potenzen 186, 196
Damm 86, 90,
Darm 85
Darmeinstülpung 85, 143
Darmschleimhautentzündung 132
Darreichungsform 55, 182
Dauererektion 94
Degenerativ 182
Dehydrierung 80, 87, 97, 121, 128, 130,
    131, 132, 163, 168, 177
Demineralisation 105
Dermatitis 135
Desensibilisierung 183
Deutsche Veterinärmedizinische
    Gesellschaft 42, 198

Deutscher Zentralverein Homöo-
    pathischer Ärzte e.V. 42, 198
Deutsches Journal für Homöopathie
    203
Dezimalpotenz 55, 182, 186, 197
Dezimalskala 182, 197
Dezimalverdünnung 27, 186
Diabetes 87, 91
Diarrhö 88, 136, 142
Digitalis 170, 204
DNS-Viren 188
Donner 139, 170
Donnermittel 173
Dosierungshäufigkeit 58
Dragee 55, 63
Drosera 170
Druck 118, 119
Ductus thoracius 104
Dunkelheit 120
Durchfall 88, 125, 135, 136, 142, 156,
    160, 163, 165, 168, 169, 173, 174, 175
Durst 87, 123
Dynamisierung 63, 197
Dysautonomie 33, 75, 82, 84, 90, 114,
    132, 151, 166
Dystokie 202

E 605 115
Eidechsen 210
Eierstöcke 96, 97
Eifersucht 139
Eigenblut-Nosoden 185
Eigenharn-Nososden 185
Einglas-Verfahren 184, 186, 197
Einsamkeit 139, 140
Einzeller 185
Eisprung 185
Eiter 78, 167, 173, 176, 185, 188
Eklampsie 99, 100, 114, 146
Ektoparasiten 185
Ekzem 112, 151
Ekzema miliare 81, 95, 101, 113
Elektrizität 22
Elektroakupunktur 148, 179
Elektrolyte 87
Elektrotherapie 148
Emotionen 180
Endemisch 182
Endokrines System 66, 116, 183
Endoparasiten 185
Energie 184
Enteritis 132
Entkalkung 105

Entropium 70, 71, 143
Entwöhnungszeit 142
Enzym 24, 184
Epidemie 182
Epilepsie 115, 151, 156, 168, 170, 171, 176, 207
Epiphora 77
Epithel 182, 186
Epulis 83
Erbrechen 86, 87, 88, 124, 142, 160, 165, 170, 171, 174
Erfolgsbegutachtung 59
Erfrierungen 123
Erregbarkeit 139
Erschrecken 118, 139
Erste-Hilfe-Maßnahmen 36, 121
Erythromycin 133
Erythrozyten 122, 131, 180
»Es war nie wieder so wie früher, seitdem ...« 123
Escherichia coli 135, 141, 181
Ethanol 186, 188
Eugenische Kur 34, 182
Euphrasia 170
Exostosen 67, 105, 106, 107, 109
Exsikkose 87

Faculty of Homoeopathy 41, 202
Fakultativ 185
Familienanamnese 45
Faraday, M. 22, 23
Federpicken 136
Fehlgeburt 125
Fette 184
Feuchtigkeit 118
Fieber 76, 115, 123, 168, 187
Fiebermittel 164, 165
Fingerhut 205
Fische 210, 211
Fissuren 71, 113
Fleischwunden 127
Fleming, A. 24, 180
Fluor 204
Fluorvergiftung 204
Flüssigkeitsverlust 128, 130, 131
Forschung 202
Fötus 146, 167
Frauenheilmittel 172, 174, 176
Fremdkörper 77, 80, 82, 84, 86, 101, 122, 143, 176,
Fressen 118
Frieren 137
Frieselausschlag 81, 95, 101, 113, 151

Fruchtblase 167
Funktionelle Blockierung 85
Furunkulose 69

Gähnen 123
Galen 20
Galle 87
Gallenblase 90
Gangrän 123
Gastransport 181
Gastritis 87
Gastroenteritis 87
Gebärmutter 97, 99, 100, 167, 172
Gebärmutterentzündung 100, 167
Geburt 98, 125, 146, 167
Geflügelpestvirus 136
Gehirn 127
Gehirnerschütterung 126
Gehörgang 78
Geistsymptome 65
Gelber Knopf 136
Gelbsucht 87, 91, 129, 131, 168, 174
Gelenke 104, 143
Gelenkverletzungen 106
Gelsemium sempervirens 170
Gemütsleiden 58, 138
Gemütssymptome 46, 50, 51, 65, 155, 170, 188
Genetik 23
Genickstarrehaltung 68, 114, 129
Genitalbereich 112
Geräusche 139, 174
Gereiztheit 115
Gesäuge 100, 169
Gesäugetumor 101
Geschlechtsorgane der Männchen 65, 93
Geschlechtsorgane der Weibchen 65, 96
Geschlechtstrieb 124, 140
Geschwüre 81
Gesellschaft für Biologische Veterinärmedizin 199
Gesicht 65, 66, 67
Gewichtsverlust 124, 131
Glaukom 73, 75, 76
Gleichgewichtsstörungen 79, 115, 134
Gleichgültigkeit 139
Gliederbeugen 112
Globuli 182
Glukose 91, 183
Glykogen 184
Gold 204

Golden Retriever 155
Gonorrhö 207
Goodpasture, E.W. 24
Gordon Setter 156
Granulom 176
Graphites 170
Graspollen 121
Grauer Star 73, 74, 75, 166
Grauvogl 184
Grippe 182
Grundübel 156
Grüner Star 73, 75, 76

Haarausfall 110, 112, 144, 170
Haarballen 84
HAB 32, 186, 197
Hahnemann, S. 15, 16, 20, 21, 22, 24, 26,
   41, 48, 150, 168, 179, 181, 182, 183,
   205, 206, 207
Hals 81, 82, 101
Hamamelis virginica 170
Hämatom 79
Hämaturie 92, 173
Hämolyse 122
Hämopoese 181
Hämopoetisch 131
Hämorrhagien 103
Hamster 133, 135
Harnbildende Organe 65, 91,
Harnblasenreizung 91
Harnleiter 91
Harnröhre 176
Harnsteine 92, 176
Harnstoff 188
Harvey, W. 20
Hauptlymphstamm 104
Hausapotheke 208
Haut 66, 110, 170, 177
Hautblutungen 170
Hautjucken 155
Hautkrankheiten 112, 135, 203
Hautprobleme 155
Hautverdickung 112
Hefe 24
Hepar sulfuris 170
Hepatitis 37, 72, 143, 145, 147, 174
Hepatitis-Virus 141
Hernie 86, 90, 166, 173
Herpes-Virus 141
Herz 144, 181
Herz-Kreislauf-System 65, 103
Herzflimmern 170
Herzfrequenz 158, 164

Herzglykoside 187, 204
Herzhusten 103
Herzkammerflimmern 204
Herzklappenschwäche 177
Herzrhythmus 103, 158, 169
Herzschwäche 103, 143, 164, 169
Herzstärkung 125
Herzwassersucht 169, 170
Heuschnupfen 202
Hinlegen 118, 120
Hippokrates 20
Hirnanhangdrüse 116
Hirnhautentzündung 37, 173
Histopathologie 186
Hitze 96, 97, 125, 139, 161, 185
Hitzschlag 75, 116, 124,
Hochpotenz 55, 56, 58, 186, 197
Hoden 94
Holistisch 182
Homoeopathic Trust for Research
   and Education 41
Homoeopathy 203
Homoeopathy Today 203
Homöopathie 27, 183
Homöopathisches Arzneibuch 186,
   197
Hormon 24, 149, 183
Hormonbildende Drüsen 66, 116
Hormonstörungen 161
Hornhaut 72, 74, 126
Hornhautbruch 74, 157
Hornhautflecken 73
Hornhautgeschwüre 70, 73, 165, 172
Hornhauttrübung 72, 165
Hüftdysplasie 106, 144
Hüftgelenksluxation 106
Hüftgelenkspfanne 106
Hundehepatitis 129
Hundekrankheiten 128
Hunter, J. 21, 26
Husten 101, 102, 164, 166, 170, 171, 176,
   205
Hydrogenoid 184
Hydrothorax 172
Hyper 183
Hypericum perforatum 171
Hypersexualität 93
Hypertonie 183
Hypertrophie 183
Hypervitaminose 189
Hypo 183
Hypoglykämie 183
Hypophyse 67, 116

Hypopvitaminose 189
Hypopyon 74, 170
Hypotonie 183
Hysterie 115, 139, 171

Ignatia 171
Ikterus 168
Immunschwächesyndrom 151
Immunsystem 179, 183
Impfschäden 124, 150
Impfstoffe 149, 183
Impfung 111, 125, 143, 183
Infektion 183
Injektion 186
Inkontinenz 92, 93, 101, 125, 164
Innenohr 77, 79
Insektengifte 180
Insektenstiche 124
Insulin 91, 183
International Association for Veterinary
  Homoeopathy 13, 42, 199
International Journal for Veterinary
  Homoeopathy 14, 42, 199, 203
Internationale Einheiten 182
Intertrigo 113
Intoxikation 187
Ipecacuanha 171, 205
Irish Setter 151
Isopathie 183
Iwanowski, D. 23

Jack Russell Terrier 154
Jenner, E. 21, 23, 183
Juckreiz 112
Judo 30
Junge Tiere 141

Kaiserschnitt 98
Kalium bichromicum 171
Kalium carbonicum 171
Kalium chloricum 172
Kallus 177
Kälte 119, 120
Kalzium 99, 104
Kaninchen 132, 133, 134
Kaninchendurchfall 134
Kaninchenpest 132
Karbonisch 184
Karbonitrogen 184
Karies 204
Kastrierung 38, 95, 157
Katalysieren 184
Katarakt 73, 74

Katarrh 167
Kater 94, 157
Katzen-Rhinotracheitis 130
Katzenanämie 131
Katzenkrankheiten 130
Katzenleukämie 131
Katzenpest 130, 143, 145, 147
Katzenschnupfen 71, 77, 80, 101, 102,
  130, 143, 145, 170
Kaumuskeln 67
Kehlkopfentzündung 101
Keimdrüsen 116
Kent, J. 49, 65, 66
Keratitis 72, 73
Keratitis sicca 72, 158
Keratozoele 74
Key Notes 184
Kiefernsperre 82, 114, 129
Kindsbettfieber 175
Kinn 113
Kniegelenk 154
Knieoperation 154
Kniescheibe 106
Knochen 104, 126
Knochenauswüchse 67, 105
Knochenbrüche 106, 177
Knochenhaut 77, 106, 126, 175
Knochenmark 104, 106, 131, 181
Knochenmißbildung 67
Knochenschwund 105, 174
Knochenverletzungen 106
Koch, R. 22, 23
Kohlendioxid 20, 181, 184
Kokain 23, 179
Kolik 85, 124, 142, 168, 169
Kollaps 99, 122, 127, 177, 204
Koller, C. 23
Komplikationen nach einer
  Operation 124
Königsspaniel 151
Konjunktiva 69
Konjunktivitis 69, 71, 73, 164, 165, 170
Konstitution 183
Konstitutionelle Mittel 52, 95, 99, 165,
  166, 175, 176, 184, 210
Kontraktur 67, 68
Kopf 65, 66, 113, 127
Kopfschuppen 113
Kopfverletzung 173
Kornea 72, 126
Korsakoff 184, 186, 197
Kortikosteroide 149
Kortison 149, 184, 187

Krallen 113, 164
Krämpfe 94, 115, 165
Krankengeschichte 44
Krankheit 184
Krankheitserreger 183
Krankheitssymptome 65
Krätze 174, 186, 207
Kräutertherapie 148, 149
Krebs 24, 207
Kreuzbeinbereich 168
Kuhpockenserum 183
Kummer 125
Künstliche Tränenflüssigkeit 158
Kupfer 204

Lähmungen 110, 114, 125, 164, 207
Laktationstetanie 99, 114, 146
Laktose 182
Langeweile 140
Lärm 119
Laryngitis 101
Lasertherapie 148
Läsion 173, 184
Läuse 185
Lavoisier, A. L. de 20
Leber 90, 104, 172
Leberegel 185
Lederhaut 70, 177
Ledum 172
Leeuwenhoek, A. van 20
Lefzen 113
Legenot 136, 211
Leibsymptome 65, 188
Leipzig 17, 21
Leitsymptome 184, 188
Leptospira canicola 129
Leptospira icterohaemorrhagiae 129
Leptospiren 37
Leptospirose 129
Lethargie 155, 180, 211
Leukozyten 181, 183
Licht 119
Lichtscheue 69, 70, 74, 124, 164, 170, 172
Lidkrampf 70
Liegen 119
Lilium tigrinum 172
Lind, J. 20
Linse 74
Lipom 126
Lippenfalten 113
Lister, J. 22
Lösung 55

Löwenkopfkrankheit 132
Luesinisch 184, 207
Luft 119
Lungenbläschen 186
Lungenkreislauf 181
Lungenödem 165, 169
Lungenquetschung 154
Lux, J.J.W. 183
Luxationen 106
Lycopodium clavatum 172
Lymphdrüsen 169
Lymphflüssigkeit 104
Lymphgefäße 103, 131
Lymphknoten 103, 166, 174
Lymphom 104
Lymphosarkom 104
Lymphsystem 65, 103, 183

M-Potenzen 184, 186
Maculae corneae 73
Magen 84
Magen-Darm-Katarrh 87
Magenausgang 85
Magenblutungen 88
Magenschleimhautentzündung 87
Magenverdrehung 84
Magnetstrahlung 148
Malaria 16, 24, 131, 180, 182, 185, 205
Mandelentzündung 151
Manson, P. 23
Mastitis 100, 166, 202
Materia medica 17, 21, 47, 51, 184
Mattigkeit 168
Maul 65, 81
Maulgeruch 81
Mäuse 132, 135
Meerschweinchen 132, 133, 135
Mehrglas-Verfahren 184, 186, 197
Meibomsche Drüsen 70, 71
Mendel, G.J. 23
Meningitis 37, 173
Mercurius corrosivus 172
Mercurius solubilis 173
Metabolismus 183, 184, 186
Metaldehyd 115
Metritis 100, 167
Miasma 184
Miasmen-Lehre 184, 205, 207
Mikroben 20, 22
Mikroorganismen 185
Milbe 78
Milchbildung 99, 177
Milchfieber 202

Milchzucker 182, 188, 197
Milz 104
Mitralinsuffizienz 177
Mittelohr 77, 79
Mittelpotenz 197
Modalitäten 45, 66, 118, 184
Molekül 186
Monozyten 183
Morgan 181
Morphinderivate 49
Morton, W.T. 22
Müller, J. 22
Mundrachenhöhle 136
Murray, G.R. 23
Muskel 167
Muskelentzündung 68
Muskelschwäche 164
Muskelzittern 110
Muskulatur 109, 114, 186
Mutterinstinkt 99
Myelinscheide 116
Myositis 68
Myxoma-Fibroma-Virus 132
Myxomatose 132, 145

Nabelbruch 166, 173
Nachgeburt 99
Nachgeburtsblutungen 99
Nagelbett 113
Narben 127, 146
Narkose 39, 124, 125, 180, 185
Nase 65, 80
Nasenbluten 80, 155, 164
Nasenkatarrh 171
Nasenränder 81
Naßschwanzkrankheit 135
Natrium carbonicum 173
Natrium sulfuricum 173
Nebenhöhlen 81, 101,
Nebennierendrüsen 116
Nebennierenrinde 187
Nebenschilddrüsen 116
Nebenwirkungen 185
Nekrotisch 135
Neoplasie 126, 188
Nephritis 91, 92
Nerven 167
Nervenschwäche 163
Nervensystem 66, 114, 168
Nervenwurzeln 116, 169
Nervosität 115
Nesselsucht 67, 177
Netzpython 210

Newcastle-Disease-Virus 136
Nieren 131, 144, 172
Nierenentzündung 91, 92, 165, 172, 174
Niesen 80
Nightingale, F. 22
Nikotin 179
Nosode 145, 147, 149, 185
Notfall-Medizin 181
Nux vomica 173, 205, 210
Nymphomanie 174
Nystagmus 79, 121, 170

Oberschenkelhals 106
Obligat 185
Obstipation 89
Obstruktion 92
Ödem 77, 92, 124, 165, 185, 188
Ohren 65, 77
Ohrenschmalz 78
Ohrentzündung 78, 166
Ohrmilben 77
Ohrmuschel 77, 79, 164
Ohrspeicheldrüse 158
Ohrwurm 77
Ohrzwang 77
Operation 125
Operationswunde 77
Ophthalmie 75, 76
Opisthotonus 68, 114, 129
Opium 146
Oral 54, 56
Organon der Heilkunde 17, 18, 21, 138,
   150, 182, 185
Os penis 92
Ösophagus 84
Osteochondrosis dissecans 109
Osteodystrophie 105
Osteomyelitis 106
Osteopathie 148
Osteoporose 105
Ostfriesland 182
Östrogen 183, 187
Östrus 96, 125, 185
Othämatom 127
Otitis externa 164
Otodectes cynotis 78
Otopharynx 136
Ovarohysterektomie 38
Oxygenoid 184

Palliativ 39, 185
Panik 140
Pankreas 90, 91, 116

Pankreasinsuffizienz 151
Pankreatitis 91
Panleukopaenie 130
Papageienvögel 136
Paralyse 110
Paramyxo-Virus 136, 145
Paraphimose 93, 94
Parasit 77, 85, 185
Parenteral 54, 185
Paroxysmus 16
Parvovirose 33, 87, 128, 145
Parvovirus 143, 147
Paschen, F. 24
Pasteur, L. 22, 23
Patella 106
Pathogen 185
Pathogenese 186
Pathologie 185
Pathologisch 186
Pathophysiologie 186
Penis 94, 163
Penisknochen 92
Penizillin 24, 133, 180
Perineale Hernie 90
Perineum 86
Periost 106, 126, 175
Periostitis 77
'Peristaltik 38
Peritonitis 103, 131
Pest 182
Petroleum 173
Pfeilgiftliane 179
Pfortader 181
Pharmakodynamik 183, 186
Pharmakologie 182, 186
Phosphate 172
Phosphorus 174
Photophobie 69
Physiologie 186
Phytolacca 174
Pigmentierungsverlust 81
Pilze 185
Piperin 179
Placebo 186
Placebo-Effekt 32, 186
Platinum metallicum 174
Pocken 24
Pockenschutzimpfung 183
Pockenvirus 24
Podophyllum 174
Poikilotherm 210
Pollen 179
Polychrest 51, 78, 186

Potenz 17, 55, 181, 187
Potenzierung 28, 63, 181, 182, 186, 188, 197
Präventiv 145
Prellungen 109, 113
Priestley, J. 20
Procain 133
Prophylaxe 187
Prostata 86, 90, 91, 94, 175
Psora 186
Psorinum 174
Psorisch 184, 207
Pulsatilla 174
Pulver 55
Punctum lacrimale 72
Pupillen 75, 166
Pupillenkontraktion 76
Pupillenreflex 75
Purgiermittel 149, 173
Pylorus 85
Pyometra 97, 157, 172
Pyrogenium 175

QM-Potenz 186, 197
Quetschungen 113, 124, 127

Raab 17, 21
Rachitis 146
Ratten 133, 135
Rattengift 92
Räude 69, 135, 174, 177
Reisekrankheit 82, 88, 143, 169, 173, 176, 202
Reizhusten 172
Reizleitung 182
Rekonvaleszenz 123, 124, 129
Rektalprolaps 174
Repertorium 47, 65, 187
Reptilien 211
Rescue 181
Resorption 182, 186, 187
Rheuma 109, 144, 166, 167, 174, 175, 202, 204
Rhus toxicodendron 175
Ringschwanznekrose 135
Rißwunde 171
RNS-Viren 188
Rolligkeit 96, 125, 185
Röntgen, W.C. 23
Ross, R. 23
Rottweiler 160
Royal London Homoeopathic Hospital 41, 202

Rubarth-Krankheit 129
Rückenmark 116, 169
Rückgrat 107, 110, 171
Rüden 94
Ruhe 119, 120
Ruta graveolens 175

Sabadilla 175
Sabal serrulata 175
Salbe 55, 182, 205
Salmonellen 132, 134, 135, 136
Sanicula europaea 175
Saponine 187
Sarsaparilla 176
Sauerstoff 20, 181
Sauerstoffmangel 102
Saufen 119
Säugeperiode 141
Scabies 187
Schädel 67
Schäferhund 144, 169
Scharfrandiges Geschwür 81, 113, 159
Scheinträchtigkeit 97
Scherpilzflechte 111, 113
Schierling 179
Schilddrüse 67, 116
Schildkröten 210, 211
Schlaflosigkeit 125, 169
Schlangen 210
Schlangenbisse 125
Schlangengift 188
Schleiden, M.J. 22
Schleimhaut 113, 164, 186
Schluckauf 85, 143
Schluckbeschwerden 82, 132
Schlüsselsymptome 184
Schmerzausschaltung 180
Schmerzen 124
Schnittwunde 127
Schnupfen 80, 134, 164, 175
Schock 98, 124, 125, 127, 146, 180, 187
Schorf 113
Schüchtern 140
Schulmedizin 148, 180, 205
Schüßler, W.H. 181
Schüßler-Salze 148, 181
Schüttelschläge 17, 27, 28, 182, 186, 187, 197
Schwangerschaft 98, 182
Schwann, T. 22
Schwefel 204
Schweinedysenterie 204
Schweineruhr 204

Schweißausbruch 168
Schwermetalle 188
Schwimmen 119, 120
Schwindel 116
Sepia 176
Sepsis 122, 167, 187
Septikämie 37
Sexualhormon 187
Shelty-Welpen 160
Silicea 176
Similia similibus curentur 16, 187, 204
Simillimum 187
Sklera 70, 177
Skorbut 20, 189
Skrophulös 184
Sonnenbrand 113
Spallanzini, L. 20
Spanischer Kragen 93
Spastisch 110
Speichel 82, 94
Speiseröhre 84
Sperlingsvögel 136
Spongia tosta 176
Spulwürmer 85, 115, 142, 185
Spurenelemente 81
Stanley, W.M. 24
Staphisagria 176
Staphylokokken 181
Staphylom 74
Starling, E.H. 24
Starrkrampf 114, 129, 171, 172, 172
Staupe 80, 128, 143, 145, 147, 202
Staupevirus 114
Stauungsleber 168
Stauungslunge 103
Steiner, R. 180
Steroid 187
Steroidglykoside 187
Steroidhormon 187
Sthenisch 184
Stichwunde 77, 127, 171, 172
Stimme 127
Stoffwechsel 184, 186
Stoffwechselstörung 111
Stramonium 176
Streptokokken 181
Streptomycin 133
Streukügelchen 182
Streunen 140
Strychnin 115, 179
Sturm 119
Stuttgarter Hundeseuche 37, 129, 143, 145, 147

Subluxation 106
Sulfonamide 24
Sulfur 177
Sycoccus 181
Sykotisch 184, 207
Symbionten 181
Symphytum 177
Symptome 112, 187
Synapsen 129
Syphilis 207
Systole 204

Tablette 55, 182
Tachykardie 158, 164
Tageszeit 119
Talgzysten 113
Tarsaldrüsen 70, 71
Tauben 136
Taubheit 79
Teerstuhl 89
Testosteron 183, 187
Tetanus 68, 82, 129, 114, 129, 171, 172
The Journal of the British Homoeo-
   pathic Research Group 203
The Veterinary Record 203
Therapie 188
Thrombozyten 181
Thuja 177
Thymusdrüse 104, 116
Thyroxin 23
Tiefpotenz 55, 56, 186, 197
Tinktur 55
Todkrank 126
Tonsillitis 151
Tonus 98
Topisch 54, 81,
Totaloperation 97, 101
Toxikämie 99, 175
Toxisch 188
Trächtigkeit 98, 143
Tragen 120
Trägerstoff 186, 188
Training 120
Tränendrüsen 71, 72
Tränenkanal 71
Tränenpunkt 72
Tränenträufeln 77
Trauma 57, 109, 188
Treponema hyodysenteriae 204
Trichiasis 70, 71
Trichomonas gallinae 136
Trituration 182, 188
Trochanter 106

Trockenauge 72, 178
Trockenspiritus 116
Trost 120
Tuberkel-Bazillus 23, 185
Tuberkulin 184
Tuberkulinisch 184
Tumor 188
Tumorbildung 81, 84, 88, 126
Typhus 17, 21, 182

Überdosierung 149, 184
Überfressen 125
Übergewicht 126, 155
Überhitzung 119
Ulcus rodens 18, 69, 81, 113, 159, 163
Ultraschall 148
Ulzeration 188
Unfruchtbarkeit 96
Unrast 115, 169, 174
Unruhe 140, 171
Unterkühlung 125, 133, 210
Urämisches Ulkus 82
Urogenitaltrakt 167, 175
Urolith 92, 176
Ursubstanz 197
Urtica urens 177
Urtikaria 67
Urtinktur 63, 182, 188
Uterus 168

Vannier 182
Vaskularisiert 173
Veitstanz 114, 168, 176
Venen 181
Veratrum album 177
Verbesserungen 119
Verbrennungen 113, 126, 167
Verbrühungen 126, 167
Verdauungsbeschwerden 205
Verdauungstrakt 65, 84, 172, 173
Verdünnung 17
Vereiterung 170
Verhaltensstörungen 96
Verhärtung 113
Verkehrsunfall 153, 155
Verknöcherung 104
Verletzungen 125, 126, 166
Verreibung 182, 187
Verrenkte Gelenke 106
Verrenkungen 175
Verschlechterungen 118
Verschluß im Hals 82
Verstauchungen 175

Verstopfung 89, 92, 166, 210
Vesal, A. 20
Vibrationstherapie 148
Virus 23, 24, 185, 188
Viscum album 177
Vitalkraft 29, 38, 39, 53, 149, 184
Vitamin 24, 104, 131, 133, 135, 187, 189
Vögel 133, 135
Vogelräude 136
Voisin 197
Vorhaut 93, 94
Vorsteherdrüse 86, 90, 94, 175
Vulgata 187
Vulva 96, 100

Wachstum 70
Wärme 120
Wangenabszeß 67
Waran 210
Warfarin 92
Warzen 113, 126, 177
Wasser 184, 196
Wasserstoff 20
Wassersucht 185
Wechselfieber 16, 180
Wechselwarm 210
Weichteile 67
Weil-Krankheit 129
Welpen 141, 145
West Highland White Terrier 67, 72, 158
Wiedervorstellung 59
Windpocken-Virus 24
Winterschlaf 210
Wirbel 107
Wirbelsäule 114, 127

Wolfshündin 158
Wolfsklauen 142
Woodruff, A.M. 24
Wucherungen 144
Wunden 127, 167
Wundsein 81, 82, 83, 101, 113
Würgreiz 170
Wurmbefall 81, 85, 127
Wut 140

Zahnabszeß 122
Zahnen 83, 84, 86, 115, 142, 167, 168
Zahnfleisch 83, 151, 168
Zahnschmerzen 83
Zahnstein 83
Zecken 185
Zeitschrift für Ganzheitliche Tiermedizin 199, 203
Zeitschrift für Klassische Homöopathie 42, 198, 203
Zeitschriften 199
Zellgewebsentzündung 68
Zeugungsvermögen 95
Zincum metallicum 178
Zirbeldrüse 116
Zittern 169
Zucker 184
Zusammenbruch 99, 122, 127
Zwergwuchs 105
Zwingerhusten 102, 130, 202
Zwischenzehenzysten 113
Zwölffingerdarm 85
Zyanose 100, 103
Zyklus 96
Zystitis 91, 92, 167

Tips für Tierfreunde

BRUCE FOGLE

KATZEN
KENNEN
UND
VERSTEHEN

KÖRPERSPRACHE UND VERHALTEN

BLV

Bruce Fogle
Katzen kennen und verstehen
Endlich verstehen, wie Katzen denken: liebenswerter und informativer Bildband, der faszinierende Einblicke in das Leben, die Sprache und die Verhaltensrituale der Katzen bietet.

George Macleod
Homöopathischer Ratgeber Katzen
Umfassendes Grundlagenwissen zu homöopathischen Behandlungsmethoden für Katzen.

George Macleod
Homöopathischer Ratgeber Hunde
Umfassendes Grundlagenwissen zu homöopathischen Behandlungsmethoden für Hunde.

Ludwig W. Friedl
Was fehlt denn meinem Hund?
Praxisbuch, um medizinische Daten nachschlagen zu können, Erste Hilfe zu leisten und geeignete Heilmittel selbst einsetzen zu können.

Rolf Spangenberg
Katzen
Alles Wissenswerte über Verhalten, Pflege, Ernährung und Gesundheit von Katzen – fundiert und anschaulich dargestellt von einem erfahrenen Tierarzt.

Manfred und Maria Baatz
Hunde
Die wichtigsten Hunderassen: Abstammung, Geschichte, Wesen und Merkmale.

Siegfried Schmitz
Kleintiere
Praktisches Taschenbuch mit allen wichtigen Informationen zu Meerschweinchen, Hamster, Zwergkaninchen, Mäuse, Streifenhörnchen, Chinchillas: Anschaffung, Zucht, Haltung, Ernährung, Pflege und Gesundheit.

In unserem Verlagsprogramm finden Sie Bücher zu folgenden Sachgebieten:

Garten und Zimmerpflanzen • Natur • Heimtiere • Angeln • Jagd • Reise • Sport und Fitness • Wandern, Bergsteigen, Alpinismus • Pferde und Reiten • Auto und Motorrad • Gesundheit, Wohlbefinden, Medizin • Essen und Trinken

BLV

Wünschen Sie Informationen, so schreiben Sie bitte an:

BLV Verlagsgesellschaft mbH • Postfach 40 03 20 • 8000 München 40
Telefon 089/127 05-0 • Telefax 089/127 05-547